Stefan Glowacz
mit Ulrich Klenner
On the Rocks

SERIE PIPER

Zu diesem Buch

Klettern ist seine Leidenschaft – Stefan Glowacz zählt seit vielen Jahren zu den besten Kletterern der Welt. Sein Ziel ist immer wieder die spektakuläre Wand und deren Erstbegehung. Seit er 1993 als Vizeweltmeister seine Wettkampfkarriere als Sportkletterer beendete, zieht es ihn zu den entlegensten und schwierigsten Wänden. Mit seinem Team beginnt er stets dort, wo alle Straßen enden. So hat Stefan Glowacz die Weite Patagoniens, die Wildnis Kanadas und Kenias, die Eiswüste der Antarktis und die Schluchten Mexikos für sich entdeckt und erschlossen. Von seinem Leben, das oft an den Fingerspitzen hängt, von frühen und verwegenen Abenteuern, von Höhenflügen und Abstürzen, von Entdeckungsfahrten durch das »Meer aus Stein« und in das eigene Ich erzählt er in »On the Rocks«.

Stefan Glowacz, geboren 1965, lebt in Garmisch-Partenkirchen, ist Vater von Drillingen und zum zweiten Mal verheiratet. Er ist Deutschlands erfolgreichster Wettkampfkletterer und gewann dreimal den Kletterwettkampf »Rock Master«. Im November 2005 bezwang er zusammen mit Robert Jasper die Murallón-Wand in Patagonien. Glowacz spielte eine Hauptrolle in Werner Herzogs Film »Schrei aus Stein« und schrieb mehrere Bücher.
Weiteres zum Autor: www.glowacz.de

Ulrich Klenner, geboren 1955 in Memmingen, arbeitet als Journalist für den Bayerischen Rundfunk. Er hat mehrere Drehbücher geschrieben, darunter auch die Vorlage zu »Schrei aus Stein«.

Stefan Glowacz
mit Ulrich Klenner

On the Rocks

Leben an den Fingerspitzen

Mit 16 Farbtafeln und 47 Abbildungen im Text

Ein MALIK Buch
Piper München Zürich

Bildnachweis:
Kurt Albert: Farbtafel 7 unten; S. 228 ▪ Klaus Fengler: Farbtafeln 1, 10, 11; S. 1, 251, 253, 254, 255, 256, 281, 282, 289, 305, 309, 315, 317, 323 ▪ Archiv Stefan Glowacz: S. 13, 14, 89, 91, 103, 137 ▪ Gerd Heidorn: Farbtafeln 2, 6, 7 oben, 8, 9, 12 / 13, 14, 15, 16; S. 119, 121, 155, 157, 159, 163, 167, 169, 197, 201, 203, 233, 235, 237, 266 ▪ Archiv Neue Constantin: S. 82 ▪ Tanja Valérien: S. 217 ▪ Uli Wiesmeier: Farbtafeln 3, 4 / 5; S. 16, 31, 32, 37, 40, 47, 51 ▪ Heinz Zak: S. 126

FSC

Dieses Taschenbuch wurde auf FSC-zertifiziertem Papier gedruckt. FSC (Forest Stewardship Council) ist eine nichtstaatliche, gemeinnützige Organisation, die sich für eine ökologische und sozialverantwortliche Nutzung der Wälder unserer Erde einsetzt (vgl. Logo auf der Umschlagrückseite).

Ungekürzte Taschenbuchausgabe
September 2006

erschienen im Verlagsprogramm Malik
Umschlagkonzept: Büro Hamburg
Umschlaggestaltung: Birgit Kohlhaas
Foto Umschlagvorderseite: Uli Wiesmeier
Foto Umschlagrückseite und Seite 2: Klaus Fengler
Satz: Kösel, Krugzell
Papier: Munken Print von Arctic Paper Munkedals AB, Schweden
Druck und Bindung: Clausen & Bosse, Leck
Printed in Germany
ISBN-13: 978-3-492-24804-4
ISBN-10: 3-492-24804-7

www.piper.de

Inhalt

Für Nadine, Ben und Tim

Prolog

»Oh wie schön ist Kanada«

Den Beginn der Expedition hatten wir auf exakt sechs Uhr morgens festgelegt. Ich war pünktlich. Immer schon hatte ich von Kanada geträumt, von einem wilden Land, in dem es nur eine einzige Grenzlinie gibt: den Horizont. Wochenlang hatte ich mich vorbereitet, Proviant hinter dem Schrank gehortet, die Ausrüstung zusammengestellt, mit meinem Partner wieder und wieder die Route diskutiert. Und ich war pünktlich. Wer jedoch fehlte, war mein Partner. Ich wartete und wartete. Auf der Terrasse. Hansi und seine Eltern wohnten in der Wohnung über uns. Hansi kam nicht. Da war nichts zu machen. Irgendwie Schicksal, irgendwie in Ordnung. Die Zeit war noch nicht reif. War ja auch noch früh am Morgen. Ohne Bedauern drehte ich mich um, kletterte durchs Fenster zurück ins Kinderzimmer, legte mich wieder ins Bett – und träumte weiter von Kanada ...

Mehr als zwei Lebensjahrzehnte später war es endlich soweit. Ich saß um Ufer eines Flusses im Land meiner Träume. Wilde Wälder, Weite, prima Gefährten. Wir waren auf dem Weg zum Mount Harrison Smith. Ein Ziel, das wir uns selbst gesetzt hatten und aus eigener Kraft erreichen wollten. Der Horizont war tatsächlich die einzige Grenzlinie. Und da spürte ich es, vom Kopf bis in die Zehenspitzen: das Glück. Ich war angekommen, wo ich immer schon hinwollte. Ganz bei mir.

Das Ziel ist das Ziel. Aber der Weg ist mir ebenso wichtig. Vor allem will ich Weg und Ziel selbst wählen können. Und den Weg will ich aus eigener Kraft gehen, das Ziel aus eigener Kraft erreichen. Darin bin ich sehr ehrgeizig. Und das verstehe ich unter Freiheit. Bei einer sportlichen Herausforderung, die mich an die Grenze meiner Leistungsfähigkeit führt, spüre ich, wie sich mein seelischer Turbolader zuschaltet, angetrieben von einem explosiven Gemisch aus Adrenalin, Endorphinen und namenlosen Glücksdrogen körpereigener Produktion. Mehr Doping brauche ich nicht, um auf Touren zu kommen. Ein noch größerer Kick ist es freilich, wenn ich in einer Welt unterwegs bin, in der die von Menschen gesetzten Normen, Konventionen und Regeln keine Bedeutung mehr haben, weil es nur noch um übergeordnete Gesetzmäßigkeiten geht – um das Gesetz der Schwerkraft etwa, um die Diktatur von Wind und Wetter, um das Überlebensnotwendige, um die Gewißheit, sich blind auf andere verlassen zu können. Und um die Herausforderung, die Summe aller Fähigkeiten und Erfahrungen punktgenau abrufen zu können, wenn das Leben einmal nur noch an den Fingerspitzen hängt. Teil zu sein im freien Spiel der Kräfte, die unumstößlichen Regeln beachten, ohne sich von ihnen unterjochen zu lassen, nicht zu wissen, wie das Spiel ausgehen wird, aber alles zu geben, um es zu gewinnen, das nenne ich Leben. Und wenn ich dieses Leben lebe, dann lacht mir das Herz im Leib. Allerdings bin ich kein Glücksspieler, ich würde mich als Expeditionskletterer und Hochleistungsabenteurer charakterisieren.

Es ist viel passiert in den letzten Jahren. Vom Drehbuch des Lebens bekam ich Rollen zugewiesen, die ich freiwillig nie gespielt hätte. Obwohl ich viel lieber Regie geführt hätte, konnte ich manchmal nur noch reagieren. So stand ich auf einmal vor den Trümmern eines Lebenstraums – des Traums von einer Familie, für die ich verantwortlich bin und die auch für mich durch dick und dünn geht. Es ist mir, dem Vater der Drillinge Nadine, Tim und Ben, nicht gelungen, diesen Traum zu leben. Das betrachte ich als persönliche Bankrotterklärung. Die Jahre 1999 bis 2002 waren für mich die schlimmsten, aber auch intensivsten und erkenntnisreichsten meines bisherigen Lebens. Auch deshalb entstand dieses Buch. Es ist eine Art Zwischenbilanz, eine Positionsbestimmung, der Versuch einer Selbstvergewisserung.

Vor allem jedoch soll es ein Lesebuch sein für Kletterer, »armchair traveller« und Grenzgänger im Geiste, für Naturfreunde, Liebhaber der Wildnis und Bergmenschen aller Art. Kurz: für alle, die den Ruf hören …

1. Kapitel

Am Anfang war das Feuer

Die Kinder von Tenzing Norgay, der sich mit Sir Edmund Hillary das Wunder der Erstbesteigung des Mount Everest teilen durfte, wurden groß mit dem Blick auf den Himalaja. So entstehen Sehnsuchtsziele. Jamling Tenzing Norgay, ein Sohn des berühmten Sherpas, hatte immer den Everest vor Augen – und auch das Vorbild seines Vaters, dessen Spuren er eines Tages folgen mußte, hoch hinaus in eisige Höhen. Wo ich geboren wurde – in Tittmoning an der Salzach direkt an der Grenze zu Österreich, später zogen wir dann nach Traunreut –, bot der Blick aus dem Fenster allenfalls die Aussicht auf ein paar Hügel im Voralpenland – und auf eine bürgerliche Existenz in geordneten Bahnen. Und dennoch zog es auch mich von klein an ins Gebirge, ins Offene, wo ich das Weite suchte.

Mein Vater war zwar kein weltberühmter Höhenbergsteiger, der Alpingeschichte geschrieben hatte, sondern Kaufmann, aber immerhin stand ihm und meiner Mutter der Sinn nach Höherem. Sie nutzten jede Gelegenheit, um in die Berge zu fahren. Wenn ich mich in meine Kindheit zurückversetze, kann ich mich an kaum ein Wochenende erinnern, an dem ich nicht mit meinen Eltern und meiner Schwester in den Bergen beim Wandern war. In diesem Sinn bin auch ich familiär vorbelastet. Allerdings spürte ich in mir nie den Druck, es meinem Vater zeigen zu wollen oder um seine Anerkennung kämpfen zu müssen. Jamling, dem Sohn von Tenzing Norgay, ist es so ergangen, und auch der amerikanische Bergsteiger David Breashears spricht davon, daß er sich insgeheim immer vor seinem tyrannischen Vater habe beweisen wollen. Manchmal ist es eine schwere Bürde, die Väter ihren Söhnen mit auf den Weg geben, ganz gleich, ob sich letztere zeitlebens von ihren »Alten« abzugrenzen oder aber sie zu übertrumpfen versuchen. Das kann ein Fluch sein – oder eine enorme Energiequelle. In meinem Fall kann ich nur sagen, daß ich ernte, was meine Eltern gesät haben. Ich habe sogar zum Lebensinhalt gemacht, was sie lediglich am Wochenende auszuleben vermochten. Vielleicht versuchen alle Söhne und Töchter unbewußt die Träume ihrer Väter und Mütter weiterzuträumen. Ist die Auflehnung gegen das »familiäre Establishment« am Ende nur Ausdruck der Sehnsucht nach einer radikalen Umsetzung ungelebter Träume der Eltern?

Erste Schritte

Ich konnte noch gar nicht richtig laufen, da nahmen mich meine Eltern schon zum Wandern mit. Als ich fünf war, zogen sie nach Oberau bei Garmisch-Partenkirchen, um den Bergen näher zu sein. So oft es ging, packten sie ihre Rucksäcke, nahmen ihre zwei Kinder bei der Hand und brachen auf. Anfangs mußten meine Schwester und ich einfach mitkommen, weil sie uns nicht allein zu Hause lassen wollten. Später empfand ich diese Familientouren manchmal als lästige Zwangsverpflichtung, schließlich hat ein Junge auch noch andere Interessen, will mit seinen Freunden spielen oder ins Kino gehen. Und manchmal löste meine unfreiwillige Teilhabe an der Bergwanderlust meiner Eltern ein richtiges Chaos aus. Da wurde ich am Samstag ebenso verzweifelt von meinem Fußballtrainer gesucht wie von meiner Judomannschaft. Für den einen hätte ich als Verteidiger das bereits vor dem Anpfiff haushoch verlorene Spiel noch retten sollen, für die anderen mich so lange wie möglich gegen Armhebel und Würgegriffe zur Wehr setzen. Am Ende tat ich weder das eine noch das andere, weil ich auf irgendeiner Forststraße mit meinen Eltern dem Gipfel zustrebte.

Am Wochenende in den Bergen der Welt mit den Eltern.

Aber wenn ich erst einmal mit den Eltern unterwegs war, dann machte mir das in der Regel großen Spaß. Natürlich gab es auch eine Zeit, in der ich nicht mehr regelmäßig mitging. Ein Nachmittag in der Disco, die Aussicht, mit einem hübschen Mädchen ein Wochenende zu verbringen, das waren zeitweise Verlockungen, die größer waren als jedes Gipfelglück. Dann wieder kam eine Phase der Totalverweigerung, in der ich, was immer meine Familie auch vorgab, prinzipiell auf Oppositionskurs ging. Ich wollte ganz einfach meinen eigenen Weg gehen. Heute kann ich das gar nicht mehr so recht nachvollziehen, denn in der Richtung waren wir, meine Eltern und ich, uns eigentlich immer ziemlich einig. Jedenfalls zog ich eines Tages nur noch auf eigene Faust los. Ab ins Gebirge. Das Bergsteigen und das Klettern nämlich entpuppten sich letztlich als meine größten Leidenschaften.

Fußballspielen, Rennrodeln, Judo – alles war besser als die Schule. Nichts aber war besser, als in die Berge zu gehen. Zunächst klapperte ich all die Gipfel ab, auf die ich schon mit meinen Eltern gestiegen war. Doch jetzt war das anders: Ich tat es allein,

Klettern war schon früh besser als alles andere.

aus freien Stücken und ganz für mich. Natürlich war ich zwischendurch auch wieder mit den Eltern unterwegs, in den Dolomiten beispielsweise. Aber ich wollte unbedingt Klettersteige gehen, das fand ich spannender, als die Drei Zinnen zu umkreisen und die Kletterer in den Nordwänden nur vom Wanderweg aus beobachten zu können.

Als ich dann zum ersten Mal am Einstieg zur Nordwand der Großen Zinne stand, erschauderte ich. Wie die Fassade eines gigantischen Wolkenkratzers steilte sich die Wand über mir auf. Noch nie hatte ich ein solches Bollwerk gesehen. Ich mußte den Kopf weit in den Nacken legen und ein Hohlkreuz machen, um den Himmel darüber zu erkennen. Ganz oben, direkt über mir, hingen zwei Kletterer. Es waren dieselben, die ich am Abend zuvor von der Drei-Zinnen-Hütte aus mit dem Fernglas beim Biwakieren beobachtet hatte. Was mußte das für ein großartiges Gefühl sein, dort oben zu hängen. Frei, unabhängig, losgelöst von dieser Erde. Und vor allem: Was mußten das für besondere Menschen sein, die den Mut aufbrachten und die Fähigkeit besaßen, dort hinaufzuklettern.

Klettersteige waren das Extremste, wozu ich meine Eltern überreden konnte. Aber ich merkte sehr schnell, daß diese anspruchsvollere Form des Bergsteigens nichts mehr für sie war. Und es kam der Zeitpunkt, an dem sie sich ausklinkten und ihren Sohn in die »kontrollierte« Unabhängigkeit entlassen mußten. Sie schickten mich zu einem Eiskurs, was so ziemlich der untauglichste Versuch war, meinen Tatendrang in geordnete Bahnen zu lenken. Dieses »Eishatschen« nämlich war überhaupt nicht mein Ding. Ich wollte die Wände hochgehen, Spiderman und Superman in einer Person sein, wollte auch einmal da oben in der riesigen Mauer, der Nordwand der Großen Zinne, hängen. Zwischen Himmel und Erde.

1980, im darauffolgenden Jahr, war es endlich soweit. Ich durfte zu einem Anfänger-Felskurs in die Tannheimer-Berge in Tirol. Doch der Kurs war eine bittere Enttäuschung. Es regnete fast die ganze Woche lang. Die Knoten konnte ich danach im Schlaf, und auch die Theorie hatte ich im Kopf. Die praktische Umsetzung dieses Wissens blieb mir jedoch selbst überlassen. Aber immerhin hatten die wenigen Felskontakte, die mir möglich gewesen waren, eine ungeheure Faszination auf mich ausgeübt und eine noch nie erlebte Begeisterung in mir ausgelöst. Aus der von meinen Eltern geschürten Glut begann ein zartes Flämmchen zu züngeln. Das Feuer war entfacht.

In der neuen Welt

So richtig zum Kletterer wurde ich jedoch erst in den darauffolgenden Jahren. Unser Nachbar Heini überredete mich, zur Bergwacht zu gehen. Und so kam ich noch im selben Jahr erstmals ins Oberreintal. Dort, im Wettersteingebirge, kletterte ich auch meine erste nach der UIAA-Schwierigkeitsskala für Felsklettern mit einem Vierer bewertete Tour, und zwar zusammen mit dem Anderl. Er war ein »local hero«, der Beste bei der Oberauer Bergwacht, und kletterte zwischendurch schon mal »einen Sechser«. Wir stiegen in

Der Eingang zu meinem kleinen Paradies – das Oberreintal/Wetterstein.

die Nordostkante am Unteren Schüsselkarturm ein. Wie stolz war ich damals, nachdem ich da ganz gut hochgekommen war – im klassischen Stil ... und mit Plastikbergschuhen. Seile und Haken waren für mich damals noch Fortbewegungsmittel, dienten also nicht nur der Sicherung. Vom Freiklettern hatte ich bis dahin noch nichts gehört, ich wußte nicht einmal, daß es so etwas überhaupt gab. Dafür hatte ich das Oberreintal als einen magischen Ort für mich entdeckt, an dem ich mich gut aufgehoben fühlte, so geborgen wie nirgendwo sonst. Einen Mikrokosmos, in dem ich nicht unter Beobachtung stand, der nur mir gehörte. Meine Welt.

Nur wenige Tage nach dieser Initialzündung, mitten unter der Woche, zog es mich wieder ins Oberreintal. Auf andere wirkt dieser Talkessel eher bedrohlich, ich aber hatte von Anfang an das starke Gefühl, dort hinzugehören. Ich mußte ganz einfach dorthin und hinauf, mußte dem Ruf folgen. Diesmal brach ich ganz allein auf, weil niemand sonst Zeit hatte. Mit dem Fahrrad fuhr ich bei strömendem Regen zur Partnachklamm, von dort rannte ich über den Schachen, nahm dann die Abzweigung ins Oberreintal, bis ich endlich wieder vor dieser Hütte stand, die mich so angezogen hatte. Und dann traute ich mich nicht hinein. Denn die Menschen, die sich dort regelmäßig ein Stelldichein gaben, waren für mich damals noch richtige Übergrößen, zu denen ich kleiner Kletterwicht nur scheu aufzublicken wagte.

Diese kleine Hütte mit ihrer – in meinen Augen – großen Geschichte, an einem Hang gelegen, eingesäumt von riesigen Bergahornen, war der Mittelpunkt meiner Welt. Ringsum ragen die Felsen schroff in die Höhe. Majestätisch und unnahbar steht linkerhand die Domkathedrale, rechts davon die vergleichsweise zierlich wirkende Pyramide des Unteren Schüsselkarturms, die wiederum bewacht wird vom Oberreintalturm, der wie ein gigantischer Schiffsbug ins Tal hineinragt.

Im Gegensatz zu anderen Schauplätzen in den Nördlichen Kalkalpen, an denen Klettergeschichte geschrieben wurde, wie zum Beispiel dem Wilden Kaiser, spielte die Wettersteinnordseite nie eine große Rolle. Dennoch gehörten die Routen in diesem Gebiet, insbesondere die von Karl Heinz Gonda, Martin Schließler und Michael Schober eröffneten, zu den schwierigsten Anstiegen ihrer Zeit. Diese Männer erbrachten großartige Leistungen, und bis heute stellen die genannten Routen ernsthafte und nicht zu unterschätzende Unternehmungen dar. Allen voran prägte das große Klettertalent Gonda nachhaltig den Stil des Oberreintalkletterns – seine kühne, ausgesetzte und spärlich gesicherte Erstbegehung der Gondaverschneidung am Dom setzte Maßstäbe.

Dort also verbrachte ich meine Lehrzeit als Kletterer, meine Sturm- und Drangzeit, in der mein Schutzengel gelegentlich richtig Streß hatte. Oft war es ratsam, von gewissen waghalsigen oder auch halsbrecherischen Aktionen im Oberreintal zu Hause nichts zu erzählen.

Charly Wehrle, den damaligen Hüttenwirt, fand ich wunderbar. Genauso bewundernswert wie die Menschen, die sich regelmäßig in seiner Hütte trafen. Innerhalb der Garmischer Jungmannschaft gab es eine Art Elitegruppe, genannt die »Stoabeißa«. Wer sich in diesem erlauchten Kreis bewegen durfte, war ein Star, ein Außerirdischer, mein Held und leuchtendes Vorbild. Die »Stoabeißa« genossen Narrenfreiheit, das Oberreintal war ihr Revier. Ihnen gegenüber meine Schüchternheit zu überwinden war ein hartes Stück Arbeit.

Als ich eines frühen Samstagmorgens wieder einmal auf der langen Forststraße Richtung Reintal unterwegs war, hörte ich schon von weitem ein Auto hinter mir. Eigentlich ist es streng verboten, dort zu fahren, und ich wußte sofort, das konnten nur die Gesetzlosen sein, die »Stoabeißa«. Ich sprang in den Straßengraben und versteckte mich hinter einem Busch, bis der mit meinen Helden vollgestopfte VW-Käfer an mir vorbeigebrettert war.

Berg- und Talfahrt

Anders als die jungen Einsteiger von heute wagte ich mich an die schwierigsten Routen lange Zeit nicht heran, denn vor diesen großen Wänden hatte ich einen Höllenrespekt. Klettern war für mich vor allem Abenteuer, meine Bibel *Die weiße Spinne* von Heinrich Harrer – das Buch kannte ich fast auswendig.

Jeden Freitag nach dem Judotraining stieg ich mit zerschundenen Schienbeinen auf mein Fahrrad und machte mich mitten in der Nacht auf den Weg ins Oberreintal. So auch an jenem Wochenende, an dem mir die erste große Lektion der hohen Schule des Kletterns erteilt wurde. Schon am frühen Samstagmorgen herrschte in der Hütte emsiges Treiben, draußen unter dem großen Ahornbaum packten die Kletterer ihre Rucksäcke. Die Luft war erfüllt vom Scheppern und Klirren der Karabiner und Haken und von Nervosität. Die Hüttenruhe war am Vorabend recht diszipliniert eingehalten worden, und jeder der altgedienten Kletterer hatte sich längst für eine bestimmte Route entschieden. Nur ich stand unschlüssig und verloren mitten im Getümmel – und das erkannte wahrscheinlich auch der Franz, ein alter Oberreintal-Haudegen.

»Wennst no nix vorhast, dann gehst mit mir zur Herbst-Teufel«, schlug er vor. Aber eigentlich war es kein Vorschlag, sondern ein Befehl. Mir rutschte das Herz in die Hose. Noch bevor ich eine einigermaßen glaubwürdige Ausrede erfinden konnte, um die ich normalerweise wirklich nicht verlegen war, bekam ich Seil und Karabiner in die Hand gedrückt. Dann warf sich Franz den Rucksack über die Schulter und stiefelte hinunter ins Kar. In Windeseile packte ich noch ein paar Sachen ein und rannte hinter ihm her. Mein Hirn arbeitete fieberhaft. Bis zum Einstieg blieb mir nicht mehr viel Zeit, um mir etwas einfallen zu lassen. Ich hätte einen Absturz in den Schrofen simulieren können, aber dabei wäre mir wahrscheinlich wirklich etwas passiert. Auch hätte ich mir mit einem Stein auf den Finger schlagen können, aber so wie ich den Franz kannte, hätte er mir den Finger nur verbunden, und ich hätte trotzdem mitgehen müssen. Dummerweise legte er auch noch ein solches Tempo vor, daß ich Mühe hatte, ihm zu folgen.

Es kam, wie es kommen mußte. Schicksalsergeben stand ich am Einstieg der »Herbst-Teufel«-Route, die über mehrere Seillängen Schwierigkeiten im oberen fünften Grad aufweist. Wie ein Wiesel kletterte Franz die erste schwere Seillänge, erklärte mir ganz nebenbei auch noch, wie ich die heikelsten Stellen angehen müsse, zog sich einmal mit rechts, dann wieder mit links an den Haken hoch, und erreichte schließlich den Stand. Die Route war einen ganzen Grad schwerer als meine bisher schwierigste, daher nahm ich meinen ganzen Mut und alle Kraft zusammen, um mich wenigstens so teuer wie möglich zu verkaufen.

Ich weiß nicht mehr, ob Franz an einigen Stellen kräftig gezogen hat, aber bereits nach wenigen Stunden standen wir auf dem Gipfel. Ich war ebenso stolz wie erschöpft, aber ich hatte keine Zeit, mich auf meinen Lorbeeren auszuruhen. »Toll«, sagte Franz, »ist ja super gelaufen, da machen wir doch gleich noch die ›Brych‹ am Oberreintalturm.«

Wieder fuhr mir der Schreck in die Knochen, gleichzeitig spürte ich eine unbändige Lust, die schrecklich-schöne Gelegenheit zu nutzen, unter der Obhut eines erfahrenen Dompteurs den Tiger zu reiten. Zwei aberwitzig heikle Touren an einem Tag!

Die »Brych« am Oberreintalturm würde meine erste Route im sechsten Schwierigkeitsgrad sein. Aber was konnte schon groß passieren? Am Vormittag hatte ich mich ohne große Probleme vom vierten zum oberen fünften Grad steigern können. Außerdem meinte Franz, die »Brych« sei nur »ein bisserl schwerer«. Also, warum eigentlich nicht? Was kostet die Welt – warum sollte ich nicht gleich auch noch eine »6+« klettern können?

Hochmut kommt bekanntlich vor dem Fall. Der Wahrheitsgehalt dieser Binsenweisheit wird einem beim Klettern schonungslos vor Augen geführt. Als junger Bursche neigt man gern zu Überheblichkeit und Selbstüberschätzung, was man in diesem Alter noch mit Unerfahrenheit entschuldigen kann. Klettern aber ist eine Schule fürs Leben, in der unbesonnenes Handeln und die Fehleinschätzung der eigenen Fähigkeiten gnadenlos bestraft werden. Danach ist man um ein paar Konfektionsgrößen auf das richtige Maß zurückgestutzt, steht aber wenigstens wieder mit beiden Beinen auf dem Boden der Tatsachen. Das mußte ich an diesem Tag schmerzlich zur Kenntnis nehmen.

Franz knüpfte mir eine zweite Leiter, ließ mich nebenbei wissen, daß es da »so einen kleinen Überhang« gebe, wo ich mich halt an den Haken »durchwurschteln« müsse, dann stiegen wir noch am selben Nachmittag ein.

Es wurde ein Horrortrip. Noch heute kann ich mich bis ins kleinste Detail an die Schlüsselseillänge erinnern, an der ich mich aufrieb.

Franz kletterte routiniert und bezwang spielerisch den Überhang, wobei er mit großem Geschick seine Trittleitern einsetzte. Noch immer habe ich den hellen Klang in den Ohren, wenn die Alusprossen gegen den Fels schlugen. Es war die Begleitmusik zu einem Drama, das sich nun zu entfalten begann.

Franz verschwand aus meinem Blickfeld. Da hing ich nun, ganz allein, nur an zwei Haken, im Schatten des von Franz als »klein« bezeichneten Überhangs, der mir jedoch riesig vorkam. Ich fühlte mich elend, total demoralisiert. Unaufhaltsam, Zentimeter für Zentimeter, ruckte das Seil nach oben. Mit jedem Zentimeter rückte mein Verderben näher. Schließlich war das Klingeln der Trittleitern kaum noch zu hören. Dann kam das Kommando: »Stand – Nachkommen!« Mein Schicksal war besiegelt. Vergebens hatte ich gehofft, Franz möge stürzen, damit wir gezwungen wären abzuseilen.

Ich redete mit mir selbst, versuchte mich zu beruhigen und erreichte nur mit einem kühnen Sprung die Schlinge am ersten Haken. Nach wenigen Augenblicken brannten meine Bizepse wie Feuer, während ich verzweifelt versuchte, meine Plastikbergschuhe auf zwei abschüssige Tritte zu pressen. In dieser Position verharrte ich, zu keiner weiteren Bewegung fähig, und schwang, mit beiden Händen krampfhaft die Schlinge umklammernd, wie ein Glockenschwengel aus der Wand. »Zieh, Franz!« konnte ich gerade noch schreien. Dann verließen mich die Kräfte, und ich stürzte ins Seil.

Ich war allein. Panik stieg in mir auf.

Zweimal wiederholte sich dieser Alptraum. Endlich hörte ich Franz schreien: »Nimm die Leitern, du mußt die Leitern nehmen!« Ach ja, die Leitern, dachte ich. Ich hatte sie total vergessen, weil ich nicht wußte, was ich damit anfangen sollte. Aber jetzt griff ich nach jedem rettenden Strohhalm. Mit beiden Füßen stand ich in der einen Leiter, mit den Ellenbogen hing ich in den Sprossen der zweiten, weil ich in den Händen keine Kraft mehr hatte. Aber es gab noch eine Steigerung des Grauens. Die Rebschnur verfing sich in einer Öse meines Bergschuhs. Und ein Karabiner an meinem Gurt klinkte sich ohne mein Wollen und Zutun in die obere Leiter ein. Panisch wie ein Insekt im Spinnennetz strampelte ich um mein Leben und verhedderte mich dabei immer mehr. Ich weiß nicht, wie lange das ganze Drama dauerte, aber als ich zu guter Letzt am Standplatz ankam, zitterte ich am ganzen Körper. Ich war entsetzt, schockiert, gedemütigt, mit meinen Nerven völlig am Ende. Wie durch Watte hörte ich Franz beruhigend auf mich einreden. Und war mir in diesem Moment sicher, daß dies meine erste und letzte Tour gewesen sei, daß ich das Tourenbuch wieder zuklappen würde, noch bevor ich es richtig aufgeschlagen hatte.

Nachdem mich der Franz mehr oder weniger bis zum Ausstieg hochgezogen hatte, wuchs meine Enttäuschung ins Unermeßliche. Wie ein räudiger, geschlagener Hund stahl ich mich aus dem Oberreintal davon, felsenfest davon überzeugt, daß ich wohl doch nicht aus demselben Holz wie die »Stoabeißa« geschnitzt sei, daß ich nie zu dieser Elite gehören und nie mehr an diesen Ort der Niederlage zurückkehren würde.

Zwei Tage später war das Leiden ausgestanden, waren die Wunden geleckt. Jetzt wollte ich es wissen. Ich kaufte mir ein Türreck für Klimmzüge und trainierte daran wie ein Besessener. Dabei kam mir die Idee zu einer weiteren »Trockenübung«, ein aberwitziger Gedanke, den ich sofort in die Tat umsetzte: Ich versuchte die Wohnung ohne Bodenberührung zu durchqueren. Auf dem Nähmaschinentisch meiner Mutter übte ich Standplätze, und die Kommode im Flur wurde zu einem Kriechband. Auf dem Schulweg hielt ich den Griff meines Schulranzens nur noch mit den vorderen Fingerspitzen. Im Unterricht knetete ich ständig einen Gummiring. Für mich bestand das eigentliche Lernziel darin, diesen Gummiring so lange wie möglich zusammenzudrücken. In dieser Disziplin hätte ich das Abitur locker geschafft, im wahren Schulalltag jedoch kratzte ich haarscharf an einer Ehrenrunde in der Wirtschaftsschule vorbei.

Jeden Tag nach der Schule fuhr ich mit dem Fahrrad zum Oberauer Klettergarten und querte stundenlang die Wand, immer auf und ab, Bergschuhe aus Plastik an den Füßen, aber erfüllt von einem eisernen Willen. Als ich nach vielen Tagen den Quergang endlich geschafft hatte, versuchte ich es gleich ein zweites Mal, diesmal mit verbundenen Augen. Für mich hatte das nichts Manisches, sondern etwas Spielerisches. Auf diese Weise steigerte ich mein Können, und noch heute bin ich davon überzeugt, daß ich damals intuitiv genau die richtigen Trainingsmethoden anwandte, ohne daß ich mein Übungsprogramm als systematisches Training empfand.

Nach wie vor verstand ich Klettern nicht als Sport, sondern als Abenteuer. Bis zu jenem Morgen, als ich auf dem Weg zur Schule am Bahnhofskiosk die neueste, heißersehnte Ausgabe des Magazins *Alpinismus* erblickte. Auf dem Titelbild war der Amerikaner Toni Janiro abgebildet, ein sogenannter Freeclimber. Nur mit gelben Shorts bekleidet, langhaarig, braungebrannt und mit eindrucksvollen Muskeln bepackt. Er hatte einen Beutel umgebunden und trug ganz eigenartige Schuhe, die aussahen wie profillose Ringerstiefel. An diesem Tag hätte ich gar nicht mehr in die Schule zu gehen brauchen – ich bekam ja des öfteren nicht sonderlich viel mit, an diesem speziellen Tag jedoch starrte ich nur noch auf die sagenhaften Fotos, mit denen Wolfgang Güllich und Kurt Albert ihre Reportage über die moderne Freeclimbing-Bewegung in Amerika illustrierten. Die Faszination ging so weit, daß ich auf dem Heimweg sofort einen Magnesiumbeutel kaufte. Und diese seltsamen weichen Kletterschuhe ohne Profil, die man zwei Nummern zu klein tragen mußte. Aber das Wichtigste waren gelbe Shorts, die mußten unbedingt her. Ich wollte so aussehen wie diese Hochleistungsfreaks in Amerika. Und so ließ auch ich mir die Haare lang wachsen. Dieses erste Etappenziel hatte ich bald erreicht. Nur mit den Muskeln dauerte es etwas länger.

In der Zwischenzeit setzte Kurt Albert Zeichen, die für die deutsche Kletterszene richtungweisend wurden. Im Frankenjura begann er die neuen Ideen, die er in Amerika kennengelernt hatte, in die Tat umzusetzen. Und am Einstieg zu jeder Route, die er frei geklettert war, malte er einen dicken roten Punkt auf den Fels. Der Rotpunkt-Gedanke war damit geboren und wurde rasch zum Maß aller Dinge.

Der besagte Artikel in der Zeitschrift *Alpinismus* wirkte auf mich wie eine Offenbarung und veränderte schlagartig meine Einstellung zum Klettern. Das Freeclimbing eröffnete uns ungeahnte Möglichkeiten. Mich faszinierte daran vor allem die sportliche Komponente. Entsprechend wurde mein ohnehin ausgeprägter

Ehrgeiz noch mehr angestachelt. Ich fing an, im Klettergarten mit Bohrhaken gesicherte Freikletterrouten einzurichten. Und auch die klassischen Routen im Oberreintal begann ich nun frei zu klettern, benutzte also das Seil, die Haken und die Klemmkeile nicht länger zur Fortbewegung, sondern nur noch als Sicherung für den Fall eines Sturzes.

Outlaws

Obwohl es mich immer stärker in die Freiklettermekkas Frankenjura und Pfalz zog, blieb ich zunächst dem Oberreintal treu. Die besondere Atmosphäre dort, das Gefühl der Zusammengehörigkeit und die Gemeinschaft von Gleichgesinnten bedeuteten mir noch immer sehr viel. Vor allem die Abende auf der Hütte waren jedesmal ein Fest für mich. An einen erinnere ich mich noch besonders deutlich.

Wieder einmal war ich allein hinaufgestiegen, schließlich herrschte im Oberreintal niemals Mangel an Kletterpartnern. Egal welche Route, welchen Schwierigkeitsgrad man klettern wollte, man fand immer einen Partner. Warmer Windzug bewegte geräuschlos die Blätter, ab und zu hörte ich die Glöckchen der Schafe, die hier oben den Sommer verbrachten. Längst schon war die alpine Sperrstunde überschritten, es hätte also Hüttenruhe herrschen sollen. Aber von der Hütte her trug mir der Wind Musik und Stimmengewirr entgegen. Aus dem kleinen Küchenfenster drang noch Licht, und als ich um die Ecke bog, wurde ich von einem lauten Würgegeräusch empfangen. Mit einer Hand an der Hüttenwand abgestützt, stand der Sepp vor mir, einer der jungen Garmischer Kletterer, völlig betrunken, und mußte gerade fünf Halbe Bier, einen sauren Preßsack und eine Tafel Schokolade wieder von sich geben. Fast wäre ich noch über zwei in Decken gehüllte Körper gestolpert – Leidensgenossen, die bereits das nächste Stadium ihres veritablen Almrauschs erreicht hatten –, bis ich endlich die Tür erreichte.

Einem Nichteingeweihten hätte sich ein Bild des Grauens geboten, für mich jedoch stand in diesem Augenblick lediglich fest, daß am nächsten Tag nicht geklettert werden würde. Mitten in der völlig überfüllten Hütte standen, besser gesagt hingen, fünf Männer. Jeder mit einer Hand an einer Seilschlinge, die an der Decke befestigt war, jeder mit einer Flasche Bier in der anderen Hand und mit einem Gesichtsausdruck, der darauf schließen ließ, daß bereits der Inhalt weiterer fünf bis zehn Flaschen in ihrem Bauch schwappte. Auf dem Stammtisch stand mit hochrotem Kopf der Peter, drosch auf eine Gitarre mit nur noch drei Saiten ein und schrie irgend etwas von einem »Müllmann-Blues«. Kurz darauf schleuderte Jim, unser damaliger DAV-Jungmannschaftsleiter, sein volles Weißbierglas quer durch den Raum, daß es mit lautem Krachen am vollbesetzten Nebentisch einschlug, und beschwerte sich beim Hüttenwirt Charly über zu wenig Schaum auf dem Bier. Willkommen im Reich der Gesetzlosen. Es gab nicht einmal einen besonderen Anlaß für dieses Fest, aber Spontanorgien dieser Güteklasse waren im Oberreintal keine Seltenheit...

Lehre – Leere

Mein Leben zerfiel damals in zwei ungleiche Teile. Da waren auf der einen Seite die Wochenenden im Oberreintal, später auch im Frankenjura und in der Pfalz, wo ich nach meiner Fasson glücklich war. Aber da gab es auch noch dieses endlose Ödland der Werktage, in dem ich gezwungen war, mich mit Dingen herumzuschlagen, die mich vom eigentlichen Leben abhielten. An die Schulzeit habe ich keine guten Erinnerungen. Sie war wirklich eine harte Zeit, manchmal auch eine Gratwanderung. Für mich – und für meine Lehrer. Nur wenigen gelang es, mich für den jeweiligen Stoff zu interessieren und fürs Lernen außerhalb des Klettergartens zu motivieren. Irgendwo habe ich einmal den Satz gelesen: »Ich hatte schlechte Lehrer, das war eine gute Schule.«

Ganz so radikal würde ich meine Erfahrungen nicht umschreiben. Zum Beispiel erinnere ich mich gern an meinen Deutschlehrer, Herrn Schmidt, der mich irgendwie mochte und sich auch für meine Kletterbegeisterung interessierte. Umgekehrt habe ich bei ihm immer gute Noten erhalten, weil er mich für sich und seinen Unterricht gewinnen, mir begreiflich machen konnte, daß Lernen auch Sinn machen kann. Ihm habe ich zu verdanken, daß ich mich mit meinen Aufsätzen und Erörterungen am eigenen Schopf aus ebenjenem Schlamassel ziehen konnte, in den ich mich in den anderen Hauptfächern bis über beide Ohren hineinmanövriert hatte. Es war ein ständiges Straucheln und Stolpern, aber schließlich gelang es mir, mich über die Ziellinie der mittleren Reife zu schleppen. Mein eigentliches Ziel aber war es, mich nach dem Ende der Schulzeit erst einmal für einige Wochen ins Oberreintal abzusetzen.

Bis dahin hatte ich noch nicht einmal eine Ahnung, welchen Beruf ich ergreifen könnte. Am liebsten hätte ich natürlich Sport studiert, aber da ich kein Abitur hatte, war dieser Zug längst abgefahren. So sträubte ich mich nicht lange gegen das Drängen meines Vaters, eine Ausbildung zum Werkzeugmacher zu beginnen. Ein Beruf mit Zukunft und Entfaltungsmöglichkeiten, meinte er. Na gut, dachte ich, irgendwie muß ich mir die lästige Pflichtübung der Lehrstellensuche noch vor dem Aufbruch in die große Freiheit des Oberreintals vom Hals schaffen. Kurzentschlossen ging ich zu unserem Nachbarn, Herrn Brunnhofer, der Meister in einem Werkzeugmacherbetrieb war. In wenigen Minuten vereinbarte ich mit ihm einen Lehrvertrag, besiegelte damit zugleich einen neuen Lebensabschnitt und verschwendete dann keinen Gedanken mehr darauf.

Gleich nach der letzten Prüfung und noch vor der Abschlußfeier kehrte ich der Schule für immer den Rücken und brach ins Oberreintal auf, wo ich ganze sechs Wochen lang ein freier Mensch war, der tun und lassen konnte, wonach ihm der Sinn stand. Rückblickend betrachte ich das Oberreintal als meine eigentliche Schule, in deren Bibliothek aus Stein, die ungeheure

Schätze an Erfahrung und Weisheit birgt, ich mit Feuereifer und nach Herzenslust meinen Wissensdurst stillte. So gesehen war ich ein enorm fleißiger Schüler.

Gegen Ende meiner sechs Wochen in Freiheit und Ungebundenheit wurden mir dann jedoch manchmal die Kletterschuhe schwer – vor allem aber das Herz. Schließlich ließ sich der Gedanke nicht länger verdrängen, daß ich schon bald gezwungen sein würde zu leben, um zu arbeiten – oder auch zu arbeiten, um leben zu können. Wie ein Würgehalsband schnürte mir die Gewißheit die Kehle zu, daß ich meine Lehre anzutreten hatte.

Am ersten Lehrtag, das wußte ich genau, würde ich mich selbst zur Schlachtbank führen müssen. Man würde mir Handschellen anlegen und mich auf eine vorgegebene Laufbahn setzen, vom Reihenhaus ins Reihengrab würde die Reise gehen, garniert mit einigen hübschen Ablenkungen, unterbrochen nur von einigen kleinen Fluchten. Mein Leben, so viel war mir klar, würde nach dieser Auszeit gelaufen sein.

Und ich wurde nicht enttäuscht: Der erste Lehrtag war eine absolute Katastrophe. Nach sechs Wochen im Paradies kam ich in eine Werkstatt, in der es nach Eisenspänen und Maschinenöl stank. Es gab dort nur Milchglasscheiben, allenfalls ein schmaler Streifen Klarglas ganz oben am Fensterrand gewährte dann und wann einen flüchtigen Blick auf die Berge im Hintergrund. Meister Brunnhofer zeigte mir meine Werkbank, meinen Schraubstock und mein Feilenset. Auf mich wirkten die Werkzeuge wie Folterinstrumente. Und mit dieser Einschätzung lag ich gar nicht so falsch, wie sich schon wenige Minuten später herausstellen sollte. Der Meister wühlte in der Restekiste einen dicken, rostigen Klumpen Metall hervor, drückte ihn mir in die Hand und meinte, ich solle daraus einen schönen Würfel feilen, mit 40 mm Kantenlänge, alle Seiten schön im Winkel und alle Flächen schön plan. Mein einziger Gedanke war: »Die Welt ist grausam!« Nach einer Stunde färbten sich meine Handflächen schön rot, nach zwei Stunden hatte ich zwei wunderschöne Blasen, aber der Eisenklumpen war häßlicher denn je.

Nur eine verwegene Idee hielt mich von der fristlosen Kündigung ab: Wenn ich den Würfel auf Anhieb hinkriege, werde ich ihn Meister Brunnhofer präsentieren und ihn gleich um eine Woche unbezahlten Urlaub bitten! Es war Mitte September. Die Luft draußen war trocken und kühl – perfekte Frankenjura-Bedingungen. Eine wunderbare Idee, die mich beflügelte und eine Art Waffenstillstand mit meinem Eisenklumpen schließen ließ. Einige Tage später präsentierte ich mein Kunstwerk feierlich dem Meister. Der Würfel funkelte, während er mit Winkel und Meßschieber die Seiten kontrollierte. Ich war stolz. Mit jedem Nicken sah ich den Frankenjura ein Stückchen näherrücken. Als mir der Meister den Würfel mit einem letzten und, wie mir schien, besonders wohlwollenden Nicken wieder in die Hand drückte, faßte ich mir ein Herz und platzte mit meinem Anliegen heraus. Ich hatte den letzten Satz noch nicht beendet, da bereute ich meine Dreistigkeit schon zutiefst. Zuerst wurden des Meisters Augen immer größer, dann verengten sie sich zu Schlitzen, und sein Gesicht war auf einmal merkwürdig gut durchblutet. Wortlos drehte er sich um, wühlte in der Restekiste einen doppelt so großen Klumpen hervor und hielt ihn mir drohend vors Gesicht. Mit bebender Stimme befahl er: »20 mm Kantenlänge! Und während du feilst, überdenkst du noch einmal gründlich deine Einstellung zu dieser Lehre. Zeit genug dafür hast du jetzt.«

In meinem Lehrbetrieb gab es eine Gleitzeitregelung, und die nützte ich voll aus. Punkt sieben stand ich an der Werkbank, erst gegen acht erschien der Meister, Punkt vier schwang ich mich aufs Fahrrad, fuhr ohne Umwege in den Klettergarten und machte mich an die eigentliche Arbeit. In der Werkstatt zogen mich alle auf, weil ich kiloweise Joghurt in mich hineinschaufelte, während die anderen zur Brotzeit Wammerl und Leberkäs verdrückten. Spätestens am Nachmittag rächte ich mich für die verächtlichen Kommentare meiner Kollegen – mit dem übelriechenden Ergebnis eines an die Explosivität von TNT heranreichenden Gärprozesses in meinem Bauch.

Mit einigen Freunden, die auf dem gleichen Trip waren, fing ich wie ein Besessener an zu trainieren. In jeder freien Minute quälten wir uns bis zur Erschöpfung, entweder am Klimmzugbalken in meinem Zimmer an der Decke oder im Klettergarten. Für uns galt nur die Devise: »Je härter, desto besser!« Erst wenn die Finger so zerschunden waren, daß sie keinen Griff mehr halten konnten, sprachen wir von einer erfolgreichen Trainingseinheit.

Gleichzeitig gierte ich nach Informationen über neue Trainingserkenntnisse. Als ich einmal ein Bild von Wolfgang Güllich sah, wie er an einem Finger – und zwar nur mit dem vorderen Fingerglied – an einer Griffleiste hing, rannte ich sofort zu meinem Klimmzugbalken und versuchte es – erst mit der rechten, dann mit der linken Hand – meinem großen Vorbild gleichzutun. Das Ergebnis war ein höllisch stechender Schmerz in beiden Unterarmen und eine zweiwöchige Kletterpause.

Wenn wir uns für eine Woche nach Südfrankreich aufmachten, kletterten wir sieben Tage durch, bis mindestens drei Finger an jeder Hand mit Leukoplast umwickelt waren, weil die Fingerkuppen bluteten. Am Ende waren wir derart erschöpft, daß wir nicht einmal mehr bis zum ersten Haken hochkamen. Nach einem solchen »Kletterurlaub« waren wir dann wirklich urlaubsreif. Eigentlich haben wir uns damals ohne Sinn und Verstand, aber durchaus systematisch zugrunde gerichtet.

Gerade tasteten wir uns an Routen im achten Schwierigkeitsgrad heran, da eröffneten Ausnahmekletterer wie Wolfgang Güllich oder Kurt Albert die ersten Routen im oberen neunten. Das war eine Revolution, das Durchbrechen der Schallmauer, eine ganz neue Dimension, ein Erdbeben. Unvorstellbar, das auch einmal zu schaffen. Als ich zum ersten Mal am Einstieg einer dieser Routen stand, brachte ich noch nicht mal die Füße vom Boden weg. Zuerst war ich maßlos enttäuscht. Doch bereits kurze Zeit später fachte diese Erfahrung meinen Ehrgeiz derart an, daß ich nur noch das eine Ziel verfolgte, diese Route zu schaffen, und mein ganzes Leben danach auszurichten begann. Ich trainierte noch härter und noch verbissener. Das gleiche geschah, wenn einer besser klettern konnte als ich. Dann machte ich es mir zur dringlichsten Aufgabe, ihn zu überflügeln, und scheute keine Mühe, bis ich ihn tatsächlich übertrumpft hatte.

Ich war vom Ehrgeiz zerfressen. Sicher auch deshalb, weil ich mein gesamtes Selbstwertgefühl einzig und allein aus dem Klettern bezog. Eine Selbstbestätigung, die mir mein Job nicht geben konnte. Das Klettern war nun nicht mehr bloß ein wunderschöner Zeitvertreib, sondern bekam eine völlig neue Dimension in meinem Leben. Ich fing an, mich über das Klettern zu definieren, nicht nur als Sportler, sondern auch als Mensch. War es im Kletterkurs noch ein Faszinosum gewesen und im Oberreintal eine Leidenschaft, so wurde das Klettern während der Lehre zu meinem Lebensinhalt. Als ganzer Kerl, das heißt mit Herz, Hirn und Hand gefordert zu sein, stetig an sich zu arbeiten, Stück für Stück über sich hinauszuwachsen, immer neue Herausforderungen anzunehmen und zu meistern, in immer schwierigere Dimensionen vorzustoßen, wurde mein Weg, mein Ziel, mein Lebenselixier – das Fundament meiner Lebensphilosophie.

Rausch und Ernüchterung

In dieser Zeit lernte ich Uli Wiesmeier aus Murnau kennen. Er lief mir des öfteren im Oberreintal über den Weg, und ich war ungeheuer fasziniert von ihm. Uli war Zimmermann und auf dem Sprung, ein professioneller Outdoor-Fotograf zu werden. Er hatte ein großes Talent für die Sport- und Landschaftsfotografie und verfolgte seine Ambitionen mit dem gleichen Ehrgeiz wie ich meine Kletterei. Noch dazu war er ein guter Kletterer, der sogar schon einmal die »Nose«, eine legendäre Route am El Capitan im kalifornischen Yosemite Valley, durchstiegen hatte. Er lebte wie ein amerikanischer Kletterfreak, hatte eine schöne Freundin, tingelte mit einem alten R-4-Kastenwagen durch die Lande und verdiente

Meine erste Fotosession mit Uli Wiesmeier im Oberauer Klettergarten.

sein Geld mit Diashows und allerlei Nebenjobs. So wollte ich auch leben. Uli erschien mir nachgerade als die Materialisation all meiner Ideale und die Personifizierung meiner Lebensphilosophie und wurde mein großes Vorbild. Als ich ihn kennenlernte, arbeitete er gerade an einer neuen Diashow, die den Titel »In der Vertikalen« tragen und für damalige Verhältnisse sehr aufwendig, nämlich mit sechs Projektoren, inszeniert werden sollte. Schon damals verfolgte Uli seine Ziele, egal in welchem Bereich, so hartnäckig und ausdauernd, bis das Ergebnis exakt seinen Vorstellungen entsprach. Diese Anspruchshaltung machte ihn zu einem der besten Outdoor-Fotografen der Welt – und zu einem Menschen mit Ecken und Kanten. Viele kamen nicht mit ihm klar, ich aber, als Kletterer auf Ecken und Kanten spezialisiert, konnte mit seinen Eigenheiten bestens umgehen. Eines Tages fragte er mich, ob ich nicht Lust hätte, als »Model« für die Kletterbilder seiner Diashow zu fungieren. Ich sagte spontan zu. Das war nicht nur den Beginn einer über viele Jahre äußerst fruchtbaren und erfolgreichen Zusammenarbeit, sondern auch einer langen Freundschaft.

Bei der zweiten Begehung von »The Face« – Altmühltal.

Durch mich hatte er reichlich Gelegenheit, spektakuläre Aktionen zu fotografieren, ich wiederum hatte durch ihn immer spektakuläre Fotos zur Hand. So hievten wir uns gegenseitig die Karriereleiter hinauf.

Es waren ereignisreiche Jahre, in denen die Rekorde nur so purzelten. Fast monatlich wurde irgendwo auf der Welt eine neue Schwierigkeitsdimension erschlossen. Der Klettersport entwickelte sich in rasender Geschwindigkeit. Fast konnte es einem so vorkommen, als habe man die Kletterer jahrelang weggesperrt und von den Felsen ferngehalten – als man dann das Gitter endlich wegräumte, stürmten sie los wie ausgehungerte Tiger.

Jede Epoche hat ihren Ausnahmekletterer, der alle anderen überstrahlt. Anfang der achtziger Jahre war der Engländer Jerry Moffatt eine solche Lichtgestalt. Er stieg auf wie ein Komet, und egal, wo er auftauchte, kletterte er gleich die schwierigsten Routen, für die der Erstbegeher nicht selten Wochen und Monate hatte trainieren müssen. Jerry gelang das oft schon beim ersten Versuch. Er war seiner Zeit weit voraus und kletterte in einer anderen Dimension. Als er 1982 nach Deutschland kam, fegte er wie ein Tornado durch die Klettergebiete. In kürzester Zeit fielen ihm die schwierigsten Routen zum Opfer, und wo er auch auftauchte, hinterließ er staunende, ungläubige Gesichter. Vor allem aber hinterließ er ein Meisterstück namens »The Face« am Schelleneckpfeiler im Altmühltal, Deutschlands erste Route im Schwierigkeitsgrad 10 minus. Sie wurde schnell zu einem Wallfahrtsort für die Besten der Besten, für Maulhelden und Ehrgeizlinge, für alle, die was auf sich hielten – oder auch nur mal schauen wollten, wie so etwas aussieht. Natürlich auch für mich.

Ein Jahr später gelang mir nach vielen Anläufen die erste Wiederholung. Wie immer war Uli mit der Kamera dabei und dokumentierte die Begehung aus einem noch nie gesehenen Blickwinkel. Die Bilder gingen um die Welt, und alle namhaften Klettermagazine druckten sie. Ich war so stolz wie noch nie in meinem Leben. Es war viel mehr für mich als nur mein bis dato größter sportlicher Erfolg. Es war Balsam auf meine Seele, Manna für mein Selbstwertgefühl, das in der Endphase der Lehre mindestens so stark strapaziert wurde wie die Nerven von Meister Brunnhofer.

Ein Jahr später, 1984, nach zweieinhalb Jahren Lehrzeit, legte ich dann die Gesellenprüfung als Werkzeugmacher ab. Ich muß zugeben, daß ich am Abend vor der Abnahme des entscheidenden Werkstücks in die Firma fuhr, um die Teile, die ich am Tag verhunzt hatte, neu zu fräsen. Das entsprach zwar nicht meiner sportlichen Einstellung, war aber durchaus gängige Praxis. Außerdem durfte ganz einfach nichts danebengehen. Das Flugzeug nach Amerika würde nämlich zwei Wochen später abheben, und es gab überhaupt keinen Zweifel, daß mein Kletterfreund Bernhard und ich mit an Bord sein würden. »Ich bleibe kein Werkzeugmacher«, davon war ich überzeugt.

Mein Abgang, den ich mir so oft ausgemalt und herbeigesehnt hatte, war kurz und schmerzlos. Ich gab meinen Kollegen noch eine Brotzeit aus, schüttelte dem Meister die Hand – und merkte, daß er mindestens so erleichtert war wie ich.

In Los Angeles fanden zu dieser Zeit die Olympischen Spiele statt, und der Dollar stand enorm hoch. Wir hatten nur ein kümmerliches Budget, wollten aber unbedingt drei Monate bleiben. Erst einmal steuerten wir das Yosemite Valley und Boulder, Colorado, an – all die Flecken, die in der Sportkletterszene angesagt waren. Zwar lebten wir wie die Penner, aber was wir sahen und erlebten, war einfach wunderbar und entschädigte uns mehr als reichlich für alle Entbehrungen. Wir hatten ein uraltes Auto gekauft, eine echte Rostlaube, die ständig den Geist aufgab. Zum Starten mußte einer von uns mit dem Schraubenzieher unter den Wagen kriechen und den kaputten Anlasser überbrücken. Oft sprang die Karre auch gar nicht mehr an. Aber sehr zuverlässig fraß sie einen Großteil unserer ohnehin bescheidenen Dollarvorräte. Bereits nach einem Monat waren wir pleite. Meine letzte Rettung war der Anruf bei den Eltern. Sie erklärten sich auch sofort bereit, meine leere Reisekasse wieder aufzufüllen, allerdings nur unter der Bedingung, daß ich das Geld schnellstmöglich wieder zurückzahlte. Notgedrungen willigte ich ein, wohl wissend, daß ich damit meine Seele dem Teufel verkaufte, der im fernen Deutschland kaltlächelnd an einer Werkbank lehnte, sich die Krallen feilte und auf mich wartete.

Immerhin waren die drei Monate im amerikanischen Kletterparadies die bis dahin schönsten meines Lebens. Die Rückreise hingegen war ein Graus. Mein Freund wollte noch länger in den USA bleiben, und so mußte ich mich allein bis zum Flughafen in New York durchschlagen, wobei sich bitter rächte, daß ich meine Englischlehrerin immer gehaßt und ihre wohlgemeinten Bildungsangebote trotzig abgelehnt hatte.

Die Ankunft in Deutschland war wie das Erwachen aus einem schönen Traum. Die Wirklichkeit sah aus wie eine Asphaltwüste. Alles grau in grau. Der einzige Richtungsweiser trug die Aufschrift »Nächste Ausfahrt: Depression«. Es war kalt und regnete. Drei Tage nach meiner Landung auf dem harten Boden der Tatsachen stand ich im selben Betrieb, für den auch mein Vater arbeitete, an der Werkbank und machte Bekanntschaft mit dem oben erwähnten Teufel, für den ich keinerlei Sympathie empfand. Wieder einmal sah ich mein künftiges Leben klar und deutlich vor mir – und kam zu dem Schluß, daß die Zukunft früher schon mal besser gewesen war.

Meine letzten Wochen in Amerika verbrachte ich an einem magischen Ort namens Joshua Tree National Monument in der Nähe von Los Angeles. Eine unwirtliche und unwirkliche Gegend, bizarr und phantastisch wie auf einem anderen Planeten, eine Wüste, übersät mit Granitblöcken und -domen. Mir kam es vor, als habe das nahegelegene Hollywood bei der Gestaltung dieser unglaublichen Kulisse die Finger im Spiel gehabt. Andererseits sind menschliche Wesen gar nicht in der Lage, so etwas Grandioses zu schaffen, dazu bedarf es übermenschlicher Kräfte. Und die spürte ich an diesem Ort wie kaum irgendwo sonst. Fast jeden Abend saß ich allein auf einem dieser Blöcke, die wie das Spielzeug von Riesenkindern aussehen, das sie im Sandkasten vergessen haben, und beobachtete das farbenprächtige Schauspiel des Sonnenuntergangs. Die Fingerkuppen brannten vom Klettern, die innere Anspannung hatte vorübergehend nachgelassen. Ich war glücklich.

Glückskinder, Ich-Sucher

Das war einer jener besonderen Augenblicke, wie ich sie schon in meiner Kindheit, als ich noch mit meinen Eltern wandern ging, manchmal erlebt und später immer wieder herbeigesehnt hatte. Sämtliche Ziele, die wir anpeilen und unbedingt erreichen wollen, dienen uns in Wahrheit nur als Orientierungshilfe auf der Suche

Dehnen gegen Verletzungen. Die Finger sind das schwächste Glied.

nach solchen Glücksmomenten. Auch wir Kletterer setzen alles daran, den Gipfel zu erreichen, weil wir annehmen, nur dort oben den ersehnten Seinszustand finden zu können. Dabei geht es in Wahrheit nicht um einen Ort, sondern um eine Befindlichkeit, finden wir unser Sehnsuchtsziel bereits auf dem Weg zum Gipfel, dessen Bezwingung letztendlich überhaupt nicht von Bedeutung ist, weil wir – kaum sind wir übern Berg – dahinter bereits ein neues Ziel ins Auge fassen. Der Weg ist das Ziel.

Ich war damals auf der Suche – und bin es heute noch. Heute aber bin ich mir dessen bewußt, daß Klettern und Bergsteigen eine Lebensform darstellen, fast möchte ich sagen eine Methode, die es mir ermöglicht, diese raren Momente des reinen Glücks mehr oder minder systematisch zu suchen und zu finden.

In Joshua Tree lernte ich einen echten Desperado kennen, Hans Martin Götz aus München, wegen eines niemals abgeschlossenen Theologiestudiums »Pater« genannt. Mit seiner damaligen Frau Verena als Sozia kam er eines Tages auf einer Harley über den

Campground geknattert. Die beiden waren auf dem Weg von der Ost- zur Westküste, auf dem besten Weg also, sich einen Traum zu erfüllen. Ich kannte den Pater bereits aus den Büchern und einem Vortrag von Reinhard Karl. Allein schon wegen Reinhards Beschreibungen fand ich diesen Typen faszinierend.

Überhaupt orientierte ich mich als junger Mensch an Vorbildern, wollte immer so sein wie andere. Mich selbst fand ich langweilig und unbedeutend. Darunter litt ich zeitweise sehr, bis ich eines Tages erkannte, daß auch in mir spezielle Talente schlummerten, die mich – wie jeden anderen Menschen auch – einzigartig und unverwechselbar machten.

Als sich Pater, ganz im Stil von Peter Fonda in »Easy Rider«, mit wehendem Haar, Sonnenbrille, braungebrannt und nur mit Shorts bekleidet von seiner Maschine schwang, stand dann leibhaftig ein wahrer Lebenskünstler und Freigeist vor mir. Wir verstanden uns auf Anhieb prächtig. Pater war und ist ein Visionär, ein Macher, oder besser gesagt ein Anschieber, der die Richtung bestimmt, aber mit so profanen und lästigen Dingen wie Bremsen, Tanken und Ausweichen nichts zu tun haben will. Sein Problem war nur, daß er dies lange Zeit nicht einsehen wollte und des öfteren die Leitplanke durchbrach, um geradeaus zu fahren, obwohl die Straße eine scharfe Kurve machte. Als Geschäftsmann besitzt der Pater den hochsensiblen und untrüglichen Instinkt eines orientalischen Teppichhändlers. Er war der erste deutsche Importeur der amerikanischen Outdoorbekleidungs-Kultmarke Patagonia, und zwar zu einem Zeitpunkt, als diese Marke hierzulande noch völlig unbekannt war, aber jeder verrückt war nach neuen Produkten »made in the USA«. Eigentlich hätte er damit reich werden können. Doch als Kletterer war er derart besessen und als Geschäftsmann zu dieser Zeit derart chaotisch, daß er oft die Auslieferung an seine Kunden vergaß und diese sich genötigt sahen, sich in der Garage ihres Lieferanten, der irgendwo in der Weltgeschichte unterwegs war, aus unzähligen Kartons eigenhändig die bestellte Ware zusammenzusuchen. Reich wurde mit dieser Marke dann erst sein Nachfolger als Importeur.

Pater war und ist ein Unikat. Er läßt sich nicht verbiegen, bleibt sich treu, auch wenn er zwischendurch radikal die Richtung wechselt, kann andere mit seiner Begeisterung anstecken, ist ein regelrechter Motivationskünstler, der einen Nackten davon überzeugen kann, daß Hosenträger das Erstrebenswerteste sind. Oder daß der aufrechte Gang des Menschen nur durch Timberland-Schuhe möglich wurde – selbige Botschaft jedenfalls hat er eine Zeitlang als Europamanager dieser Firma verbreitet. Bis er nach einigen Jahren dieser Art Busineß den Rücken kehrte und mit seiner Frau Gilda und den beiden Töchtern nach Arco an den Gardasee zog, wo er heute zwei geschmackvolle Guesthouses betreibt. Man muß diesen Kerl einfach gern haben. Obwohl es eine Zeit gab, in der ich ihn für seine Unzuverlässigkeit oft verfluchte, sind wir bis heute die besten Freunde.

Das Wunder von Bardonecchia

Nach meiner Rückkehr aus den Staaten wurde ich viel zu schnell, wieder zum Werkzeugmacher, der eigentlich ein Kletterer sein wollte. Wann immer es ging, war ich mit meinem klapprigen VW-Bus unterwegs, aber nur innerhalb eines Aktionsradius, der es mir erlaubte, zur Not auch mit dem Zug wieder heimzukommen. »Was kostet die Welt?!« war meine Devise, ich fühlte mich topfit und war meist gut drauf – zumindest beim Klettern.

Mein ständiger Begleiter, Mentor und Coach war in dieser Zeit Uli Wiesmeier. Ihm verdanke ich auch einen entscheidenden Anstoß, der mein Leben in neue Bahnen lenkte.

Es geschah 1985. Wir kletterten in unserem Hausklettergarten bei Kochel, zusammen mit Sepp Gschwendtner, der für uns damals zu den ganz Großen zählte. In einer Pause kramte der Sepp beiläufig einen zerknüllten Prospekt aus seinem Rucksack und meinte verächtlich: »Schaut's euch mal diesen Schmarrn an. Jetzt ham de mi eing'lad'n zu einem Sportkletterwettkampf, a so ein Blödsinn!«

Mit Uli unterwegs in den schönsten Klettergebieten der Welt – Verdon-Schlucht/Frankreich.

Uli und ich studierten den Prospekt, während Sepp weiter vor sich hingrummelte.

»Mensch, das machen wir, da fahren wir hin!« Uli war sofort Feuer und Flamme. Meine Begeisterung hingegen hielt sich in Grenzen, am liebsten hätte ich mit dem Sepp um die Wette gegrummelt und gemurrt. Aber Uli redete mit Engelszungen auf mich ein und – wie so oft – überredete mich schließlich.

»Du bist doch so gut drauf, das probierst du jetzt mal!«

Widerspruch war zwecklos.

Und so fuhren wir los nach Italien, immer über die Dörfer, weil wir kein Geld für die Autobahngebühr hatten, bis wir schließlich das sich westlich von Turin erstreckende Hochtal erreichten, in dem Bardonecchia liegt. Auf dem ganzen Weg von Turin bis zum Ort des Geschehens sahen wir Plakate und Transparente, die auf das Ereignis hinwiesen: »Sport Roccia – Free Climbing Competition Bardonecchia«. Und auch im Radio war ständig von diesem »Sport Roccia« die Rede. Wir sprachen zwar kein Wort Italienisch, aber daß die Organisatoren ein großes Ding auf die Beine gestellt hatten, soviel verstanden wir sehr wohl. Ein Kindergeburtstag schien es jedenfalls nicht zu werden.

Das Tal war eine Augenweide. Ein Bach mäanderte durch saftig grüne Wiesen. Vereinzelte Lärchen und Kiefern boten ein paar Rindviechern Schatten, die das geschäftige Treiben teilnahmslos wiederkäuend beobachteten. Am Fuß eines riesigen Felsmassivs, oberhalb eines Geröllfeldes gelegen, waren mit rot-weißen Bändern die Wettkampfrouten abgegrenzt. Wie vertikale Rennbahnen zogen sie in die Höhe und endeten nach etwa dreißig Metern. Um die entsprechenden Schwierigkeitsabstufungen zu erreichen, hatte man Griffe in den Fels gebohrt und aus Zement zusätzliche Griffelemente modelliert. Die Wettkampfstätte erinnerte an eine antike Kampfarena, umlagert von unzähligen Schaulustigen. Brot und Spiele, Geld und Vergnügen, Ruhm und Ehre. Für einen ehrgeizigen Jungspund wie mich war das alles grandios und spektakulär. Aber auch irgendwie völlig daneben in dieser Idylle, in der wir Kletterer eigentlich unsere Ruhe suchten, vor allem aber unsere eigenen Ziele. Ich war irritiert und fasziniert zugleich.

Bis zu diesem Zeitpunkt kannten wir Kletterwettkämpfe nur von den Schnellklettermeisterschaften in Rußland. Es gab sogar eine russische Schnellkletternationalmannschaft. Diese Disziplin wurde dort sehr ernst genommen, im westlichen Europa hingegen hatte sich bis zu diesem Zeitpunkt auf dem Gebiet des Kletterns und Bergsteigens noch keine Wettkampfform durchsetzen können.

Das soll aber nicht heißen, daß es vor Bardonecchia im Klettersport keinerlei Rivalitäten gegeben hätte. Im Gegenteil: Konkurrenzdenken und der indirekte Leistungsvergleich waren unter den Sportkletterern gang und gäbe. Wer eröffnet die schwerste Route? Und wer benötigt die wenigsten Versuche in einer der Top-Routen? Der indirekte Leistungsvergleich ist so alt wie der Klettersport selbst. Er ist sogar eminent wichtig, um allgemeingültige Bewertungskriterien zu entwickeln, auf deren Grundlage sich innerhalb der verschiedenen Epochen und Stile entsprechende Normen herauskristallisieren konnten. Aber es waren die Kletterer selbst gewesen, die diese Regeln aufgestellt hatten. Bis dahin hatte es weder Schiedsrichter noch Funktionäre gegeben, die über das Geschehen wachten und auch die Kontrolle ausübten. Das sollte sich bald ändern, zumindest innerhalb dieser neuen Spielart des Sportkletterns.

Mit wenigen Ausnahmen waren sie alle da, die besten Kletterer der Welt, umgeben von einem Riesenhullygully. Man hatte eine Zeltstadt errichtet, in der es von Journalisten und Neugierigen aller Art und aus aller Welt nur so wimmelte. Immerhin lockte die Veranstaltung pro Tag mindestens zehntausend Zuschauer an. Am wichtigsten waren für mich jedoch die Teilnehmer am Wettbewerb selbst, die Gladiatoren. Alle meine Idole waren versammelt. Der Österreicher Heinz Mariacher und der Italiener »il mago« Manolo etwa, die Franzosen Jacky Godoffe, Didier Raboutou und auch die junge Catherine Destivelle, die mir damals als einzige Kletterin nicht nur als Kletterin sehr gut gefiel. Selbst der Größte von allen war da, Jerry Moffatt. Allerdings konnte er wegen einer Verletzung am Ellbogen nicht mitklettern. Jerry, Wolfgang Güllich, Kurt Albert, sie alle kannten sich untereinander. Aber keiner von ihnen kletterte mit. Sie waren zwar anwesend, aber demonstrierten gemeinsam ihre Ablehnung gegenüber dieser neuen Disziplin im Klettersport, die zu diesem Zeitpunkt noch mitten in den Geburtswehen steckte. Das enttäuschte mich, waren sie doch meine großen Vorbilder, meine Stars, meine Ritter der Tafelrunde, zu denen ich so gern dazugehört und von denen ich wahren Sportsgeist erwartet hätte. Trotzdem war das Teilnehmerfeld hochkarätig besetzt.

In der Nacht vor dem ersten Wettkampftag bekam ich kaum ein Auge zu. Die vielen Menschen, die Weltelite des Klettersports, der Medienrummel – und ich mitsamt meinen Zweifeln mittendrin. Einerseits gefiel mir der Wettkampf, ich war ja auch bei meinen Quergängen im Oberauer Klettergarten immer schon gegen einen imaginären Gegner geklettert. Auf der anderen Seite wollte ich mir nicht schon wieder von irgend jemandem etwas vorschreiben lassen, vor allem nicht bei »meinem« Klettern. Von diesem Standpunkt aus gesehen, konnte ich die Ritter der Tafelrunde durchaus verstehen. Aber ich war ehrgeizig und wollte es wissen, vielleicht mehr als alle anderen. Vor allem aber war da noch Uli, der damals sehr großen Einfluß auf mich hatte und auch die entsprechende Überzeugungskraft an den Tag legte.

Am nächsten Morgen strömten Tausende von Zuschauern zur Wettkampfstätte. Bereits in den frühen Morgenstunden gingen die ersten Teilnehmer über die Routen. Mein Start war erst für den späten Nachmittag angesetzt. Bei diesem Wettbewerb durften wir uns während der einzelnen Durchgänge noch gegenseitig beobachten, ich hatte also genug Zeit, mir die heiklen Stellen einzuprägen. Der Wettkampf selbst teilte sich in zwei Abschnitte. Jeder Teilnehmer mußte drei Routen klettern und hatte in jeder nur einen einzigen Versuch. Am nächsten Tag galt es dann, eine leichtere Route auf Geschwindigkeit zu klettern. Die Ergebnisse beider Tage wurden addiert und ergaben das Gesamtklassement.

Und dann war es soweit: Ich stand am Einstieg meiner ersten Route, die Hände auf den ersten Griff gelegt, um meine Aufregung unter Kontrolle zu halten. Es brodelte in mir, ich vibrierte wie eine Apollorakete vor dem Start. Als ich dann endlich losklettern konnte, ließen das Herzrasen und die mentale Anspannung mit zunehmender Höhe nach. Auch die zweite Route kletterte ich ohne Probleme bis zum Ende. Im Gegensatz zu vielen anderen Teilnehmern, die normalerweise besser kletterten als ich, machten mir die Zuschauermassen in meinem Rücken keine Angst, sondern beflügelten mich.

Seine Leistungsfähigkeit auf den Punkt genau abrufen zu können und dabei sämtliche störenden Einflüsse samt dem Erwartungsdruck des Publikums auszublenden, oder besser noch: als zusätzlichen Antrieb zu empfinden, darin besteht die Kunst beim Wettkampfklettern. Viele der weltbesten Kletterer kamen mit diesen besonderen Umständen nicht zurecht und scheiterten kläglich, oft schon nach den ersten Metern. Es macht einen gewaltigen Unterschied, ob ich an einer tief im Wald versteckten Wand oder auch am El Capitan im Yosemite Valley ganz für mich allein eine schwierige Route probiere und selbst entscheide, wann und wie oft ich einen Versuch wiederhole, oder ob ich vor Publikum mein Können unter Beweis stellen muß. Wer heute zu den Besten der Welt gehören will, muß in vielen Disziplinen bewandert sein. Er muß die härtesten Boulderprobleme knacken können und die schwierigsten Sportkletterrouten beherrschen – und zwar nicht nur im Klettergarten, sondern auch in alpinen Regionen und in großen Wänden. Natürlich gehört auch das Wettkampfklettern mit dazu. Heute zählen Kletterer wie der Amerikaner Chris Sharma und nach wie vor der Japaner Yuji Hirayama zu den absoluten Spitzenkönnern, die in sämtlichen Disziplinen Akzente setzen, auch und vor allem beim »On Sight«-Klettern, das für mich noch immer die Königsdisziplin darstellt. Eine völlig unbekannte Route auf Anhieb sturzfrei zu klettern ist die höchste Stufe der Könnerschaft, die man als Kletterer erreichen kann.

Ich kletterte mich in einen richtigen »flow« hinein, tauchte ein in meine millimetrische Welt – und erst wieder auf am Ende der Route. Derart sicher fühlte ich mich, daß ich an der Schlüsselstelle der schwersten Route sogar einen Griff mit der Zahnbürste säuberte, bevor ich locker und entspannt weiterkletterte. Natürlich war das nur Show und Angeberei. Den Zuschauern aber gefiel es, und noch Jahre später wurde ich darauf angesprochen.

Die Show, auch bei großen, ernsthaften Wettkämpfen, macht einen wesentlichen Bestandteil der Magie aus, die von einer solchen Veranstaltung ausgeht. Auch kommt es dabei nicht allein auf die sportlichen Höchstleistungen an, entscheidend ist vielmehr, daß diese von außergewöhnlichen Persönlichkeiten erbracht werden. In dieser Hinsicht unterscheidet sich das Wettkampfklettern nicht von anderen Sportarten. Darin liegt auch der Unterschied zu den Kletterwettkämpfen von heute. In den ersten Jahren nahmen die besten Kletterer der Welt daran teil. Ich trat gegen so große Persönlichkeiten wie Patrick Edlinger und Didier Raboutou aus Frankreich an, gegen Ron Kauk aus Amerika, Ben Moon und Jerry Moffatt aus England. Vor allem wegen der großen Namen und unverwechselbaren Köpfe kamen die Zuschauer, wurden die Wettkämpfe im Fernsehen übertragen und erlangte der Klettersport diese enorme Akzeptanz in der breiten Öffentlichkeit.

Alle drei Routen konnte ich ohne Probleme klettern. Am Abend des ersten Wettkampftags stand ich auf der vorläufigen Ergebnisliste ganz oben, zusammen mit den Besten der Besten. Damit hatte ich selbst am allerwenigsten gerechnet. Und so schwebte ich an diesem Abend mit stolzgeschwellter Brust wie ein Luftballon durchs Lager. Aber für den nächsten Tag rechnete ich mir nun wirklich keinerlei Chancen aus, vor allem nicht gegen den erfahrenen Speedkletterer Jacky Godoffe aus Frankreich.

Uli übernahm die Betreuung meiner Psyche und wuchs dabei über sich hinaus. Und so trat ich am nächsten Tag an im Bewußtsein, nichts zu verlieren zu haben, aber alles gewinnen zu können. Obwohl ich bis dato noch nie auf Zeit geklettert war, fühlte ich mich am Einstieg wie Spiderman und verkaufte mich so teuer wie möglich. Dann begann das Warten. Nur noch Jacky Godoffe konnte mich schlagen, alle anderen Konkurrenten waren hinter meiner Zeit zurückgeblieben. Schon bei der Zwischenzeit lag Godoffe erwartungsgemäß einige Sekunden vor mir. Aber dann unterlief ihm unversehens ein Fehler. Er zögerte einige entscheidende Sekunden zu lange – und machte mich damit zum Sieger. Ich wäre beinahe in Ohnmacht gefallen.

Selbst der Knall des Champagnerkorkens auf dem Siegerpodest konnte mich nicht aus meinem Trancezustand wecken. Auch nicht der Motorschaden, der meinen VW-Bus mitten in der Nacht auf der Autobahn lahmlegte, irgendwo zwischen Turin und Mailand. Nicht einmal die Tatsache, daß ich mir einen gewaltigen Anschiß seitens meines Meisters einhandelte, weil ich erst am Dienstag in der Werkstatt auftauchte, brachte mich in die Wirklichkeit zurück ...

In Bardonecchia war zum ersten Mal öffentlich demonstriert worden, daß es einen Modus gab, sich als Kletterer im offenen Leistungsvergleich miteinander zu messen. Keiner von uns ahnte, welch eine rasante Entwicklung das Wettkampfklettern danach nehmen sollte. Im Gegenteil – alle Teilnehmer des Wettbewerbs in Bardonecchia sprachen sich in einer Verzichtserklärung ausdrücklich dagegen aus, eine neue sportliche Disziplin mit festen Regeln und Schiedsrichtern einzuführen. Wir verstanden uns als Freigeister und Extremindividualisten, die nur ihren selbstdefinierten Zielvorgaben folgten und nicht bereit waren, sich einem von einer übergeordneten Instanz vorgegebenen Schema zu beugen. Auch ich setzte meinen Namen auf die Liste.

Einerseits hatte mir der Wettkampf großen Spaß gemacht, andererseits wertete ich ihn als Verrat an meinen Idealen. Doch es trat ein, was keiner von uns für möglich gehalten hatte: Der Wettbewerb schlug derart hohe Wellen, daß unsere Bedenken und Einwände einfach weggeschwemmt wurden. In aller Welt, und nicht nur in den Fachzeitschriften, erschienen enthusiastische Berichte über den ersten Wettkampf im Sportklettern, die von einem sportbegeisterten Publikum begierig aufgenommen wurden. Die Sportartikelindustrie begann einen neuen Markt zu wittern. Und die Funktionäre der Sportverbände witterten Morgenluft. Überall, nur nicht in Deutschland. Der Deutsche Alpenverein hatte sich schon immer durch seine Berührungsängste gegenüber allem Neuen ausgezeichnet. Es hatte bereits eine Ewigkeit gedauert, bis die zuständigen Herren endlich das Potential an neuen Vereinsmitgliedern in der jungen Sportkletterbewegung erkannt und diese neumodische Erscheinung zähneknirschend akzeptiert hatten. Noch länger dauerte es beim Wettkampfklettern, obwohl es eine ideale Spielwiese vor allem für Funktionäre darstellte. Aber dann waren die Ambitionen plötzlich enorm hochgesteckt. Sogar von einer neuen olympischen Disziplin war die Rede. Der Zug war abgefahren und donnerte unaufhaltsam auf der Erfolgspur voran ...

Neue Wettbewerbe wurden organisiert, vor allem in Frankreich und Italien. Immer mehr der besten Kletterer, auch diejenigen, die ihren Namen auf die Verzichtserklärung von Bardonecchia gesetzt hatten, tauchten aus der Versenkung auf, um bei den Wettkämpfen gegeneinander anzutreten. Auf einmal bot sich für uns die

»Rodeo« in Cimai/Frankreich.

Möglichkeit, mit dem Klettern Geld zu verdienen. Von Sponsorengeldern leben zu können lag zwar noch in ferner Zukunft, aber immerhin war auch das nicht mehr grundsätzlich ausgeschlossen. Ich jedoch arbeitete erst einmal weiter als Werkzeugmacher und weigerte mich hartnäckig, auf den fahrenden Zug aufzuspringen. Bis ich erkannte, daß ich schon längst in diesem Zug saß. Und dann konnte ich nicht länger widerstehen. Der Boom, den die neue Sportart erlebte, war so gewaltig, daß ich meinen Ehrgeiz nicht mehr verleugnen konnte. Ein Jahr später war ich wieder mit dabei.

Business as unusual

Vorher jedoch, nur wenige Monate nach dem Wunder von Bardonecchia, stand eines Tages plötzlich Hans Martin Götz, der Pater, vor mir. Ich hingegen stand bei dem Skibindungshersteller Marker hinter der Werkbank und traute meinen Augen und Ohren nicht. Erschien er da einfach in meinem Betrieb und erteilte mir Absolution, ohne mir vorher die Beichte abgenommen zu haben. Pater nämlich hatte einen Job für mich, besser gesagt: eine Geschäftsidee. Er wollte eine Firma mit mir gründen, für die ich in seinen Augen das ideale Aushängeschild abgab. Mittlerweile war ich in Kletterkreisen kein Nobody mehr, Pater sah nun in mir den künftigen Frontmann eines florierenden Unternehmens, das sich auf den Vertrieb von Kletterausrüstung spezialisieren sollte. Er hatte auch schon die Vertretung eines englischen Herstellers an Land gezogen. Es dauerte eine Weile, bis ich begriff, was Pater mir damit sagen wollte, als dann aber der Groschen gefallen war, brauchte ich nicht mehr lange zu überlegen. Vor meinen Augen leuchtete das langersehnte Exit-Schild auf – »raus aus dem Werkzeugbau«.

So kam es zur Gründung der Do Boys Company. Auf den Begriff »Do Boys« war Pater in einem Interview mit Yvon Chouinard gestoßen, der amerikanischen Kletterlegende und Gründer der Kultfirmen Chouinard Equipment und Patagonia. Er fand die Bezeichnung ganz großartig. »Jungs der Tat« würden wir sein – und den Markt erobern. Frohgemut hängte ich mit dem Blaumann meinen erlernten Beruf an den Haken und schlüpfte in die Dienstkleidung eines Vertreters in eigener Sache. Doch leider war es weder mit der Selbständigkeit noch mit dem Profit sonderlich weit her. Da ich nämlich auf Provisionsbasis arbeitete, reichte mein Einkommen hinten und vorne nicht. Dabei fing alles so schön an – auf der ISPO präsentierten wir stolz unsere Company. Doch dann setzte sich Pater für sechs Wochen zum Klettern nach Amerika ab. Er klopfte mir auf die Schulter und drückte mir die Schlüssel seines Autos in die Hand, mit dem ich die nächsten Monate als rasender Vertreter unterwegs sein sollte. Mein Einsatzgebiet konnte ich mir selbst aussuchen. Pater stand für »think big« und rechnete nicht in Bundesländern, sondern in Nationalstaaten. Ich könne Deutschland übernehmen, die Schweiz, Österreich oder die Benelux-Staaten, am liebsten jedoch wäre ihm, wenn ich alle zusammen zu meinem Jagdrevier machen würde.

Für den Anfang wollte ich mich erst einmal auf Deutschland konzentrieren. Guten Mutes zog ich los, klapperte quer durch die Republik sämtliche Sportgeschäfte ab – und fiel dabei voll auf die Schnauze. Was mir Pater verheimlicht hatte, war sein fragwürdiger Ruf in der Outdoorszene, der sich auf seine eigenwillige Versandpraxis zu Patagonia-Zeiten gründete. In einigen Läden schlugen die Einkäufer nur die Hände über dem Kopf zusammen, als ich den Namen meines Partners erwähnte, in anderen zerrissen sie sofort das bereits ausgefüllte Orderformular, und in manchen wurde ich kurzerhand vor die Tür gesetzt. Der Winter stand ins Haus, und in den wenigen übrigen Läden hatte ich mit meinen Anseilgurten, Klemmkeilen, Karabinern und Zelten einen schweren Stand. Weil ich mir kein Zimmer leisten konnte, übernachtete ich im Auto. Zum Duschen ging ich ab und zu in ein Schwimmbad. Es war bitter kalt, und meine Sommersportartikel waren wirklich keine profitträchtige Saisonware – genausogut hätte ich Eismaschinen in Spitzbergen oder Heizdecken in Timbuktu verkaufen können. Das einzige, wofür sich der Handel interessierte, waren unsere Handschuhe. Doch Pater hatte mir vor seiner Abreise eingebläut, daß diese erst im Sommer lieferbar sein würden. Komische Firma, dachte ich mir. In meiner Not schrieb ich die Handschuhe einfach auf und garantierte die Lieferung noch vor Weihnachten. Was Pater konnte, konnte ich schon lange, außerdem war er ja weit weg, irgendwo in Amerika auf Tauchstation gegangen. Auch hatte ich genügend Zeit, bis zu seiner Rückkehr ein geeignetes Versteck auszuspähen und meinerseits abzutauchen. Der Hersteller, dessen Produkte wir im Angebot hatten, nannte sich übrigens Wild Country. Mir aber erschien Deutschland als wilde Wüste der Hartherzigkeit.

Weitaus größeren Erfolg hatte ich beim Wettkampfklettern. Ab 1986 war ich regelmäßig unter den ersten Drei, oft stand ich auch ganz oben auf dem Siegertreppchen. Und schließlich begann ich mit dem Klettern richtig Geld zu verdienen. Ich reiste von Wettbewerb zu Wettbewerb und fand auf diese Weise, zusammen mit den Sponsoreneinnahmen, mein Auskommen – immerhin beliefen sich die Preisgelder auf fünf- bis zehntausend Mark. Als dann ein dritter Mann, mein Freund Uwe Hofstädter, zur Do Boys Company stieß, um die Kohlen aus dem Feuer zu holen, zog ich mich aus diesem Geschäft zurück und fungierte nur noch als Werbeträger für die »Jungs der Tat«. Jetzt war ich Kletterer von Beruf. Und das war gut so. Pater und ich waren uns in puncto Arbeitsmoral einfach zu ähnlich. Ohne Uwe wären die Do Boys sicher in hohem Bogen aus der nächsten Kurve geflogen. Ich aber hatte die Kurve gekriegt. Wovon ich nicht einmal zu träumen gewagt hatte, war Wirklichkeit geworden. Klettern war mein Leben, mein Lebensinhalt – und jetzt bestritt ich damit sogar meinen Lebensunterhalt. Die Wende war vollzogen. Endgültig.

In dieser Zeit wurde über jeden Wettbewerb noch groß berichtet, und immer war das Fernsehen mit von der Partie. Ich reiste in der ganzen Welt umher, flog nach Japan, klapperte in Frankreich und Italien sämtliche Klettergebiete ab, war ein Nomade, ein fahrender Ritter, der von einem Turnier zum nächsten zog. Damals trainierten wir noch am natürlichen Fels, aber die Wettbewerbe fanden immer häufiger an künstlichen Wänden statt. Schnell erkannten die Organisatoren, daß die natürlichen Ressourcen – Felswände, die sich für Wettbewerbe eigneten – begrenzt waren. Die Unwägbarkeiten des Wetters und die Zerstörung der Felsen durch das Einrichten der Wettkampfrouten waren Faktoren, die die Entwicklung der künstlichen Kletterwände enorm beschleunigten. Schon bald war man in der Lage, Überhänge, Dächer, Verschneidungen und Reibungsplatten an monströse Gerüstkonstruktionen zu hängen und in jeder Halle dieser Welt auf- und wieder abzubauen. Griffe in den verrücktesten Formen wurden aus Epoxidharz und Quarzsand gegossen, ständig entstanden neue Technologien, die schließlich im Abgießen natürlicher Felsstrukturen gipfelten. Ursprünglich wurden die künstlichen Felswände nur für Wettkämpfe entwickelt, doch schnell erkannten clevere Geschäftemacher das riesige Potential dieser künstlichen Kletteranlagen.

Heute steht in jedem größeren Dorf eine Indoor-Kletteranlage, in den meisten Städten gibt es sogar mehrere. Durch die Kunst-

Steiler geht's nicht. Bei der ersten Begehung von »Desert Gold« – Red Rocks/USA.

wände hat der Klettersport selbst in Regionen wie Hamburg und Sylt Einzug gehalten, wo man Klettern und Bergsteigen ursprünglich nur aus den Filmen von Luis Trenker kannte. In diesen Hallen ist eine völlig neue Kletterkultur entstanden, die mit dem traditionellen Klettersport nur noch die Bewegungsabläufe gemein hat, mit der Geisteshaltung hingegen so gut wie gar nichts mehr. Heute geht man in Düsseldorf abends vor dem Kneipenbesuch noch »ein bißchen zum Freeclimbing« – und am nächsten Tag trifft man sich wieder beim Inlineskaten. Die Befürchtung, daß durch den enormen Zuspruch, den das Hallenklettern findet, auch die natürlichen Klettergebiete bald überlaufen sein würden, hat sich zum Glück nicht bewahrheitet. Sich an bunt markierten, eindeutigen Griffabfolgen in einer klimatisierten Halle fortzubewegen ist eine Sache – unter freiem Himmel die natürliche Felsstruktur lesen, den einzig möglichen Weg finden und den zugehörigen Bewegungsablauf selbst kreieren zu müssen eine ganz andere. Ich sehe daher diese Entwicklung durchaus positiv und keineswegs als Gefahr für den Klettersport.

In Bardonecchia hatte mich die »Mutter aller Kletterwettbewerbe« in ihre Arme genommen und aufs Podest gehoben. Danach wurde ich zum fahrenden Ritter. Mir gefiel dieses Wanderleben. Vielleicht war ich nicht unbedingt ein Gladiator, aber immerhin auch kein Sklave. Zwar mußte ich mich dem jeweiligen Reglement und den Entscheidungen der Schiedsrichter beugen, aber dafür kletterte ich größtenteils um den Sieg mit. Der Erfolg war eine Woge, die mich trug, manchmal auch eine Droge. Und alles nur, weil ich zum richtigen Zeitpunkt am richtigen Ort gewesen war. Zufall, Fügung, Glück?

Es war eine verrückte Zeit. Wenn ich nicht gerade auf dem Weg zu irgendwelchen Wettkämpfen war, reiste ich mit Uli durch die Welt. »Rocks around the world« war nicht nur unser Lebensmotto, sondern auch ein Buchprojekt, für das wir in aller Herren Länder unterwegs waren.

Rock Master

1987 gewann ich in Arco am Gardasee den ersten »Rock Master«-Wettbewerb. Ab diesem Zeitpunkt war ich für die Medien tatsächlich der Frontmann einer neuen, exotischen und publikumswirksamen Disziplin im Klettersport. Sogar Reinhold Messner wurde auf mich aufmerksam. Ich wurde ins ZDF-»Sportstudio« eingeladen, und meine Karriere nahm eine unglaubliche, für mich kaum mehr zu kontrollierende Eigendynamik an.

Der Rock Master in Arco entwickelte sich bald zu einer Art inoffiziellen Weltmeisterschaft. Jedes Jahr am zweiten Septemberwochenende wurden die zehn besten Kletterer der Weltrangliste eingeladen, um ihre Kräfte zu messen. Nicht nur was die Kulisse und die Atmosphäre anbelangt, war der Rock Master für mich immer etwas ganz Besonderes, der wichtigste Wettbewerb überhaupt, das Wimbledon des Klettersports. Nirgendwo sonst war die Stimmung besser, die Intensität größer – dieser Kitzel, diese Spannung in der Luft, die Leidenschaft der Kletterer, die Hingabe der Zuschauer.

Und das alles in einer Landschaft, die alle Vorzüge der alpinen und der mediterranen Fluren in sich vereinigt.

Der Wettbewerb erstreckte sich über zwei Tage und setzte sich aus zwei Routen zusammen. Am Samstag fand traditionell der »On Sight«-Durchgang statt. Die Teilnehmer mußten eine unbekannte Route klettern und durften sich dabei auch nicht gegenseitig beobachten. Die zweite, wesentlich schwierigere Route durfte man hingegen einige Tage vor dem Wettkampf eine halbe Stunde lang in Augenschein nehmen. Am Ende wurden die erreichten Höhen aus beiden Durchgängen zusammengezählt und auf diese Weise der Sieger ermittelt.

Den anderen Kletterern – meinen »Gegnern«, wenn man so will – begegnete ich des öfteren beim Trainieren. Wir beobachteten einander mit Argusaugen und waren doch eine verschworene Gemeinschaft. Wie heute die alpinen Skirennläufer tingelten wir von Wettbewerb zu Wettbewerb. Jeder kannte jeden, seine Schwächen wie auch die Stärken. Wir waren Konkurrenten und doch Brüder im Geist, eine Bruderschaft aus Individualisten. Wer den Spielfilm »Ritter aus Leidenschaft« gesehen hat, weiß, was ich meine. Das stärkste Bindeglied war die Kletterphilosophie, der wir alle anhingen. Die Wettbewerbe waren lediglich ein Mittel zum Zweck, um diese Philosophie leben zu können. Philosophie ist ein großes Wort, vielleicht sollte ich eher von Lebensart reden. Ja, wir liebten dieses Leben, waren fröhliche, hart trainierende Gaukler, Hochleistungsindividualisten, immer auf Achse, immer solidarisch, allzeit bereit, einen Strauß miteinander auszufechten. Aber tief in unserem Inneren spürten wir – auch wenn es uns nicht bewußt war –, daß wir eines Tages diesem Wettkampfzirkus den Rücken kehren und zu unseren Ursprüngen zurückkehren würden. Zu den natürlichen Felswänden – dahin, wo unsere eigenen Träume und Vorstellungen vom Klettern in Stein gemeißelt waren.

Dreimal, 1987, 1988 und 1992, gelang es mir, den Rock Master in Arco zu gewinnen. Anfang der neunziger Jahre erreichte das Wettkampfklettern seinen Höhepunkt, danach ging es mehr oder minder stetig bergab. Den Wendepunkt markiert für mich eindeutig die Winterolympiade 1992 im französischen Albertville, wo das Wettkampfklettern als inoffizieller Demonstrationswettbewerb auf dem Programm stand. Dieser Wettbewerb kam viel zu früh, vor allem aber fiel er unter die Kategorie »Thema verfehlt«. Ich konnte ihn zwar gewinnen, aber mir wurde damals sofort klar, daß die Zukunft des Wettkampfkletterns bei weitem nicht so leuchtend war, wie sich das einige übereifrige und verblendete Verbandsfunktionäre seinerzeit ausmalten – manche von ihnen sahen sich schon insgeheim beim Verteilen der Goldmedaillen. Junge Männer und Frauen, die in kurzen Hosen und in einer beheizten Halle zum Wettkampf antreten – das paßte nicht zu einer Winterolympiade, auch wenn man als Austragungsort eine Eissporthalle gewählt hatte. Genausogut hätte man Schach oder Sumoringen ins Programm nehmen können. Nach Albertville jedenfalls war klar, daß man das Wettkampfklettern in dieser Form niemals zur olympischen Disziplin küren würde. Damit begann der schleichende Tod dieser ursprünglich so publikumswirksamen Sportart. Auf Dauer waren der organisatorische und der finanzielle Aufwand zu groß – und im Verhältnis dazu das Interesse der breiten Öffentlichkeit zu gering. Um beispielsweise eine vernünftige Kletterwand aufbauen zu können, muß ein Veranstalter mindestens eine Woche lang eine große Halle mieten. Die Unterstützung seitens der Industrie und die Erlöse durch den Verkauf der Eintrittskarten reichten am Ende nicht mehr aus, um eine tragfähige finanzielle Basis für derlei aufwendige Veranstaltungen zu schaffen. Entsprechend gingen nach Albertville sowohl die Zahl der Wettbewerbe als auch die Höhe der Preisgelder stetig zurück. 1993 war dann die Sache für mich persönlich endgültig ausgereizt, so daß ich mich vom Wettkampfklettern verabschiedete. Heute kann niemand mehr ohne zusätzliche Einnahmequellen davon leben, aber eine Wettkampfszene, die mit großer Begeisterung und hohem Trainingsaufwand diesen Leistungssport betreibt, gibt es auch heute noch. Die glorreiche und goldene Zeit aber ist meiner Meinung nach unwiderruflich vorbei. Dennoch – und gerade deswegen – möchte ich noch ein wenig von dieser Zeit und meinen Erfahrungen als Wettkämpfer im Kletterzirkus berichten.

On the rocks – und unter Strom, in Arco und anderswo

1987 in Arco war alles noch neu und aufregend, für die Akteure wie für das Publikum. So viel Aufbruch war nie. Gleich am Ortsrand ragten die Felsen in die Höhe, an denen die zwei Routen präpariert waren, vor denen man wiederum die Tribünen errichtet hatte. Es war der erste und letzte Rock Master an natürlichem Fels. Ich war schon eine Woche vor Beginn des Wettbewerbs vor Ort, um einen Eindruck davon zu bekommen, was mich erwartete, und mich entsprechend einzustimmen. Die zehn Teilnehmer waren vom Veranstalter auf mehrere Hotels verteilt worden, am Mittwoch und am Donnerstag erhielt dann jeder von uns die Chance, die zweite und schwierigere, aller Wahrscheinlichkeit nach auch entscheidende Route für eine halbe Stunde zu inspizieren und auszuprobieren. Fieberhaft versuchte ich mir die über einhundert Griff- und Trittabfolgen vom Einstieg bis zum Ausstieg genau einzuprägen. Da sich die meisten Teilnehmer an manche wichtigen Details schon bald nicht mehr erinnern konnten, fand unter den Akteuren eine regelrechte Infotauschbörse statt. Du beschreibst mir die Griffabfolge dieser Passage, dafür erkläre ich dir jene. Gemeinsam rekonstruierten wir die »missing links«, einer half dem anderen, schließlich waren wir nur Rivalen in einem sportlichen Wettstreit und keine Feinde.

Nach Abschluß dieses Tauschhandels fuhr ich wieder zurück nach Hause ins Werdenfelser Land, um mich in aller Stille und ganz für mich allein auf die entscheidenden Tage vorzubereiten. Die anderen Kletterer zogen es vor, in Arco zu bleiben, ich aber suchte die innere Einkehr in der vertrauten Umgebung, um all die Eindrücke, die ich am Gardasee in mich aufgesogen hatte, zu verarbeiten, die Route wieder und wieder zu visualisieren und sie in

Gedanken hunderte, tausende Male durchzuklettern. Mit geschlossenen Augen stand ich da und kletterte eine imaginäre Wand hoch, zeichnete Tritt- und Griffkombinationen in die Luft, stellte mir dabei die spezifische Wettkampfatmosphäre vor, machte Konzentrationsübungen und lebte in einer ganz eigenen Welt – voll da und zugleich total entrückt.

Ab und zu ertappte ich mich in der Kneipe dabei oder auch hinterm Lenkrad im Stau, wie ich gerade meine Finger auf eine imaginäre Leiste legte, den Schlüsselzug mit der entsprechenden Grimasse der Anstrengung bewältigte – und plötzlich in die entgeisterten Gesichter am Nebentisch oder der anderen Autofahrer blickte. Bei »Mister Bean« hätten sie das sicher lustig gefunden, mich hielten sie eher für verrückt.

Am Samstag, dem ersten Wettkampftag, ging ich dann an den Start, meiner Kräfte gewiß, aber zugleich nervös. Besonders aufreibend war immer die Phase unmittelbar vor dem Start. Isoliert von der Außenwelt saßen wir in Massone, einem Klettergarten auf der anderen Talseite, und warteten. Nur wenn der Wind richtig stand, hörten wir vereinzelte Wortfetzen aus den Lautsprechern herüberwehen. Am Sonntag, dem zweiten Wettkampftag, gingen die Kletterer in der umgekehrten Reihenfolge der Plazierung vom Vortag an den Start. Ich bin mir sicher, an keinem anderen Tag des Jahres wurden mehr Stoßgebete zum Himmel über Arco geschickt.

Im Lauf der Jahre entwickelte ich feste Rituale, an die ich mich eisern hielt. Beispielsweise trug ich immer die selben Shorts und ging am Vorabend immer ins selbe Restaurant. Mein einziges theoretisches Rüstzeug war ein Buch über Martina Navratilova, in dem beschrieben wurde, wie sie sich auf ihre Turniere vorbereitete, und das mich zutiefst beeindruckte. Genau so, wie es in diesem Buch geschrieben stand, legte ich mich flach auf den Boden, schloß die Augen und stellte mir Zahlenreihen vor, ganz plastisch, jede einzelne Zahl von eins bis zehn. Am Anfang schaffte ich es allerhöchstens bis sechs, bevor ich wieder ins Blitzlichtgewitter störender Gedanken geriet. Später schaffte ich eine ganze Reihe, dann zwei, am Ende sogar drei Reihen, aber oft schlief ich dabei einfach ein. Das war normalerweise eine gute Aufwärmübung, um anschließend den ganzen Wettbewerb zu visualisieren. Dabei war es von entscheidender Bedeutung, mir die spezifische Kulisse und Atmosphäre des jeweiligen Austragungsortes vorzustellen, denn ich hatte die Erfahrung gemacht, daß mich in Sekundenschnelle die Panik überwältigen konnte, wenn ich nicht entsprechend vorbereitet war. In Paris-Bercy beispielsweise war es mir so ergangen: Kaum hatte ich die riesige, bis auf den letzten Sitzplatz ausverkaufte Halle betreten, schlug mir die aufgeladene Atmosphäre derart entgegen, daß ich meine Aufregung nicht rechtzeitig unter Kontrolle brachte und bereits nach dem vierten Zug aus der Wand flog. Wenn ich mich jedoch zuvor mental auf die jeweilige Wettkampfstätte eingestellt hatte, war ich gegen solch unliebsame Überraschungen einigermaßen gefeit.

Besonders versuchte ich mich auf die extrem angespannte Gemütsverfassung im Isolationszelt einzustellen, wenn ich hinter der Wand saß, auf meinen Auftritt wartete und lediglich akustisch wahrnehmen konnte, wie der Kletterer vor mir unterwegs war. In dieser Situation ist der Hörsinn, überhaupt der ganze Empfindungsapparat, enorm geschärft, man spürt förmlich mit Haut und Haaren, was draußen vor sich geht. Jedes »Aah!« und »Ooh!« des Publikums war von Bedeutung. Sobald es nur um eine Nuance hysterischer klang, konnte ich sicher sein, daß der unsichtbare Gegner in der vertikalen Kampfarena einen kritischen Punkt erreicht hatte. Sobald es in die abfallende Tonfolge der Enttäuschung oder gar in einen kollektiven Klagelaut überging, durfte ich davon ausgehen, daß der Mann frühzeitig heruntergefallen war.

Und dann der alles entscheidende Moment: Die Zeltplane wird zurückgeschoben, ein Kameraobjektiv starrt dich an, und du hörst den Stadionsprecher deinen Namen ankündigen. Aber alles ist ganz weit weg. Deine geballte Aufmerksamkeit richtet sich in diesem Augenblick auf ein einziges, ein winziges, aber eminent bedeutsames, um nicht zu sagen verräterisches Detail: Das Seil des

Vorgängers ist bereits abgezogen, aber der höchste Karabiner, in den es eingehängt war, schlenkert noch ein wenig hin und her.

Ich schaute also hoch, sah nicht selten den vorletzten Karabiner wackeln, und dachte mir: »O Gott, bis dahin ist er gekommen!« Es gab Wettbewerbe, die ich, so unglaublich es auch klingt, vor allem wegen dieses einen wackelnden Karabiners verlor. Manchmal nämlich warf mich der Anblick dieses unerreichbaren, Lichtjahre entfernten Menetekels derart aus der Bahn, daß ich nicht annähernd so weit kam, wie ich ohne die Fixierung darauf hätte kommen können.

Experten behaupten, daß ein Kampf zwischen Sumoringern sich in dem Augenblick entscheidet, wenn sich ihre Blicke zum ersten Mal treffen. Der Fight ist entschieden, noch bevor er begonnen hat. Sieger ist, wem es gelingt, dem anderen seinen Willen aufzuzwingen.

Mir erging es ähnlich. In dem Augenblick, in dem ich den Karabiner dort oben wackeln sah, entschied sich, ob ich ihn als Motivation und Ansporn empfand oder als erdrückende Last. Auf diese extreme Zerreißprobe versuchte ich mich also bereits im Vorfeld gezielt mental einzustellen.

Ich wußte, daß es dabei in erster Linie darauf ankam, alle negativen Einflüsse in meinem Umfeld auszublenden. Mein Privatleben packte ich in Watte und stellte es beiseite. Ein einziges unbedachtes Wort hätte mein Selbstvertrauen, das ebenso labil und wackelig war wie der vermaledeite Karabiner, in den Sekunden der Wahrheit negativ beeinflussen können. Den Telefonhörer nahm ich schon Tage vor einem wichtigen Wettkampf nicht mehr in die Hand. Alle Teilnehmer beim Rock Master befanden sich in körperlicher Topform. Alle hatten lange auf diesen Tag hintrainiert. Über Sieg oder Niederlage aber wurde innerhalb der alles entscheidenden Sekunden vor Beginn der eigentlichen Aktion entschieden – und zwar im Kopf.

Wie Martina Navratilova in Wimbledon kannte ich bald jeden Winkel in Arco. Wenn wir vom Aufwärmen zur Wettkampfstätte gefahren wurden, wußte ich ganz genau, welche Strecke das Auto nehmen würde – ich war sie nämlich zuvor selbst abgefahren. Auch wußte ich, wie ich mich in diesem Auto auf dem Weg zum Wettkampf fühlen würde. Das alles hat mir enorm geholfen, weil ich mich nie, auch nicht in den entscheidenden Sekunden, mit einer unbekannten Situation konfrontiert sah. Bis in die kleinsten Einzelheiten hatte ich alles durchgespielt, wußte, wo das Isolationszelt stand, auf welchem Niveau ich meine Spannung halten mußte und ab wann gezielte Entspannung angesagt war – wobei mir übrigens stets ein spannendes Buch gute Dienste leistete. Das wichtigste aber war, mich auf diesen einen, womöglich alles entscheidenden Moment einzustimmen, da ich aus dem Zelt geführt wurde, nach oben schaute und den wackelnden Karabiner erkannte. Ich redete, trichterte, hämmerte mir ein, mir keinen Schreck einjagen zu lassen, sondern die jeweilige Vorgabe als positive Herausforderung zu begreifen – nach dem Motto: »Das kann ich besser!« Ich brauchte mich nicht zu fürchten, denn dieser Karabiner war mein Freund. All das hatte ich aus den Erzählungen und Erfahrungen von Martina Navratilova gelernt – und deswegen mache ich an dieser Stelle eine tiefe Verbeugung vor ihr!

Vor all meinen Siegen, ob beim Rock Master oder bei anderen wichtigen Wettkämpfen, hatte ich im entscheidenden Moment den perfekten Bewußtseinszustand höchster Konzentration bei vollendeter Selbstvergessenheit erreicht. Am Einstieg brannte ich förmlich darauf, endlich loslegen zu dürfen, endlich aus lauter Spaß an der Freud loszuklettern, total entspannt, locker, spielerisch.

Während des Kletterns merkte ich schon an der Reaktion des Publikums, wo es schwer zu werden begann. Solange es still war, wußte ich, daß es bis hierher jeder geschafft hatte. Der erste, noch verhaltene Applaus signalisierte mir, daß ich eine Stelle passiert hatte, an der schon jemand rausgefallen war. Das erste heftigere Raunen bedeutete, daß ich mich bis zur Spitzengruppe vorgearbeitet hatte. Je mehr ich mich der Schlüsselstelle näherte, desto lebhafter reagierte das Publikum. Sobald die ersten Aufmunterungsrufe kamen – »Hopp!«, »Auf geht's!«, »Dranbleiben!« –, war klar, daß es jetzt ernst wurde. Auch bekam ich sehr deutlich mit, ab welcher Stelle ich um den Sieg mitkletterte. Und das gab mir einen ungeheuren Kick oder auch Schub – ganz so, als hätte sich mein Turbolader zugeschaltet. Die Reaktionen der Zuschauer glichen also einem akustischen Roadbook, das mir zeigte, wo's langging.

Irgendwann hatte ich sogar gelernt, die verschiedenen Mentalitäten richtig zu dechiffrieren. Ein italienisches Publikum war beispielsweise viel lebhafter bei der Sache als ein französisches, am verhaltensten reagierten die deutschen Zuschauer. Das Wunderbarste aber, immer und überall, war der frenetische Applaus, der mir sagte, daß ich es geschafft hatte und nichts mehr schiefgehen konnte. Das war der Moment, in dem aller Druck von mir abfiel und mir Flügel wuchsen, die mich emportrugen zur Wolke Nummer sieben. In einen Himmel, der voller Geigen hing, die alle aussahen wie funkelnde, im Aufwind tanzende Karabiner...

3. Kapitel

»Schrei aus Stein«

In Arco steppte der Bär, als dort 1987 zum ersten Mal der Rock Master ausgetragen wurde. Alle waren sie da. Jacky, Didier, Jerry – und Reinhold. Ja, er war es wirklich, der Übermensch, die Bergsteigerikone, der Gottvater des Alpinismus: Reinhold Messner. Er war aus dem Olymp nach Arco herabgestiegen, um sich ein Bild zu machen vom Treiben der jungen Wilden in seinem Reich. Nun also stand er leibhaftig unter uns, doch leider war er nicht als Teilnehmer am Wettkampf erschienen, sondern nur um der neuen Spielart des Klettersports seinen Segen zu erteilen. Und wie wir es von ihm kennen, inszenierte er diese Salbung äußerst mediengerecht. Er war mit einem Fernsehteam angereist und höchstpersönlich in die Rolle des rasenden Reporters geschlüpft.

Meine Bibel bestand zu dieser Zeit aus drei Teilen: da war das Buch Harrer – *Die weiße Spinne* –, das Buch Karl – *Zeit zum Atmen* –, und da war das Buch Messner – *Der siebte Grad*.

Mit dem klassischen Höhenbergsteigen, in dem Reinhold Akzente setzte, konnte ich jedoch schon damals nicht sonderlich viel anfangen. Natürlich hatte er auch dem Felsklettern, vor allem dem alpinen Freiklettern in den Dolomiten, neue Impulse gegeben. Aber meine eigentlichen Leitfiguren auf diesem Gebiet waren Kletterer wie Wolfgang Güllich und Kurt Albert. Dennoch: Reinhold war damals für mich eine absolute Respektsperson, ein Superstar.

Ich gewann den Rock Master – die Krönung aber war, daß mich Reinhold Messner zum Siegerinterview bat. So bekam auch ich seinen Segen. Und – unauslöschlich wie ein Brandzeichen – seinen Stempel aufgedrückt: als herausragender Vertreter der »Fit for Fun«-Wettkampfgeneration.

In der Hall of Fame des Sports

Reinhold war mir von diesem Tag an sehr wohlgesonnen. Allerdings konnten wir von unserer Begegnung in Arco beide profitieren: Er hatte durch mich eine gute Story im Angebot – und für mich öffneten sich dank seiner Rührigkeit neue Türen. Wenig später nämlich erreichte mich ein Anruf vom ZDF. Man habe da interessantes Bildmaterial aus Arco, ließ man mich wissen, eingefangen von keinem geringeren als Reinhold Messner. Ob ich nicht Lust hätte, im »Aktuellen Sportstudio« aufzutreten? Das war für mich wie eine Einladung in die Hall of Fame des Sports. Wie hätte ich da widerstehen können? Reinhold hatte offenbar seine Kontakte spielen lassen, einen Beitrag ans ZDF verkauft und gleichzeitig mich auf die Erfolgsschiene gesetzt. Das muß man ihm lassen: Keiner beherrscht die Klaviatur der medienwirksamen Vermarktung – seiner selbst wie auch seiner Schützlinge oder der von ihm zum Thema gemachten Streitsachen – so virtuos wie er. Sein Beitrag lief also im ZDF-»Sportstudio«, und ich hatte dort meinen ersten Auftritt.

Anschließend hat mich Reinhold noch eine ganze Weile nach Kräften gefördert, wofür ich ihm bis heute dankbar bin. Wenig später lud er mich beispielsweise zu einem Diskussionsforum auf Schloß Juval ein, seinem herrschaftlichen Hochsitz im Vinschgau. »Wettlauf zum Gipfel« hieß das Thema und war zugleich der Titel seines neuesten Buches. Nach der Diskussion nahm mich Reinhold beiseite und fragte mich, ob ich nicht Lust hätte, bei einem Filmprojekt mitzumachen, das ihm schon seit geraumer Zeit durch den Kopf gehe. Er skizzierte mir die verwegene und vertrackte Story, die er ausgeheckt hatte. Darin ging es um ein mit Drogen vollgestopftes Flugzeug, das über dem Yosemite National

Park abstürzt, um die legendäre Geschichte der Erstbesteigung des Cerro Torre in Patagonien durch Cesare Maestri und noch um einiges mehr. All diese fiktiven und wahren Begebenheiten sollten den Stoff für einen spannenden, spektakulären Spielfilm abgeben, in dem das Klettern am Cerro Torre das zentrale Motiv sein würde. Ich begriff höchstens die Hälfte des Plots, den Reinhold mit einiger Begeisterung vor mir ausbreitete. Dennoch konnte ich mein Glück nicht fassen und sah uns schon bei unserem nächsten gemeinsamen Auftritt den Oscar für das beste Drehbuch und den besten Darsteller entgegennehmen. Entsprechend setzte ich mich nicht ins Auto, um die Heimfahrt anzutreten, sondern schwebte eine Zeitlang über allen Dingen.

Vorfilm

Aber dann ließ Reinhold nichts mehr von sich hören. Was er mir auf seinem Schloß in leuchtenden Farben ausgemalt hatte, war wohl nichts als ein Luftschloß gewesen. Etwa ein Jahr später jedoch, als ich längst nicht mehr damit rechnete, meldete sich ein Filmproduzent namens Walter Saxer bei mir. Reinhold Messner, sagte er, habe ihm den Tip gegeben, sich mit mir in Verbindung zu setzen. Ich wisse ja Bescheid, es gehe um eine der Hauptrollen in dem Film, meinte er und lud mich ohne Umschweife zu einem ersten Treffen nach München ein. Wieder konnte ich mein Glück kaum fassen. Der Mann aber, dem ich wenig später begegnete, verunsicherte mich dann doch ein wenig. Einen Filmproduzenten hatte ich mir anders vorgestellt. Er trug eine abgewetzte, speckige Lederjacke, ausgebleichte Jeans und ein verwaschenes, hellblaues Hemd. Wenn ich es recht überlege, dann habe ich ihn all die Jahre, die wir miteinander zu tun hatten, in keiner anderen Aufmachung gesehen, noch nicht einmal auf dem Gletscher am Fuß des Cerro Torre oder weit oben auf der eiskalten Schulter dieses Berges. Klein und hager von Statur, mit kahlgeschorenem Schädel, Oberlippenbärtchen, leicht schiefer Nase und scharfgeschnittenen

Gesichtszügen erinnerte er mich eher an den Kommandeur einer abgehalfterten Söldnertruppe als an einen Studioboß. Dieser erste Eindruck war im übrigen gar nicht so falsch. Das beeindruckendste aber waren seine Augen – sie hatten einen derart stechend eisblauen Farbton und fixierten mich derart scharf, daß ich mir fast wie ein von der Nadel eines Insektenforschers aufgespießter Käfer vorkam. Meine anfängliche Verwunderung und Verunsicherung lösten sich jedoch schnell in Wohlgefallen auf, als ich erkannte, daß mir dieser Mann rückhaltlose Sympathie entgegenbrachte. Und dabei blieb es auch bis zum Ende unserer gemeinsamen Wegstrecke.

Bei dieser Gelegenheit lernte ich auch Ulrich Klenner kennen, der maßgeblich am Drehbuch mitarbeiten sollte – und mit dem ich auch dieses Buch geschrieben habe. Ich spürte, daß sie mich genau taxierten, wie ein Wundertier, das man zu Forschungszwecken untersucht. Am Ende war man offensichtlich auf beiden Seiten voneinander angetan, erging sich in phantastischen Entwürfen für einen Spielfilm, der – versehen mit den allerfeinsten Zutaten wie prominenten Namen, einer atemberaubenden pittoresken Landschaft, einem spannenden Stoff – in die Kinogeschichte eingehen würde. Mir gefiel das alles sehr. Aber ich hätte meinen Kopf darauf verwettet, daß diese Traumtänzerei nie und nimmer realistische Dimensionen annehmen würde.

Ich staunte daher nicht schlecht, als ich eines Tages das Drehbuch in Händen hielt. Es trug den Titel »Schrei aus Stein«, und das Titelbild zeigte eine spektakuläre, furchteinflößende Felsnadel, die einen überhängenden Eispilz aufgespießt zu haben schien: den Cerro Torre, jenen legendären Berg, der bis heute als einer der schönsten und zugleich schwierigsten der Erde gilt. Damit nicht genug, wurde ich zu Probeaufnahmen eingeladen, die auf Reinhold Messners Schloß Juval stattfinden sollten. Ich hatte nur wenig Zeit, mich darauf vorzubereiten. Zu allem Überfluß sollte ausgerechnet jene Szene geprobt werden, die für mich schon beim Lesen der absolute Horror gewesen war – eine Bettszene. Daß er's am Berg bringt, mögen sich die Filmleute gedacht haben, ist keine Frage, fragt sich nur, ob er's auch im Bett bringt!

Man organisierte eine junge Schauspielerin, die mit mir proben sollte. Es wurde ernst – mir wurde bang und banger. Gleich am Anfang die härteste Übung! Ich hatte zwar kein Problem damit, mich auf eine Bühne zu stellen und einen Diavortrag zu halten, das gehörte zu meinem Beruf, aber im Grunde war und bin ich ein schüchterner Mensch. Entsprechend wäre ich nie auf die Idee gekommen, mein Innerstes nach außen zu kehren und öffentlich zur Schau zu stellen. Meinem ganzen Wesen nach war ich also weder Schausteller noch Schauspieler. Und jetzt das! Am liebsten hätte ich abgesagt. Auf der anderen Seite, sportlich gesehen, handelte es sich um eine äußerst reizvolle Herausforderung, wie man sie nicht alle Tage geboten bekommt. Ich sagte zu. So geht es mir oft: Wenn das Scheitern zum Greifen nahe ist, beginnt die Sache für mich erst wirklich interessant zu werden.

Es kam der Tag der Entscheidung. Die junge Schauspielerin, die mit mir üben und auch vor der Kamera agieren sollte, hatte mich dazu überredet, sie in München abzuholen und gemeinsam mit ihr nach Südtirol zu fahren. Aber sie hatte nichts davon gesagt, daß sie schon während der Fahrt die Szene mit mir durchzuspielen gedachte. Als sie mir genau das eröffnete, sank ich hinter dem Steuer regelrecht in mich zusammen. Doch sie kannte keine Gnade. Und so mußte ich Auto fahren und gleichzeitig meinen Dialogpart zum besten geben. Ich fürchte, es war eine recht hölzerne Vorstellung.

»Zärtlicher«, forderte meine Lehrerin immer wieder, »viel zärtlicher!« Es war grausam, ganz, ganz grausam. Heute frage ich mich, wie es mir gelang, mir mit aller Gewalt ein Höchstmaß an Zärtlichkeit abzutrotzen und zugleich den Wagen auf der Straße zu halten. Mit jeder Umdrehung der Räder rückte die Stunde näher, da ich gezwungen sein würde, vor versammelter Mannschaft die Hosen herunterzulassen.

Die denkwürdige Probeaufnahme fand im Wirtshaus auf dem Schloßberg unterhalb von Juval statt. Der Produzent und ein kleines Filmteam erwarteten mich dort, alles freundliche Zeitgenossen, alle einigermaßen skurril. Überhaupt kam mir die ganze Situation reichlich absurd vor. Reinhold bekam ich kaum zu Gesicht, denn er hatte seine Probeaufnahmen bereits hinter sich – zu diesem Zeitpunkt erwog man noch, ihn eine der anderen Hauptrollen spielen zu lassen.

Im Gastraum waren Stühle und Tische zur Seite gerückt. Zwei Matratzen lagen auf dem Boden. Das sollte das Schlafzimmer sein, in dem es nun gleich vor Erotik nur so knistern sollte. Zum Glück hatte die Wirtschaft ihren Ruhetag. Ich fühlte mich trotzdem derart elend, als hätte ein unerbittlich strenges Gericht soeben die Höchststrafe über mich verhängt. So schritt ich denn zu meiner Hinrichtung. Immerhin wurde mir die Gnade zuteil, meine Hosen anbehalten zu dürfen. Dennoch hätte ich mich vor lauter Schüchternheit am liebsten unter der Bettdecke verkrochen. Aber statt dessen warf ich mich mit dem Mut der Verzweiflung neben meine Sparringspartnerin auf die Matratze und mimte, so gut es ging, in aller Öffentlichkeit eine sehr intime Szene, die ich als echte Horrorszene empfand – was sich dann etliche Monate später, bei den eigentlichen Dreharbeiten, auch so bewahrheitete ...

Zwei Tage währte mein Martyrium. Das Wetter war schlecht, drinnen aber, in der zum Filmstudio umfunktionierten Gaststube, herrschte ein gutes Klima. Nur Reinhold war immer weniger bei der Sache, schien längst zu neuen Ufern aufgebrochen zu sein. Beim abschließenden Gespräch auf Schloß Juval trug er es denn auch mit Gelassenheit, in den Augen der Fachleute als Filmdarsteller nicht eben brilliert zu haben – auch wenn er gegenteiliger Meinung zu sein schien. Mich hingegen ließ man wissen, ich hätte mich durchaus wacker geschlagen, sei also noch immer im Rennen. Allerdings sei die Frage noch nicht geklärt, wer die Regie übernehmen werde. Aber ruhig Blut, zu gegebener Zeit werde man wieder auf mich zukommen.

Einige Wochen später erhielt ich wieder einen jener höchst seltenen Anrufe, nach denen man sich fühlt, als habe einem die staatliche Lotteriegesellschaft soeben mitgeteilt, daß man sechs Richtige hat. Am anderen Ende der Leitung meldete sich jener Mann, der damals als der größter Visionär des deutschen Kinos gehandelt wurde: Werner Herzog. Dieser Großmeister magischer Bilder auf der Kinoleinwand weihte mich nun in seine Pläne ein. Er habe die Regie übernommen, sagte er, und freue sich darauf, mit mir zusammenzuarbeiten.

Ich wußte bereits, daß es der Filmproduktion mittlerweile gelungen war, mit dem Drehbuch eine ganze Reihe prominenter Darsteller für das Projekt zu gewinnen, darunter solch illustre Namen wie Donald Sutherland, Vittorio Mezzogiorno und Brad Dourif. Und jetzt hatte auch noch Werner Herzog, für mich *der* Star unter den deutschen Filmregisseuren, die Geschichte unter seine Fittiche genommen. Was sollte da noch schiefgehen? Ich kam mir vor wie ein Amateur, den das Glück des Tüchtigen über Nacht in die Champions League katapultiert hat ...

Filmriß

Zu dieser Zeit schien für mich alles wie von selbst zu laufen. Ich war ein Surfer, der auf der Woge seines Lebens unterwegs war, getragen von einem überschwenglichen »Was kostet die Welt?!«-Gefühl. Das Leben war dazu da, sein Glück zu machen und sämtliche Annehmlichkeiten in vollen Zügen zu genießen. Finanziell war ich einigermaßen unabhängig, sportlich erfolgreich, und privat hing der Himmel voller Geigen. So jedenfalls sah ich das damals, konnte es wohl nicht anders sehen.

Heute sehe ich, daß ich damals ein Überflieger war, für den der Erfolg wichtiger war als Freundschaften und Verläßlichkeit. Ich war auf dem besten Weg, ein arroganter Kotzbrocken zu werden, unverbindlich und oberflächlich, ein Typ, mit dem ich heute selbst nicht gern Umgang pflegen würde. Durch mein Verhalten müssen sich viele Leute vor den Kopf gestoßen gefühlt haben. Und tatsächlich gingen damals Freundschaften in die Brüche, weil ich ihren Wert nicht mehr richtig zu schätzen wußte. Mein Verhalten war bisweilen sehr verletzend, ohne daß ich dies überhaupt wahrnahm. Und manche der emotionalen Schäden, die ich anrichtete, blieben irreparabel. Gut, ich war jung, und die Chancen, die sich mir boten, waren mehr als verführerisch. Das erklärt vieles. Und entschuldigt nichts.

Ich kam in den vollen Genuß der goldenen Zeiten im Wettkampfklettern, kassierte gute Preisgelder, und manchmal gab es als Zugewinn ein funkelnagelneues Auto. Meine Vorträge waren ausverkauft, mein Terminkalender voll. Und meine Bescheidenheit ging stiften.

So fand ich es völlig einleuchtend, daß »Schrei aus Stein« die deutsche Antwort auf »Im Rausch der Tiefe« sein würde, nur in die andere Richtung gewendet, nach oben. Überhaupt würde es mit mir nur noch steil aufwärtsgehen. Ich war im Höhenrausch, bereit, das Erbe von Luis Trenker anzutreten. Dafür wäre ich auch ohne Gage vor die Kamera getreten. Um so größer mein Erstaunen, als mir Walter Saxer in seiner Wohnung in München-Bogenhausen, die zugleich das Büro der Filmproduktion beherbergte, ein finanzielles Angebot unterbreitete, das meine kühnsten Erwartungen übertraf. Damals wußte ich noch nicht, daß es sich dabei – gemessen an dem Risiko, das ich einzugehen, und dem Einsatz, den ich zu bringen bereit war – um ein Statistenhonorar handelte. Eisern darum bemüht, meine kindliche Verzückung zu verbergen, akzeptierte ich. Ich hatte abgehoben.

Und fiel voll auf die Nase. Es geschah in Kochel, im Frühjahr 1990, daß mein Höhenflug jäh ein Ende fand und ich mit einem Fersenbeinbruch wieder zur Besinnung kam – im nächsten Kapitel werde ich mehr davon berichten. Dieser Unfall hatte durchaus Symbolcharakter, ich würde ihn einen »Sturz aus der Leere« nennen. Mit der Ferse schien erst einmal alles in die Brüche gegangen zu sein. Heute hingegen bin ich der Überzeugung, daß alles den Bach runtergegangen wäre, wenn ich diesen Schuß vor den Bug nicht bekommen hätte. Ich hatte die Orientierung verloren – und die Bodenhaftung. Jetzt hatte die Erde mich wieder. Ich lag im

Krankenhaus, kam mir vor, als würde ich nur noch von Drähten, Schrauben und Edelstahlplatten zusammengehalten, und hatte nur noch den einen Gedanken im Kopf: »Punktlandung back to earth!«

Ab jetzt würde nichts mehr wie von selbst gehen, ab jetzt würde alles wieder harte Arbeit sein. Und das war gut so. Ich hatte wieder ein klar definiertes Ziel vor Augen und würde alles geben müssen, um es zu erreichen. In diesem Sinn war der Absturz das beste, was mir passieren konnte. So sehe ich das zumindest im Rückblick. Der Absturz war meine Chance für einen Neubeginn.

Im Spätsommer sollten die Dreharbeiten für »Schrei aus Stein« beginnen. Wie ich bis dahin wieder fit sein sollte, war mir schleierhaft. Ich wußte nur, daß ich um jeden Preis dabeisein wollte.

Eisern arbeitete ich daran, wieder auf die Beine zu kommen. Humpelnd und mit zusammengebissenen Zähnen erschien ich zu diversen Treffen mit Produzent und Drehbuchautor. Und gab mir alle Mühe, sie davon zu überzeugen, daß ich bis zum Beginn der Dreharbeiten wieder einsatzbereit sein würde, ohne selbst so richtig daran zu glauben. Man vertraute mir – und das war Brennstoff für meine Seele. Ich begann mit einer Entschlossenheit physisch und mental zu trainieren, die ich ohne dieses Ziel vor Augen nicht aufgebracht hätte. Gleichzeitig blieb mir nicht verborgen, daß es zwischen Walter Saxer und Werner Herzog, den ich erst kurz vor Beginn der Dreharbeiten persönlich kennenlernen sollte, große Spannungen gab. Walter war bei den meisten der berühmten Herzog-Filme Aufnahmeleiter gewesen, Mädchen für alles und der Mann fürs Grobe in einer Person. Die beiden hatten beispielsweise für »Aguirre, der Zorn Gottes«, »Nosferatu« oder »Jeder für sich und Gott gegen alle« an einem Strang gezogen. Vor allem aber galt dies für die Dreharbeiten zu »Fitzcarraldo«, jenen Film, für den sie das Unmögliche möglich machten, nämlich einen Amazonasdampfer über einen Berg zu schleppen. Trotz oder vielleicht wegen dieser gemeinsamen Erfahrungen schien die beiden eine äußerst merkwürdige Haßliebe zu verbinden. Walter hätte den Film offenbar lieber mit einem anderen Regisseur realisiert, aber auf fast schicksalhafte Weise kam er von Herzog nicht los. All das bekam ich sehr wohl mit, wollte es jedoch nicht wahrhaben.

Andererseits schien vieles ganz nach Plan zu laufen. In Patagonien waren bereits etliche Teams am Werk, um die für ein solch ambitioniertes Filmprojekt unabdingbaren logistischen Voraussetzungen zu schaffen. Blockhütten wurden gebaut, die den Schauspielern als Unterkunft dienen sollten, eine Crew aus handverlesenen Kletterern und erfahrenen Bergführern war damit beschäftigt, den Cerro Torre für die Dreharbeiten zu präparieren, während sich der italienische Bergsteiger und Kameramann Fulvio Mariani mit Vittorio Mezzogiorno, der im Film meinen Gegenspieler verkörpern sollte, in Pontresina aufhielt, um den bergsteigerisch völlig unerfahrenen und in keiner Hinsicht sonderlich sportlichen Schauspieler wenigstens in Grundzügen mit den alpinistischen Techniken vertraut zu machen. Ich machte mich auf den Weg nach St. Moritz, um den beiden mit Rat und Tat zur Seite zu stehen.

Meine erste Begegnung mit Vittorio war nicht sonderlich herzlich – und unser Verhältnis blieb distanziert. Er begegnete mir immer freundlich, aber ich wurde nie richtig warm mit ihm. Die Leute von der Filmproduktion jedoch waren von ihm begeistert. Ich hatte ihn im Kino bis dahin noch nicht gesehen, wußte aber, daß er Cineasten durchaus bekannt war. Zum Zeitpunkt unserer ersten Begegnung war er auf dem besten Weg, in Italien zum Superstar zu werden. Als Nachfolger von Michele Placido spielte er die Hauptrolle in der Fernsehserie »La piovra«, die im deutschen Fernsehen ein Jahr später unter dem Titel »Allein gegen die Mafia« ausgestrahlt wurde. Als Bergsteiger jedoch hielt ich ihn für eine Fehlbesetzung, denn am Berg bewegte er sich in meinen Augen wie ein Hackstock. Seine Disziplin, Zuverlässigkeit und sein professionelles Auftreten fand ich von Anfang an sehr imponierend. Als ich dann den fertiggeschnittenen Film sah, begriff ich auch, daß er sich sowohl in seiner Mimik als auch in der Gestik und der Art, sich zu bewegen – von den Kletterszenen einmal abgesehen –, meisterhaft auf die Kunst der Reduzierung verstand. Daß er kaum zwei Jahre nach der Premiere unseres Films im Alter von 52 Jahren an Lungenkrebs sterben mußte, hat mich tief erschüttert …

Die Story

Da ich nicht davon ausgehen kann, daß die Handlung des Films allgemein bekannt ist, und es für das Verständnis der folgenden Irrungen und Wirrungen unabdingbar ist, die Story wenigstens in Grundzügen zu kennen, möchte ich den Stoff, aus dem meine Kinoträume waren, hier kurz skizzieren.

Im wesentlichen ging es dabei um die Rivalität zweier Bergsteiger, die jeweils für eine bestimmte Generation und eine besondere Philosophie des Kletterns stehen sollten. Roccia, gespielt von Vittorio, war der Alpinist der alten Schule – Martin, von mir dargestellt, der Jungstar, ein ehrgeiziger Sportkletterer und Überflieger.

Martin ist von dem Ehrgeiz beseelt, sich und der Welt zu beweisen, daß er nicht nur an der Kunstwand, sondern auch im natürlichen Fels zur Weltspitze zählt und das Zeug dazu hat, neue Dimensionen zu erschließen. Ein renommierter Sportjournalist, so etwas wie die graue Eminenz im Klettersport, Ivan genannt und von Donald Sutherland gespielt, greift diesen Ehrgeiz auf und verliebt sich schließlich in die Idee, eine Art Gipfeltreffen zu arrangieren. Der Altmeister und der Jungstar sollen eine der letzten großen alpinistischen Herausforderungen gemeinsam meistern. In diesem Sinne überredet er Roccia, den Jungen in sein Expeditionsteam aufzunehmen, der Alte nämlich bereitet sich auf den krönenden Abschluß seiner Kletterkarriere vor: die Erstbesteigung des Cerro Torre.

In Patagonien kommt es, wie es kommen muß – das Wetter macht der Expedition einen Strich durch die Rechnung. Roccia ist nicht mehr der Jüngste, wirkt unentschlossen und unsicher. Martin hingegen will es wissen und hält die Warterei nicht lange aus.

Während Roccia weg ist, um neue Vorräte zu holen, zieht Martin mit dem dritten Mann der Expedition los, Roccias altem Kletterpartner, gespielt von Hans Kammerlander. Nur einer kommt lebend zurück: Martin. Er behauptet, den Gipfel erreicht zu haben, doch da er den Beweis schuldig bleibt, schenkt ihm niemand Glauben. Roccia betrachtet ihn als Verräter, der noch dazu das Leben eines Seilgefährten auf dem Gewissen hat. Damit nicht genug, hat sich Roccias Lebensgefährtin in den Jüngeren verliebt und den grollenden, verbitterten Älteren verlassen. Martin jedoch gerät wegen seiner angezweifelten Erstbegehung immer stärker unter Druck, bis er schließlich nur noch einen Ausweg sieht: Er muß die Route noch einmal klettern und damit den unwiderlegbaren Beweis erbringen, daß er es bereits beim ersten Mal geschafft hatte.

Was dieses Motiv anbelangt, war die Story deutlich an die authentische Geschichte der umstrittenen Erstbegehung des Cerro Torre durch Cesare Maestri angelehnt. Und wie Maestri es tat, der sich mit Bohrmaschinen und einem Kompressor die Wand hochnagelte, tritt auch Martin beim zweiten Versuch unter Aufbietung aller möglichen technischen Hilfsmittel an. In der Filmhandlung wird dieses an sich schon groteske Unterfangen noch auf die Spitze getrieben, indem Martin von einem riesigen Troß begleitet wird. Hubschrauber, Kameras, Wohncontainer, ein Filmteam kommen zum Einsatz, um das Ereignis angemessen dokumentieren und medienwirksam vermarkten zu können.

Ivan alias Donald Sutherland ist der eigentliche Drahtzieher hinter den Kulissen, spielt allerdings eine zunehmend zwielichtige Rolle, zumal er in dieser fast schon lachhaft spektakulären Aktion nicht den Ausverkauf aller Werte sieht, für die er bis dato immer eingetreten ist, sondern die Krönung seiner Laufbahn.

Am Cerro Torre kommt es dann zu einer Art Showdown. Roccia, der dem ganzen Rummel den Rücken gekehrt hat und in Patagonien geblieben ist, um seine Wunden zu lecken und möglicherweise den Tod seines Freundes Hans aufzuklären, tritt allein an gegen eine generalstabsmäßig vorbereitete, bergsteigerische

Großoffensive mit High-Tech-Unterstützung. Das Wetter aber legt die gesamte Technik lahm, und am Ende sind da nur noch zwei Männer, die – jeder auf seine Weise und für seine Überzeugungen – um ihr Leben klettern. Martin bezahlt seine Verstiegenheit mit dem Leben, wird ein Opfer seiner eigenen Hybris. Roccia steht schließlich auf dem Gipfel, doch es ergeht ihm wie den Überlebenden in Kurosawas grandiosem Filmepos »Die sieben Samurai«: Er hat »gesiegt und doch verloren« – denn auf dem Gipfel hat bereits jemand, mit dem niemand gerechnet hat, ein Zeichen gesetzt. Es war der von Brad Dourif gespielte »Fingerlose«, der den Gipfel des Cerro Torre schon Jahre zuvor erreicht und die Erstbesteigung der von ihm angebeteten Filmdiva Mae West gewidmet hat.

Soviel zum Erzählgerüst von »Schrei aus Stein«, wie es im ursprünglichen Drehbuch angelegt war. Und jetzt zu den Dreharbeiten, mitten hinein ins wilde, verrückte Leben. Start frei für eine Achterbahnfahrt der Gefühle auf dem Jahrmarkt der Eitelkeiten. Auf zu einer abenteuerlichen Expedition mitten ins Herz, zu einer Kinoklettertour, die mir alles abverlangte und für die ich alles gegeben habe. Zu einer mit Wünschen, Hoffnungen, Leidenschaften und hochgesteckten Erwartungen aufgeladenen Unternehmung, die am Ende derart kläglich und grotesk ins Leere lief, daß es beinahe schon wieder komisch war. Wenn es nicht so weh getan hätte. Eine genaue Schilderung der Dreharbeiten, vor allem der nicht minder abenteuerlichen Episoden am Rande, würde den Rahmen dieses Buches sprengen. Deshalb beschränke ich mich hier auf einige Szenen, die mir geeignet scheinen, die Intensität und Dynamik dieser Zeit vor Augen zu führen.

Szenen vom großen Dreh

Während ich mit nichts anderem mehr beschäftigt war, als wieder auf die Beine zu kommen und dabei in die Haut eines anderen zu schlüpfen, eines gewissen Martin Sedlmayr, waren in Patagonien zwei Teams im Einsatz, um den Cerro Torre für die Dreharbeiten zu präparieren. Oswald Santin, Roman Tschurtschentaler und andere Südtiroler Bergführer aus dem Kreis um Hans Kammerlander, lauter Koryphäen also, versuchten die Voraussetzungen für ein recht verwegenes Vorhaben zu schaffen. Die Idee war, den Aufstieg von oben herab zu filmen. Mit Hilfe von Motorsägen sollte im Eispilz auf dem Gipfel des Cerro Torre eine Eishöhle geschaffen werden, die als Basislager für Akteure und Kameraleute fungieren sollte. Die gesamte Aufstiegsroute sollte mit Fixseilen präpariert werden, so daß es ein leichtes für mich sein würde, mich je nach Bedarf zu jeder beliebigen Stelle der Wand abzuseilen. Nach dem jeweiligen Dreh würde sich dann die Berg-Unit mit Steigklemmen schnell und sicher wieder in ihre eisige Unterkunft auf dem Gipfel zurückziehen können.

Mir erschien dieser Plan zwar einigermaßen kühn, aber – zumindest was mich anbetraf – durchaus realisierbar, selbst mit meiner lädierten Ferse. Zwar konnte ich damit noch immer nicht aufspringen und auch keine großen Distanzen laufen, aber beides war ja nicht gefragt, und so bereitete mir die Kletterei am Cerro Torre kein Kopfzerbrechen. Was jedoch meinen Einsatz als Schauspieler, die reinen Spielszenen also, betraf, war ich derart aufgeregt, daß die Flugzeuge in meinem Bauch keine Landeerlaubnis mehr bekamen.

Bis dahin hatte ich mit Werner Herzog nur telefonisch Kontakt. Persönlich lernten wir uns erst am Abend vor dem ersten Drehtag kennen. Auf einmal war da eine große Crew um mich herum, mir gegenüber saß ein Regisseur, dem ein Ruf wie Donnerhall vorauseilte. Stars und Sternchen aus aller Welt trudelten ein, so auch meine Filmgeliebte, dargestellt von der Französin Mathilda May. Es gibt nur eine einzige Frau in meinem Leben, die es von der ersten Sekunde an schaffte, alles, was ich an Abneigung aufzubringen imstande bin, auf sich zu vereinen: Mathilda. Nur schade, daß im Drehbuch keine Szene vorgesehen war, in der ich das zum Ausdruck hätte bringen können. Sie wäre mit Sicherheit meine beste geworden.

Die Filmbranche ist eine Welt für sich, und ich kam mir darin wie ein Fremdkörper vor. Werner schien dies zu bemerken und nahm mich zur Seite, um mir in seiner typischen Art ruhig, aber markig Mut zuzusprechen. »Stefan«, sagte er, »dieser Film wird die deutsche Antwort auf den ›Terminator‹ sein, du die Antwort auf Schwarzenegger! Glaube mir, dieser Film wird dein Leben verändern ...«

Daß Werner Herzog und Walter Saxer ein konfliktgeladenes Gespann abgeben würden, war unübersehbar. Mir kam es so vor, als könne der eine nicht ohne den anderen – aber auch nicht mit ihm. Noch bevor die erste Klappe fiel, lag schon eine gefährliche Spannung in der Luft. Und mit dem ersten Drehtag begann ein Tanz auf dem Vulkan. In München kam es zu ersten kleineren Eruptionen, doch der finale Ausbruch sollte sich erst in Patagonien ereignen ...

Überpünktlich war ich am Set, hochmotiviert, hypernervös. In der Nacht hatte ich kaum ein Auge zugetan, hatte bereits im voraus durchlebt und durchlitten, was mir der Tag bringen würde. Die erste Szene, eine recht anspruchsvolle Dialogszene, war aus der Mitte der Handlung herausgegriffen und spielte in Martins Wohnung. Ich mußte über das Dach zum Fenster hereinsteigen und mich zu einer von den Filmarchitekten installierten Kletterwand hangeln. So weit, so gut, aber in der Wohnung erwartete mich die eigentliche Herausforderung: eine Frau, die sich heftig zu Martin hingezogen fühlt, aber sich ebenso heftig dagegen wehrt. Es ging darum, die innere Zerrissenheit zweier Menschen zum Ausdruck zu bringen, die sich nach Kräften gegen die Winkelzüge des Schicksals zur Wehr setzen, doch am Ende vor der Macht der Gefühle kapitulieren müssen. Es war unglaublich anstrengend, und in meinem Kopf dröhnten wieder und wieder die Worte: »Das kriegst du nie hin!« Doch Werner baute mich wieder auf, theatralisch wie immer: »Stefan, ich habe ein ganz gutes Gefühl mit dir. Glaub mir, das wird ein großartiger Film!« Schuß, Gegenschuß, das Ganze sechs bis sieben Mal – und das war's.

Auf diese Weise hangelten wir uns von Einstellung zu Einstellung, von Szene zu Szene. Damit rückte meine Horrorvision, die für mich so peinliche Bettszene, näher und näher. Aber jedes Mal, wenn die Selbstzweifel am größten waren, überzeugte Werner mich davon, daß ich bei ihm in den besten Händen sei und wir dabei seien, Filmgeschichte zu schreiben. Seltsam nur, daß er fast jede Szene improvisierte. Offenbar stand er mit dem Drehbuch, das diesmal nicht von ihm stammte, von Anfang an auf Kriegsfuß. Nicht nur bei mir sorgte sein unkonventioneller Regiestil für Irritationen. Werners Improvisationstalent führte dazu, daß sich Donald und Vittorio in Patagonien ihre Dialoge an manchen Drehtagen selbst schrieben – und daß wichtige Szenen am Ende richtige Schenkelklopfer für das Kinopublikum wurden. Auch meine große Angstszene blieb davon nicht verschont.

Und dann war es soweit. Riesige Scheinwerfer standen um ein Futon-Bett, Schienen wurden verlegt, und dicke Kabelstränge liefen kreuz und quer über den Boden. Nahezu zwanzig Leute bereiteten sich auf den Moment vor, in dem ich mich mit meiner Filmgeliebten in innigster Vertrautheit und hocherotischer Verzücktheit auf dem Futon wälzen sollte, nachdem wir gemeinsam die höchsten Gipfel der Lust erklommen hatten. So hatte ich mir das jedenfalls vorgestellt.

Ich staunte nicht schlecht, als Werner mit einiger Entschiedenheit erklärte, er wolle keinen platten Sex in dieser Szene. Einerseits war ich darüber erleichtert, andererseits kam es mir ziemlich merkwürdig vor. Alle Beteiligten wirkten peinlich berührt und sahen zu, die Sache so schnell wie möglich hinter sich zu bringen. Als die Szene im Kasten war, fiel mir ein Stein vom Herzen, gleichzeitig wußte ich, daß sie total verkorkst war. Daß sie nicht nur verklemmt und hochgradig unerotisch geraten war, sondern sich sogar zu einer veritablen Lachnummer ausgewachsen hatte, wurde mir freilich erst bewußt, als ich die erste Kopie sah.

Während der Dreharbeiten zählte für mich ohnehin nur der Augenblick. Was am Ende auf der Leinwand zu sehen sein würde, darüber machte ich mir keine großen Gedanken. Ich hatte gar nicht die Muße, mir den Kopf zu zerbrechen, denn dazu war mein Leben als Schauspieler auf Zeit viel zu aufregend und abenteuerlich.

In Patagonien

Nach Abschluß der Dreharbeiten in Deutschland machte sich der ganze Filmtroß auf den Weg nach Patagonien. Die Mühen der Ebenen lagen hinter uns, vor uns lagen die Mühen der Berge – und damit konnte ich umgehen. Ich atmete auf. Patagonien war für mich ein Traumland, der Cerro Torre mein Traumberg. Nicht Bollwerk, sondern Felsnadel von eleganter Ästhetik, verkörperte er für mich alles, was einen anspruchsvollen Berg ausmacht. Der Cerro Torre war mein Everest.

Auch für Werner Herzog schien der Berg eine mythische Dimension zu besitzen, seit er sich mit Reinhold Messner und Walter Saxer per Hubschrauber auf dem Gipfel hatte absetzen lassen. Er war wild entschlossen, jede Szene an diesem Berg zu drehen. Trickaufnahmen im Studio oder getürkte Einstellungen an ganz anderen Orten kamen für ihn nicht in Frage.

Der Plan, im Eispilz des Cerro Torre das Basislager einzurichten, war wirklich eine verwegene Idee. Mit den Dreharbeiten zu beginnen, ohne eine Alternative für diesen gewagten und äußerst riskanten Plan entwickelt zu haben, war hingegen eine Dummheit. Zwei Units, eine im Lager auf dem Gletscher am Fuß des Cerro Torre, die andere am Berg selbst, sollten voneinander unabhängig, aber gleichzeitig operieren. Eine besondere Vorrichtung an der Bergkamera sollte es ermöglichen, das Bild nach unten in die Kommandozentrale auf dem Gletscher zu übertragen, wo Werner vor dem Monitor sitzen und Regie führen würde. Das Storyboard und die gesamte Logistik waren auf dieses schöne Gedankenspiel abgestimmt. Doch es stellte sich rasch heraus, daß die Wetterverhältnisse, der Stand der Technik und die Exponiertheit der Drehorte, kurz: die gesamten Umstände, den guten Absichten gewaltig im Weg standen. Die Südtiroler Bergführer hatten den ganzen Berg von oben mit Fixseilen präpariert. Aber Wind und Wetter zerstörten die Seile immer wieder, so daß sie ständig erneuert werden mußten. Eine Sisyphusarbeit. Außerdem war die Eishöhle auf dem Gipfel zwar groß genug für zwei Zelte, aber viel zu exponiert, um darin bei schlechtem Wetter längere Zeit ausharren zu können. Sich nach einem anstrengenden Drehtag darin zu erholen und am nächsten Morgen wieder mit frischen Kräften in die Wand abzuseilen, wäre erst recht ein Ding der Unmöglichkeit gewesen. Doch wir kamen gar nicht dazu, den Plan auch nur ansatzweise in die Tat umzusetzen, denn die per Funk nach unten übertragene Ausspiegelung von Fulvio Marianis Kamera funktionierte nicht. Dieser Umstand stellte uns vor eine schier unlösbare Aufgabe.

El Chalten

Von all dem ahnte ich noch nichts, als ich in Rio Gallegos aus dem Flugzeug stieg, zum ersten Mal patagonischen Boden betrat und in das klare Licht des tiefen Südens blinzelte. Ein scharfer Wind blies uns ins Gesicht – erster Vorgeschmack darauf, was uns in den kommenden Wochen und Monaten erwartete. In Patagonien ist der Wind dein ständiger Begleiter, mit dem du besser Freundschaft schließt. Du tust gut daran, diese unbändige, omnipräsente Energie wie ein Tai-Chi-Meister in dich aufzunehmen, anstatt dich dagegenzustemmen. Andernfalls zermürbt und zerbricht dich der Wind am Ende.

Dies also war das weite, wilde Land der Verheißung. Die einzige sichtbare Grenzlinie war der Horizont. Der Himmel küßte die Erde. Meine Seele spannte ihre Flügel aus. Ich hatte das patagonische Gefühl.

Mit Pick-ups und Kleinbussen ging es dann Hunderte von Kilometern über staubige Schotterpisten ins Landesinnere, nach Westen, Richtung chilenische Grenze, Richtung Cerro Torre. Unser

Ziel war El Chalten, ein vorgeschobener Militärposten im Gletscher-Nationalpark, dem Parque Nacionál de los Glaciares. Die wenigen Bewohner dieser Gegend wurden damals noch dafür bezahlt, in dieser Abgeschiedenheit auszuharren und die argentinische Flagge hochzuhalten, denn immer wieder kam es zu Grenzstreitigkeiten mit Chile. Tatsächlich schien auf den Einwohnern von El Chalten eine bleierne Schwermut zu lasten, als lebten sie in der Verbannung. Für mich hingegen entpuppte sich dieses Kaff am Ende der Welt, wo der Voraustrupp der Filmproduktion das Basislager der gesamten Unternehmung errichtet hatte, als magischer Ort. Das erkannte ich jedoch erst am nächsten Tag, denn als wir in El Chalten ankamen, lag alles noch im Dunkeln. Die Nacht kam mir finsterer vor als anderswo. Nirgendwo ein Licht, nicht einmal am Himmel, selbst dem Kreuz des Südens schien der Strom ausgegangen zu sein.

Wie anders am nächsten Morgen, was für ein Erwachen! Ich trat vor die Hütte und wäre fast in die Knie gegangen, so überwältigend war der Anblick, der sich mir bot. Zum Greifen nah und in glutrotes Licht getaucht, ragte der Fitz Roy, dieser Bilderbuchberg, in einen wolkenlosen, stahlblauen Himmel. Sprachlos und staunend standen Filmleute und Bergsteiger vor ihren Quartieren und kamen sich selbst vor wie in einem Film. Doch in keinem Film der Welt hatte ich jemals einen solch prächtigen »opening shot« gesehen. Und kein Kameramann der Welt wäre in diesem Augenblick in der Lage gewesen, seine Pflicht zu erfüllen. Wir waren alle wie gebannt, starrten auf diese unbeschreiblich phantastische, aber real existierende 3-D-Cinemascope-Inszenierung und wurden ganz demütig. Und das will etwas heißen: ein bunter Haufen aus Filmstars, Bergfreaks, Outlaws, professionellen Selbstdarstellern und Lästermäulern, die alle in Demut verstummen …

So undurchsichtig wie der Grenzverlauf ist auch das Wetter in Patagonien. Eine Schönwetterperiode von drei, vier Tagen ist bereits die absolute Ausnahme, dauert sie noch länger, ist das eine Sensation. Entsprechend waren die Zeitfenster, die sich für die Dreharbeiten öffnen würden, sehr, sehr schmal, auch wenn man davon absieht, daß für einige Szenen laut Drehbuch übles Wetter herrschen mußte.

Nachdem sich herausgestellt hatte, daß all die technischen Errungenschaften, die es Werner Herzog ermöglichen sollten, bei den Kletteraufnahmen vom Fuß der Wand aus Regie zu führen, nicht funktionieren würden – ebensowenig wie der Dreh mit der Eishöhle auf dem Cerro Torre –, wurde beschlossen, erst einmal alle Einstellungen abzudrehen, in denen den professionellen Schauspielern die tragenden Rollen zukamen. Im Anschluß daran sollten dann die reinen Kletterszenen realisiert werden. Werner war entschlossen, dafür selbst mit in die Wand einzusteigen – und dies, obwohl wir kein Alternativkonzept parat hatten und überhaupt nicht wußten, wie wir diese wichtigen Einstellungen, die zumindest auf dem Papier zu den dramatischen Höhepunkten des Films zählten, jetzt angehen sollten. Er brannte förmlich darauf, sich in der Wand zu bewähren. Und es war nicht zu übersehen, daß ihm die Bergsteiger mehr Respekt abnötigten als die Schauspieler.

Werner war immer für eine Überraschung gut. Während einer Drehpause auf dem Gletscher am Fuß des Cerro Torre standen wir einmal vor einem kleinen, mitten im Eis gelegenen See. Werner blickte gedankenverloren ins türkisschimmernde Wasser, dann drehte er sich plötzlich um und schaute mich durchdringend an. »Stefan«, sagte er bedeutsam, »ich wette mit dir um eine Kiste vom besten argentinischen Rotwein, daß ich jetzt auf der Stelle durch diesen See schwimmen werde.« Erst starrte ich ihn entgeistert an, dann den See. Dieser war ungefähr 20 Meter breit und so tief, daß man ihn tatsächlich nur schwimmend durchqueren konnte. Das wollte ich sehen, und so schlug ich ein. Langsam drehte Werner sich um, schritt theatralisch an den Rand des Sees, zog seinen Handschuh aus und steckte die Finger ins Wasser. Genauso langsam richtete er sich wieder auf, blickte mich wieder durchdringend an und meinte ganz ruhig: »Stefan, die Wette hast du gewonnen.« Die Kiste Wein habe ich nie gesehen.

Die Filmproduktion hatte Tito Trevisan, den Spediteur aus Rio Gallegos, der alle Transporte abwickelte, dazu gebracht, in El Chalten eine Reihe von Hütten aufzustellen, alle mit fließendem Wasser und offenem Kamin ausgestattet, aber zugig wie Hechtsuppe. Durch alle Ritzen heulte und pfiff der Wind, so sehr wir auch mit Heftpflaster und Klebeband dagegen ankämpften.

Der einzige Schauspieler, der bestens auf die patagonischen Verhältnisse vorbereitet war, war Brad Dourif, der Billy Bibbit aus »Einer flog übers Kuckucksnest«, ein Ausnahmeschauspieler von enormer Ausstrahlung, dessen Auftritte auch zu den Höhepunkten von »Schrei aus Stein« zählen. Brad erschien mit der besten Outdoor-Ausrüstung, die er in Los Angeles auftreiben konnte. Schuhe, Anorak, Eisgerät – alles vom Feinsten. Zu seinem größten Bedauern war er der einzige, der nie auf dem Gletscher zum Einsatz kam. Immerhin blieb ihm auf diese Weise eine Erfahrung erspart, auf die andere gern verzichtet hätten.

Der Drehort auf dem Gletscher lag einen strammen Tagesmarsch von El Chalten entfernt. Eines Tages spielten sich dort dramatische Szenen ab, die so nicht beabsichtigt waren – und die leicht ein böses Ende hätten nehmen können.

Am Morgen hatte nichts darauf hingedeutet, daß der Drehplan für diesen Tag schon am Nachmittag vom Winde verweht sein würde. Entsprechend herrschte in der Zeltstadt auf dem Gletscher reges Treiben. Donald Sutherland, Vittorio Mezzogiorno, Mathilda May, der schwerleibige und kurzatmige kanadische Schauspieler Al Waxman, fast das gesamte Staraufgebot war präsent, dazu die gesamte Filmcrew und die meisten Bergsteiger. Die Voraussetzungen schienen ideal zu sein, um einige der wichtigsten Szenen abzudrehen. Doch es kam anders. Erst frischte der Wind kaum merklich auf, dann wischten ein paar Schatten über das Eis. Und plötzlich schaltete jemand das Licht aus. Dann fiel uns der Himmel auf den Kopf. Im D-Zug-Tempo kam der Sturm über den Gletscher dahergefegt und fetzte die Zelte weg. Der Schnee fiel nicht,

Die Hauptdarsteller unter sich: Cerro Torre, Vittorio, Mathilda und ich.

sondern kam waagerecht angeflogen, aus den Schneeflocken wurden kleine Geschosse. Mitten in diesem eisigen Sandstrahlgebläse wehte es auch Oscar Almirons Hubschrauber herbei. Oscar war ein Ausnahmepilot, ein argentinischer Rittmeister der Lüfte – und manchmal auch unsere Luftrettung.

Als Walter in El Chalten den Lagebericht vom Gletscher bekam, schrillten bei ihm sämtliche Alarmglocken. Er wußte um die Gefahr, in der sich die Schauspieler und alle Nichtbergsteiger befanden – und natürlich auch er als Filmproduzent. Daher hatte er den Piloten gleichsam mit vorgehaltener Pistole gezwungen, die Schauspieler vom Gletscher zu holen.

Der Hubschrauber wurde vom Sturm hin und her gerissen, versteckte sich immer wieder in einer Senke, um einer besonders starken Böe auszuweichen, stieg dann wieder auf und taumelte einige Meter weiter. Der Absturz schien nur noch eine Frage der Zeit zu sein. Aber irgendwie meisterte Oscar den Höllenritt, ohne endgültig abzuschmieren, und legte schließlich eine harte Landung hin. Jetzt erst konnte ich seinen stieren Blick sehen. Er ließ den Steuerknüppel nicht einen Sekundenbruchteil los, schrie Unverständliches und schaffte es, die Maschine am Boden zu halten, während Werner so viele Menschen wie nur irgend möglich hineinstopfte: Donald, Al, Mathilda, die Kostümbildnerin und den Maskenbildner. Kaum war die Kabine voll, schoß der Hubschrauber in die Höhe wie eine Daunenfeder im Aufwind. Ich war mir nicht sicher, ob er aus eigener Kraft davonflog oder einfach fortgerissen wurde. Jedenfalls schien es mir das kleinere Übel zu sein, auf dem Gletscher zurückbleiben zu müssen.

Mit diesem Flug hat Oscar der Produktion sehr viel Ärger erspart und sie mit großer Wahrscheinlichkeit vor dem Aus gerettet. Tagelang tobte der Sturm. Vor allem für den herzkranken Al Waxman wäre es lebensgefährlich geworden, unter diesen Umständen auf dem Gletscher ausharren zu müssen.

Uns Zurückgebliebenen blieb nichts anderes übrig, als den mühsamen Rückmarsch anzutreten. Zu allem Überfluß begann es bald zu tauen. So mußten wir uns durch knietiefen, nassen Schnee kämpfen, unter dem überall Wasserlöcher lauerten. Die Dämmerung setzte ein, dann wurde es Nacht. Überall waren kleine Grüppchen verstreut. Ein Teil erreichte noch das Maestri-Camp, ein anderer scharte sich unter einem überhängenden Felsblock zusammen, andere legten sich einfach in die Büsche auf dem Weg nach El Chalten.

Mit Werner Herzog in der Eishöhle

In diesem Stil ging es weiter, aber wir fanden zunehmend Gefallen daran. Ja, wir steigerten uns regelrecht in eine Heldenstimmung hinein, die vor allem von Werner nach Kräften geschürt wurde. Unsere Parole lautete: »Drehen oder untergehen!« Wir hatten den Patagonienkoller.

Einer der absoluten Höhepunkte des ganzen Films sollte Martins Absturz vom Eispilz des Cerro Torre werden. Er sollte ins Seil fallen und leblos über dem Abgrund baumeln. Diese Szene sollte nicht nur echt aussehen, der Sturz sollte echt sein. Ein Stuntman hätte sich das teuer bezahlen lassen, doch ich dachte längst nicht mehr in solchen Kategorien. Wir waren Musketiere, gemacht aus dem Stoff, aus dem die Helden sind, Werners Männer, die mit ihm durch dick und dünn gegangen wären. Ehrensache, sich freiwillig für dieses Himmelfahrtskommando zu melden! Ein Schuft, wer dabei nur an die Gage denkt!

Ein Sturz vom echten Gipfel des Cerro Torre war aus verschiedenen Gründen nicht zu machen. Aber wir fanden eine nicht weniger spektakuläre, nicht weniger exponierte, allerdings besser zugängliche Stelle an einem Nachbargipfel – am Cerro Adela Central. Dessen Eispilz ähnelte dem des Torre zum Verwechseln, war ebenfalls gute zehn Meter überhängend – und darunter gähnte ebenfalls ein Abgrund von etwa tausend Metern.

Die Wetterlage schien stabil zu sein, der Tag wie geschaffen für Höhenflüge und Abstürze aller Art. Dennoch meldete sich in mir der ängstliche Teil und riet, wenigstens eine Notausrüstung einzupacken – Schlafsack, Biwaksack, Seil, Steigeisen, Eisgerät. Werner nahm nur den abgewetzten Lederrucksack mit, den Bruce Chatwin ihm geschenkt hatte. Fulvio Mariani, der Dritte im Bunde, begnügte sich mit seiner Kameraausrüstung. Es war wirklich ein traumhaft schöner Tag. Und so ließen wir uns auf der Schulter unterhalb des Gipfels absetzen. Ausrüstung und Verpflegung sollten mit dem nächsten Flug nachkommen.

Es war völlig windstill und ungewöhnlich warm, ja, es herrschte die trügerische Ruhe vor dem Sturm. Das änderte sich schlagartig, als in das weite Eisfeld, das sich hinter dem Berg erstreckte, mit einem Mal Bewegung kam. Als wir erkannten, daß es sich bei dem vermeintlichen Eisfeld in Wahrheit um eine kompakte Wolkendecke handelte, war es bereits zu spät. Im Nu waren wir von Wolken umhüllt, die Temperatur fiel dramatisch. Sofort rief Werner per Sprechfunk den Hubschrauber zurück, wir hörten ihn auch noch kommen, konnten ihn aber nicht mehr sehen. Der Pilot hatte keine andere Wahl, er mußte abdrehen.

Wir befanden uns in einem riesigen Spaltengebiet, und die

Sichtweite tendierte gegen null. In kürzester Zeit sahen wir aus wie die Reifkugeln. Eine Weile standen wir einfach nur da und warteten, gaben uns der Illusion hin, die Wolken würden genauso schnell wieder verschwinden, wie sie gekommen waren. Wir froren gottserbärmlich, und als es immer dunkler und stürmischer wurde, gruben wir schließlich eine Eishöhle, in der wir uns zusammenkauerten wie kleine Kinder, die Angst vorm schwarzen Mann haben. Wir sondierten unsere Lage – der Befund war niederschmetternd. Mit einer Tafel Schokolode als einzigem Proviant und mit gerade mal 30 Meter Seil saßen wir auf einer ausgesetzten Flanke fest, tausend Meter über dem Talgrund, während ein nicht enden wollender Schneesturm über uns hinwegtobte.

Ich muß gestehen, je deutlicher sich unsere aussichtslose Lage abzeichnete, um so kleinlauter wurde ich. Werner hingegen benahm sich wie der Hauptdarsteller eines dramatischen Abenteuerfilms. Nachdem er über Funk erfahren hatte, daß bis auf weiteres nicht mit unserer Rettung zu rechnen sei, blühte er regelrecht auf. Er brach die Schokolade in drei Stücke, gab jedem von uns seinen Anteil und verkündete, ab jetzt müsse sich jeder seine Ration selbst einteilen. Die Kälte fraß sich durch die von Schweiß und Kondenswasser feuchte Kleidung und überschritt bald die Schmerzgrenze. Notgedrungen einigten wir uns auf ein Rotationssystem. Zwei hängten sich jeweils den nassen Schlafsack um, während der Dritte in den Biwaksack kriechen durfte. So schlotterten und dämmerten wir vor uns hin, und jeder zählte die Minuten, bis er endlich an der Reihe sein würde, in den Biwaksack zu schlüpfen und im Schlaf ein wenig Vergessen zu finden.

Am nächsten Morgen erwachten wir aus der Erstarrung, nur um festzustellen, daß der Alptraum noch lange nicht vorüber war. Irgendwann meldete sich Walter über das Sprechfunkgerät und machte uns Hoffnung. Eine Rettungsmannschaft sei unterwegs, um uns Ausrüstung und Verpflegung zu bringen. Wenn das Wetter bis zum Eintreffen der Retter nicht besser geworden sei, sollten wir mit ihnen über die Flanke abseilen. Eben begannen wir wieder Mut zu fassen, da meldete sich Walter erneut und teilte uns ganz niedergeschlagen mit, daß soeben eine Lawine abgegangen sei und um ein Haar das gesamte Rettungsteam mitgerissen hätte. Außerdem sei einer der Männer schneeblind geworden, unter diesen Umständen müsse man die Aktion leider abbrechen.

Damit begann es für uns endgültig ernst zu werden. Ein Blickkontakt mit Fulvio, und ich wußte, daß er die Lage genauso einschätzte. Der einzige, der in der klirrenden Kälte aus schierer Unwissenheit cool blieb, war Werner. »Männer«, sagte er, »wenn alle Stricke reißen, unternehmen wir morgen einen Ausbruchversuch und verkaufen uns so teuer wie möglich!« Das klang stark und war mehr als nur ein filmreifer Spruch. Werner schien allen Ernstes daran zu glauben, daß wir eine Chance hätten, eine 1000 Meter hohe, senkrechte Fels- und Eisflanke hinunterzukommen – mit nichts als einem 30-Meter-Seil, einem Paar Steigeisen, einem Eisgerät und drei Bandschlingen mit ein paar Karabinern.

In der zweiten Nacht ging es dann richtig ans Eingemachte. Erst einmal gab das Walkie-talkie seinen Geist auf. Rein mechanisch hielten wir weiter an unserem Rotationssystem fest, sanken immer häufiger in einen dumpfen Dämmerzustand, der eher Kraft kostete, als Energie zu spenden. Von wirklichem Schlaf konnte keine Rede sein.

Am nächsten Morgen hörte ich in meinem Delirium mit einem Mal Kuhglocken, Stimmen und das Knattern eines Helikopters – ganz eindeutig akustische Halluzinationen. Das Merkwürdige war nur, daß die Stimmen und die Kuhglocken irgendwann verstummten, das Motorengeräusch des Hubschraubers jedoch nicht. Es klang derart echt, daß ich schließlich nicht mehr anders konnte und ein Loch in die Außenwand unserer Schneehöhle schlug. Kaum war ich ins Freie gekrochen, prügelten die Kälte und der Sturm wie mit Fäusten auf mich ein. Aber der Motorenlärm war nach wie vor zu hören und wurde sogar immer lauter. Und tatsächlich, durch ein Wolkenloch sah ich einen Hubschrauber herantaumeln. Der Sturm schleuderte ihn wild hin und her, doch er schien sich nicht abschütteln zu lassen, sondern näherte sich unbeirrbar der Schulter, auf der er uns Tage zuvor abgesetzt hatte. Dorthin liefen, stolperten und wühlten wir uns hinauf. Der Hubschrauber schwebte und schaukelte in Brusthöhe vor mir, ich sah den Piloten Blut und Wasser schwitzen, so schwierig war es für ihn, die Maschine in der Luft zu halten. Fulvio und ich zerrten uns an den Kufen hinauf und warfen uns auf den Rücksitz. Werner konnte sich gerade noch in den an der Kufe befestigten Transportkäfig wälzen, dann schien es den Hubschrauber wie ein Blatt im Wind davonzuwehen. Ich war mir nicht sicher, ob der Pilot willentlich einen Sturzflug einleitete oder ob der Sturm den Steuerknüppel übernommen hatte, jedenfalls glich der Landeanflug zeitweise einem kontrollierten Absturz. Aber bereits nach wenigen Minuten befanden wir uns in Sicherheit. Das Leben hatte uns wieder.

Einzig und allein Werner schien vom glücklichen, aber banalen Ausgang des Abenteuers enttäuscht zu sein. Womöglich fühlte er sich um das dramatische Ende betrogen, das er sich für das Drehbuch in seinem Kopf bereits zurechtgelegt hatte ...

Wahnsinn & Aberwitz, Auf- & Abbrüche

Das wilde, schöne Land, die Unwägbarkeiten des Wetters, das uns oft tagelang zur Untätigkeit verurteilte, das magische Licht des tiefen Südens, die Spannungen, die innerhalb unseres bunt zusammengewürfelten Haufens am Ende der Welt nicht ausblieben – all diese Einflüsse verdichteten sich immer mehr, bis wir uns alle in einem sonderbaren mentalen Ausnahmezustand befanden, mit dem jeder auf seine Weise zurechtkommen mußte. Donald Sutherland blühte sichtlich auf, schien seinen vertraglich vereinbarten Anspruch auf Hotelsuite und Luxuslimousine völlig vergessen zu haben, spielte den Entertainer, Schalk und Mediator und genoß das Leben in unserem improvisierten Camp in vollen Zügen. Vittorio Mezzogiorno wurde zum Eremiten, der sich in seiner Hütte verkroch, wo er wie Don Quijote mit Büchern und Geschichten Zwiesprache hielt. Wenn er einmal auftauchte, redete er nur noch vom Drehbuch und von den Dialogen, als sei er wahrhaftig zu der Figur geworden, die er spielen sollte – zu Roccia, der in Patagonien sein Retreat zelebriert.

Eines Nachts standen wir nach einem der zahlreichen »Südtiroler Abende«, die von Roman, Hans und Oswald regelmäßig inszeniert wurden, noch eine Weile plaudernd vor der Osteria in El Chalten beisammen, als uns Al Waxman mit merklichem Vergnügen auf ein Feuerwerk der besonderen Art aufmerksam machte. Aus dem Kamin einer der Hütten züngelten Flammen in den Nachthimmel empor. »Looks great!« befand der Schauspieler – und schon brannte das Dach der Hütte lichterloh. Plötzlich verging Waxman das Staunen, er brüllte auf und stürzte davon. »Goddamn, it's my hut!« hörten wir ihn noch schreien, dann rannten wir hinter ihm her. Aber es war bereits zu spät. Die Feuersbrunst war gewaltig, innerhalb von Minuten brannte Waxmans Behausung bis auf das Fundament nieder. Er war einem Herzinfarkt nahe, denn nicht nur seine Papiere, sein Kostüm, seine gesamte persönliche Habe wurden ein Raub der Flammen, sondern auch die Medikamente, auf die er angewiesen war, um ebendiesen Infarkt zu vermeiden. Nicht allein für Al war der Brand eine Katastrophe, sondern auch für die Filmproduktion, die nun alle Hebel in Bewegung setzen mußte, um die für den Schauspieler lebenswichtigen Arzneien und – für die Anschlüsse der bereits gedrehten Szenen unabdingbar – eine identische Zweitausführung seines Kostüms in Buenos Aires aufzutreiben und schleunigst nach Patagonien zu schaffen.

Das Warten auf besseres Wetter, auf Eingebungen und bessere Zeiten, die wachsende Ratlosigkeit, das heillose Chaos, all das begann ab einem gewissen Zeitpunkt dann doch gewaltig an die Substanz zu gehen. Fulvio, unser Kameramann am Berg, hatte keine Lust mehr, viele der Bergsteiger waren schon ein halbes Jahr lang im Einsatz und fühlten sich entsprechend ausgelaugt, die geplante Drehzeit war weit überschritten, der Film hätte schon längst fertig sein müssen, Wind und Wetter waren gegen uns. Endzeitstimmung machte sich breit. Walter lag seit Tagen mit hohem Fieber im Bett und mit seinem Regisseur seit Wochen schwer im Clinch. Wenn er einmal mit hochrotem Kopf aus sei-

Mühsame Dreharbeiten in der Cerro-Torre-Südwand.

nem Zimmer auftauchte, begann er sofort mit Werner zu streiten, was seine Fieberkurve sicher weiter nach oben trieb, und verschwand nach wenigen Minuten wieder. Am Ende blieb uns nichts anderes übrig, als unsere Zelte in Patagonien abzubrechen. Die Luft war raus, wir brauchten Zeit, um unsere Wunden zu lecken, das vorhandene Material zu sichten und einen Plan zu entwickeln, wie wir das Herzstück von »Schrei aus Stein«, die Kletterszenen, doch noch »in den Kasten« bekommen könnten. Bisher war alles nur ein einziger »Schrei«, der »Stein« fehlte noch komplett …

Im Februar 1991 brachen wir dann ein zweites Mal nach Patagonien auf, um in einem neuen Anlauf zu retten, was noch zu retten war. Diesmal traten wir in Minimalbesetzung an, nur ein einziger Schauspieler war dabei, mit dem noch einige Szenen nachgedreht werden mußten: Vittorio Mezzogiorno. Diesmal waren Jürgen »Plum« Knappe, Oswald Santin und Roman Tschurtschentaler wichtige Stützen des Unternehmens, wie auch die beiden argentinischen Bergsteiger Nico und Seba de la Cruz, die in der Zwischenzeit als Industrieschornsteinfeger gearbeitet hatten, um sich ihre nächsten Kletterabenteuer finanzieren zu können. Darüber hinaus war es ein leichtes, unter den Goldgräbertypen und Bergpiraten, die das Dreieck zwischen El Chalten, Cerro Torre und Fitz Roy unsicher machten, Kletterer zu finden, die sich ein paar Dollar dazuverdienen wollten. Auf diese Weise gelang es Walter, eine verwegene, aber schlagkräftige Hilfstruppe zu rekrutieren, darunter die zwei Nordtiroler Toni und Tomi, die sich zuletzt angeblich von Mäusen ernährt hatten, nachdem ihnen Geld und Proviant ausgegangen waren, weil sich der Torre wochenlang hinter Sturm und Wolken versteckt hatte.

Auch uns zeigte der Berg wieder die kalte Schulter, ließ sich höchstens kurz einmal blicken – eine majestätische, respekteinflößende Erscheinung, eingehüllt in einen Hermelinmantel aus Schnee. Manchmal ragte nur der Gipfel mit dem Eispilz aus dem Nebelgewaber, eine sonderbare, von der Erde losgelöste Erscheinung, wie eine Fata Morgana oder eine Vision im Fieberdelirium. »Der tödliche Ausschlag einer Fieberkurve« – so stand es im Drehbuch geschrieben. Dann wieder schwebten Linsenwolken am ansonsten kahlgefegten Himmel über der Felsnadel, die wie Ufos im Landeanflug aussahen, untrügliches Zeichen für heftige Stürme in den höheren Luftschichten.

Lammrücken auf der Bergschulter

Der Cerro Torre und das Wetter diktierten weiterhin den Drehplan. Oswald, Toni und Tomi wurden, sobald die Verhältnisse dies zuließen, mit dem Helikopter auf den Gipfel des Torre geflogen, um den Berg von oben nach unten von den Fixseilen zu befreien, die im Herbst angebracht worden waren. Dann, am Nachmittag des 11. Februar, rissen die Wolken endlich auf. Sofort startete einer der Hubschrauber zu einem Erkundungsflug zur Schulter des Cerro Torre, etwa auf halber Höhe des Berges gelegen, wo die Kletterei

Spartanisches Leben in der Luxuseishöhle auf der Schulter des Cerro Torre.

erst so richtig beginnt. Von vereinzelten heftigen Böen abgesehen, schien eine Landung möglich zu sein. Es war ein Alarmstart. Pausenlos waren die beiden Helikopter im Einsatz, flogen Ausrüstung und Filmteam zur Schneeschulter hoch, wo wir eine geräumige Eishöhle zu graben begannen und uns für die nächste Zeit häuslich einrichteten. Damit begann eines der absurdesten Kapitel meiner an Absurditäten reichen Filmerfahrungen.

Um zum Ausgangspunkt der Dreharbeiten für die Kletterszenen zu gelangen, hatten wir gutes Wetter gebraucht. Voilà, das hatten wir bekommen. Von nun an brauchten wir schlechtes Wetter. Laut Drehbuch nämlich sollten sich in dem Maße, in dem sich die emotionalen Verstrickungen der Protagonisten verdichteten und die Handlung ihrem dramatischen Höhepunkt entgegensteuerte, auch die äußeren Umstände, sprich: die Wetterverhältnisse, dramatisch zuspitzen.

Doch statt dessen, es war wie verhext, setzte eine Schönwetterperiode ein, wie sie in der Geschichte Patagoniens einmalig sein dürfte. Wir saßen in der Eishöhle fest und warteten sehnsüchtig auf schlechtere Zeiten. Anfangs war das noch ganz lustig, zumal wir die eisige Behausung zu einer Kathedrale mit zwei geräumigen Zimmern, mit Nischen, Sitzbänken und Bar ausgebaut hatten. Walter Saxer, der uns täglich mit dem Verpflegungshubschrauber besuchte, schilderte uns in allen Einzelheiten seinen Plan, mit einer kleinen, schlagkräftigen Truppe im Handstreich den Vatikan zu erobern und von dort aus eine neue Weltordnung zu installieren. Den Vogel aber schoß mein Freund Jürgen »Plum« Knappe ab: Plum malte sich und uns aus, wie es wäre, im rosaroten Hubschrauber, mit einer einsatzwilligen und abenteuerlustigen Eliteeinheit aus Edelnutten an Bord, sämtliche Basislager im Karakorum abzuklappern. Walter konnte sich vor lauter Lachen gar nicht mehr einkriegen, schlug sich auf die Schenkel und prustete etwas, das sich wie »großartige Geschäftsidee« anhörte.

Die Stimmung war gut, das Wetter ebenfalls – und genau das war das Problem. Bald begann uns in der Eishöhle das Schmelzwasser in den Nacken zu tropfen. Um nicht nur herumzusitzen, querten wir zwischendurch in die Südwand. Werner Herzog hütete als seinen größten Schatz eine Flasche Jack Daniels, die eine Art Durchhalteelixier zu enthalten schien, das er sich in homöopathischen Dosen zuführte. Jeden Abend landete der Hubschrauber vor dem Höhleneingang. Auf silbernen Tabletts wurden die köstlichsten Delikatessen ausgeladen, gespickter Lammrücken, gebratene Hammelkeule, russische Eier. Dann tafelten wir bei Kerzenlicht in unserem Eispalast, und der argentinische Rotwein floß – wie tagsüber der Schweiß – in Strömen. Walter stürmte den Vatikan, und Plum ließ seinen rosaroten Helikopter kreisen. Die ganze Veranstaltung glich zunehmend einem dem Wahnsinn nahen Ferienlager in Absurdistan.

Mehrfach kamen Seilschaften auf dem Weg zum Gipfel vorbei und trauten ihren Augen nicht, als sie dort, wo die Felsschwierigkeiten begannen, ein Eishotel vorfanden und von einer ausgelassenen Festgesellschaft zum Sturm auf das warme Büfett eingeladen wurden. Eine italienische Seilschaft, die bei gutem Wetter in die Wand eingestiegen war, aber nach einem Wetterumsturz kurz unterhalb des Gipfels hatte aufgeben müssen, bezog auf dem Rückweg bei uns Quartier. Wie geprügelte Hunde tauchten die Italiener vor dem Eingang unserer Höhle auf, beschwingt und heiter stiegen sie anderntags ab – offenbar hatten sie ihre Niederlage dank unserer »Party on the rocks« völlig vergessen.

Der Filmproduzent und sein Frauenbataillon

Inspiriert von Plums »Edelnutten«-Phantasien wie auch von einem seiner Lieblingsbücher (*Der Hauptmann und sein Frauenbataillon* – ein Roman des peruanischen Schriftstellers Mario Vargas Llosa), landete Walter eines Abends seinen größten Coup. Wieder setzte der Hubschrauber vor der Eishöhle auf, wieder erwarteten wir eine frische Lieferung kulinarischer Köstlichkeiten. Doch stattdessen befanden sich an Bord der Maschine zwei Senoritas, deren Profession unschwer an ihrer Berufskleidung zu erkennen war – Minirock und Stöckelschuhe. Als sie die wilden Kerle vor dem Höhleneingang erblickten, weigerten sich die beiden Damen aus begreiflichen Gründen auszusteigen. Ich hielt das Ganze erst für einen gut inszenierten Witz, merkte aber bald, daß es Walter ernst damit war – er betrachtete diesen Service wohl als eine Art »Truppenbetreuung«. Da die Frauen um keinen Preis bereit waren, an Ort und Stelle ihrem Gewerbe nachzugehen – normalerweise arbeiteten sie in einem der einschlägigen Etablissements von Rio Gallegos –, trug sie der Hubschrauber unverrichteter Dinge wieder zu Tale.

Wenig später kam Walter ein zweites Mal hochgeknattert und verteilte »Beischlafgutscheine«, die jeder nach Belieben als zotigen Scherz oder als Eintrittskarte betrachten konnte. Letztere galt ausgerechnet für meine Hütte in El Chalten, vor der nun eine rote Laterne brannte. Ich zog es vor, die Unterkunft zu wechseln. Das letzte, was ich sah, als ich meine Sachen holte, war ein Kletterer, dessen Namen ich hier diskret verschweige, der – nur mit einem

Halstuch bekleidet und unbekümmert seine ganze männliche Pracht zur Schau stellend – vor Walter auf die Knie fiel und sich mit vor Rührung tränenerstickter Stimme bei ihm bedankte. Dann sprang er wieder auf und jagte hinter einer der Damen her. Aufgrund der großen Nachfrage, die sie zu befriedigen hatten, stellten die beiden anderntags berechtigte Nachforderungen. Man kann diese Episode komisch finden oder moralisch verwerflich, ich jedenfalls begriff sie als konsequente Steigerung des Wahnsinns, der für uns im Lauf der Dreharbeiten zum Normalzustand geworden war.

Dennoch glückten uns während dieses Nachdrehs einige spektakuläre Klettersequenzen – und sogar der Sturz vom Gipfeleispilz. Danach löste sich die Filmcrew rasch auf. Während ein Großteil abreiste, blieb ein kleines Team um Oswald Santin zurück, um bei Gelegenheit noch ein paar Einstellungen am Berg zu drehen. Dabei stürzte einer der Hubschrauber direkt unter der Südwand des Torre ab. Die Insassen überlebten zum Glück. Mehrere Tage lang mußten sie sich durch gefährliche Eisbrüche kämpfen, aber am Ende erreichten sie wohlbehalten El Chalten.

Showdown

Im September 1991 lief der Film auf der Biennale von Venedig, wo er für den Mut und den enormen Einsatz seiner Macher ausgezeichnet wurde. Nicht einmal darüber konnte ich mich noch freuen, las ich doch in der Begründung der Jury zwischen den Zeilen den Klartext: »Der Film ist Mist, aber ihr habt euch bemüht!«

Daß es so kommen würde, war mir schon während der ersten Vorführung klargeworden, denn was ich da zu sehen bekam, war gar kein Film, sondern nur eine Aneinanderreihung bewegter Bilder, von denen einige ganz hübsch anzusehen waren. Nach dieser schmerzlichen Erkenntnis fühlte ich mich eine ganze Weile total ausgebrannt. Ganz anders Walter. Die Energie, die er investierte, um das Projekt wider besseres Wissen doch noch zu einem guten

Ende zu führen, grenzte an Besessenheit. Nie zuvor und nie danach ist mir ein Mensch mit solch einer Entschlossenheit begegnet. Während er verzweifelt versuchte, das zum Untergang verurteilte Schiff zu retten, geriet seine Filmproduktion immer mehr in finanzielle Schieflage. Wie er so mit wehenden Fahnen unterging, das hat mich schwer beeindruckt. Immer wieder trafen sich die letzten Getreuen – und dann saßen wir wie eine Trauergemeinde zusammen, die das Unfaßbare gemeinsam zu bewältigen versucht. Am Ende tranken wir uns regelmäßig alles schön und kamen zu dem Schluß, daß der Film im Grunde ein großer Wurf sei, nur leider nicht verstanden werde. Die hohe Schule des Selbstbetrugs.

Wir wollten es einfach nicht wahrhaben, daß wir vor einem Scherbenhaufen standen. Als eine Art Selbsttherapie unternahmen wir schließlich einen letzten, an Aberwitz nicht mehr zu überbietenden Versuch, die Vermarktung des Films selbst in die Hand zu nehmen. Im Dezember 1992, mehr als ein Jahr nach der Europa-Premiere des Streifens, bestieg eine kleine Gruppe von Unbeugsamen, bestehend aus Walter Saxer, Ulrich Klenner, mir und anderen Freunden des absurden Theaters, erneut eine Maschine nach Argentinien. Im Gepäck hatten wir einige schwere Filmrollen. Unser Ziel: Patagonien. Unser Plan: mit »Schrei aus Stein«, beginnend in Rio Gallegos, ganz Patagonien aufrollen, endlich die verdiente Anerkennung einfahren und ordentlich Geld machen. Zusammen mit seinem Freund Tito Trevisan, dem Fuhrunternehmer, der während der Dreharbeiten alle Transporte abwickelte, hatte sich Walter in die Idee verliebt, sämtliche Einwohner von Rio Gallegos ins Kino zu locken. Noch während des Flugs erschien in seinen Augen – wie bei Dagobert Duck, wenn er Profit wittert – das Dollar-Zeichen. Es würde einen Kleintransporter brauchen, um das an der Kinokasse eingenommene Geld abzutransportieren. Entsprechend zogen wir in Rio Gallegos alle Register. Das größte Kino am Platze wurde gemietet – daß es mangels Interesse schon lange hatte schließen müssen, kümmerte uns nicht weiter –, ein Lautsprecherwagen kurvte durch das verschlafene Nest, plärrte in das Brausen des patagonischen Winds hinaus, daß der Film aller Filme, in dem Patagonien die Hauptrolle spiele, gezeigt würde, außerdem gaben wir Interviews und traten live im Radio auf. Der Gipfel war jedoch meine Erstbesteigung der lokalen Fernsehstation, die man mit einigem guten Willen als das einzige Hochhaus des Kaffs bezeichnen konnte.

Das Unternehmen endete so kläglich, wie es lauthals angefangen hatte. Am Premierenabend – das Kino war immerhin leidlich gut besucht – trat ein pomadiger Conferencier vor das Publikum, offenbar eine Art »local hero« des patagonischen Rundfunks, kündigte vollmundig eine cineastische Sensation an und bat dann den Produzenten auf die Bühne. Der war leider nicht anwesend. Während der Film anlief, wurde die ganze Stadt nach ihm durchkämmt. Man fand ihn in seinem Hotelzimmer, wo seine engagierten Bemühungen, sich Mut anzutrinken, in einem komaähnlichen Zustand ihren Erfolg gefunden hatten. Nach der Vorführung kam er dann doch noch auf die Bühne gewankt, beantwortete nuschelnd die an ihn gerichteten Fragen und warf schließlich endgültig das Handtuch.

Damals krümmte ich mich vor Scham, heute kann ich darüber lachen. Heute erinnert mich das Ganze an das wunderbare Ende von »Alexis Zorbas«, wenn Anthony Quinn sagt: »Chef, hast du jemals etwas so schön zusammenkrachen sehen?!« Damals aber hat mich der unglückliche Ausgang unseres schönen Spiels sehr bedrückt. Dazu paßte, daß Vittorio Mezzogiorno im Januar 1994 an Lungenkrebs starb – wie auch Tito Trevisan, unser Mann in Rio Gallegos. Mein Freund Walter, der ein Schiff über einen Berg gezogen hatte und den ultimativen Bergfilm drehen wollte, blieb vom Pech verfolgt. Angeblich ist er mittlerweile im peruanischen Urwald untergetaucht – wie eine der Figuren in den skurrilen Geschichten, die er so gern erzählte.

Vielleicht werde auch ich eines Tages mit leuchtenden Augen von meiner abenteuerlichen Filmexpedition erzählen. Wenn mich dann einer fragt, was ich daraus gelernt habe, werde ich antworten: »Glaube kann Berge versetzen, aber es gibt keine Gewähr, daß man am Ende auf dem Gipfel steht.«

Sturzangst – Was das Fürchten mich lehrte

Es war heiß in Paulis VW-Bus, der wie eine Kugel im Flipperautomaten die Serpentinen des Karerpasses in den Dolomiten hinunterschoß. Seit Tagen waren wir bereits unterwegs, in jeder Kurve flogen uns muffige Schlafsäcke, verschwitzte T-Shirts und dreckige Bergschuhe um die Ohren. Hardrock hämmerte ohrenbetäubend aus den Lautsprechern. Plötzlich riß Uli in voller Fahrt die Schiebetür auf, schrie nur »Check this out!«, krallte sich mit den Fingern an der messerscharfen Dachrinne fest, stellte seine Füße ganz außen auf die Kante und »surfte« am VW-Bus hängend den Paß hinunter. Ich hatte alle Hände voll zu tun, die Ausrüstung daran zu hindern, durch die offene Luke davonzufliegen. Die Leute in den Autos hinter uns bekamen vor Schreck fast einen Herzinfarkt. Für uns war es der ganz normale Wahnsinn.

Die Angst der anderen

Angst um mich selbst ließ ich in meiner Sturm- und Drangzeit grundsätzlich nicht zu. Natürlich hatte ich dann und wann, etwa in der Nacht vor einer großen Gebirgstour oder bei einer unserer unüberlegten Mutproben, ein flaues Gefühl in der Magengegend. Manchmal streifte mich auch wie ein eiskalter Hauch die jähe Erkenntnis, daß ich auf Messers Schneide balancierte, und dann packte mich für einen Augenblick das kalte Grausen. Aber solche Schwächeanfälle drückte ich mit aller Kraft weg, wollte sie mir selbst nicht eingestehen und erst recht nicht gegenüber meinen Kletterpartnern und Freunden.

Wie die tapferen Gallier, die nur fürchten, daß ihnen der Himmel auf den Kopf fallen könnte, plagte mich in meiner Jugend nur eine einzige große Angst: etwas Wertvolles zu verlieren. Ich meine damit nicht den Verlust von materiellen Dingen, die hatten und haben für mich keine große Bedeutung, sondern den Verlust meines sicheren Hafens, meines Basislagers. Ich brauchte damals ein harmonisches Umfeld, von dem aus ich zu meinen Abenteuern aufbrechen und in das ich wieder zurückkehren konnte, um meine Wunden zu lecken und neue Kräfte zu sammeln – und im Grunde ist es bis heute so geblieben. »Stefan allein zu Haus«, das funktionierte lange Zeit überhaupt nicht. Was viele Kinder in vollen Zügen genießen, war für mich ein einziger Alptraum. Wenn meine Eltern einmal ausgegangen waren, was selten genug vorkam, spielte sich in mir ein Drama ab. Oft wurde ich derart von panischer Angst heimgesucht, sie könnten nicht mehr zurückkommen, daß ich mir nicht anders zu helfen wußte, als mich ins Treppenhaus zu stellen, meine Angst herauszubrüllen und auf diese Weise im ganzen Haus Großalarm auszulösen. Doch kaum waren meine Eltern heimgekommen und meine innere Harmonie wiederhergestellt, verwandelte ich mich in den frechen, risikofreudigen Fratz zurück, als der ich gemeinhin bekannt war. Daß umgekehrt meine Eltern oft um mich Angst hatten, wenn ich in jugendlichem Leichtsinn auf einem meiner wilden Selbsterfahrungstrips Kopf und Kragen riskierte, interessierte mich nicht im geringsten.

Auch das ist, wie ich zugeben muß, bis heute so geblieben. Daß Eltern, Familie und Freunde Angst um mich haben, beeinflußt mich weder bei der Auswahl meiner Expeditionsziele noch beim Klettern. Ich kann, will und darf darauf keine Rücksicht nehmen. Andernfalls wäre ich nicht mehr Herr meiner Entscheidungen und hätte nur unnötigen Ballast im Gepäck, der sich am Ende zur lähmenden seelischen Belastung auswachsen könnte. Einzig und allein meine Kinder könnten mich diesbezüglich zum Nachdenken bringen, womöglich sogar zum Umdenken.

Als junger Wilder stürzt man sich Hals über Kopf in Abenteuer, ohne sich vorher großartig Gedanken darüber zu machen, was alles passieren könnte. In dieser Entwicklungsphase sieht man im Leben nichts Kostbares, sondern eine Selbstverständlichkeit. Angst kennen immer nur die anderen – und auch nur die sind sterblich. Wie wertvoll das Leben ist, begreifen manche erst, nachdem sie es fahrlässig aufs Spiel gesetzt und von ihrem Schutzengel die gelbe Karte gezeigt bekommen haben. Für andere kommt diese Erkenntnis – wenn überhaupt – leider zu spät.

Ich kann diese Draufgänger, Adrenalinjunkies, S-Bahnsurfer und Solokletterer sehr gut verstehen, lange genug bewegte ich mich selbst in ihren Kreisen. Bis zu jenem Tag, an dem auch ich schonungslos aufgezeigt bekam, wie schnell alles zu Ende sein kann. Seit diesem Tag ist die Angst ein fester Bestandteil meines Lebens, hat sich meine Einstellung zum Leben und zum Tod völlig verändert – und damit auch zum Klettern. Ich bin heute anders unterwegs zwischen Himmel und Erde, weil ich an diesem Tag aus allen Wolken fiel.

Der Sturz

Alles lief großartig. Ich hatte gute Sponsoren, feierte Erfolge als Wettkampfkletterer und war auf dem besten Weg, ein Filmschauspieler zu werden. Die Dreharbeiten zu Willy Bogners Film »Fire, Ice and Dynamite«, der mein Kinodebüt werden sollte, waren schon weit gediehen, und es begannen bereits die Vorbereitungen für Werner Herzogs Spielfilm »Schrei aus Stein«, in dem ich eine Hauptrolle übernehmen sollte. Das Leben meinte es gut mit mir – zu gut.

Erfolge zu feiern war nicht länger die Ausnahme, sondern der Normalzustand. Mein Ehrgeiz bei den Wettkämpfen war zwar noch immer ausgeprägt, aber nicht mehr so scharf konturiert und zielgerichtet wie einst. Ich war erfolgsverwöhnt und mir meiner Fähigkeiten sicher.

In dieser Gemütsverfassung fuhr ich wieder einmal nach Kochel, um in meinem Hausklettergarten zu trainieren. Es war ein heiterer Montagmorgen, der Himmel wolkenlos, vor mir lag ein wunderschöner Sommertag. Eigentlich wollte ich eine neue Route am »Rocky Massiv« einrichten, einer im Wald versteckten Wand oberhalb des Kochelseekraftwerks, doch aus unerfindlichen Gründen hatte ich dazu plötzlich keine Lust mehr. Unentschlossen kletterte ich erst ein wenig am Einstieg herum und machte ein paar Quergänge, aber dann wollte ich doch höher hinaus.

Zu dieser Zeit kletterte ich viel solo, auch lange, schwierige Routen im Gebirge. Der Kitzel, ohne Netz und doppelten Boden unterwegs zu sein, war eine ganz alltägliche Erfahrung. Ich dachte gar nicht darüber nach, welchem Risiko ich mich bei jeder Solotour aussetzte. Statt dessen erlebte und genoß ich die Augenblicke höchster Konzentration und Anspannung, den Zustand der totalen Präsenz im Hier und Jetzt in einer nie gekannten Intensität. Es gab kein Zögern und kein Ankämpfen gegen eine aufsteigende Angst, selbst wenn der Bewegungsfluß an einer besonders kniffligen Stelle einmal ins Stocken geriet. Ich spürte nur diese unglaubliche Harmonie zwischen Körper und Geist, wenn alles zu fließen beginnt und Denken und Handeln eins werden. Nach dieser Erfahrung, der Unio mystica des Kletterns, war ich fast süchtig. In diesen Augenblicken stand ich über den Dingen, fühlte mich unsterblich, unbesiegbar.

Am besagten Montagmorgen entschied ich mich schließlich für den unteren Teil einer vertrauten Trainingstour, kletterte locker über die ersten schwierigen Stellen hinweg und querte dann nach rechts, um über eine absteigende Rampe wieder abzuklettern. Als ich eben die höchste Stelle, etwa acht Meter über dem Waldboden, erreicht hatte und mit beiden Händen, mitten im gewachsenen Fels, an einer Art Regenrinne hing, platzte mit einem Mal die gesamte Oberfläche ab, und eine riesige Schuppe brach aus.

Schlagartig wurde mir bewußt, wie tief ich fallen und daß ich mir jetzt ziemlich weh tun würde. Doch diese Gewißheit versetzte mich nicht in Panik, sondern in einen Zustand extremer Wachheit. Mein Gehirn arbeitete wie der Prozessor eines Computers. Nüchtern versuchte ich abzuschätzen, wie weit ich bereits nach rechts gequert war und wie weit der riesige spitze Stein am Fuß der Wand, den mein Unterbewußtsein irgendwie registriert hatte, von der Stelle entfernt lag, an der ich voraussichtlich aufschlagen würde. Dann beherrschte mich nur noch der eine Gedanke: Hoffentlich fällst du nicht auf diesen Stein, denn der wird dich bis zur Schädeldecke spalten!

All das ereignete sich während der nur wenige Sekundenbruchteile dauernden Flugphase. Wie es mir gelang, den Sturz einigermaßen zu kontrollieren, ist mir völlig schleierhaft, jedenfalls rammte es mich, die Füße voran, dreißig Zentimeter neben dem Block in den weichen Waldboden. Ich registrierte, wie meine »Federung« durchschlug, wußte auch sofort, daß da jetzt einiges kaputtging, spürte jedoch keinen Schmerz, lag schließlich einfach nur da und war glücklich, an diesem Stein und damit wohl am Tod vorbeigeschrammt zu sein. Dann erst breitete sich in meinem Kopf ein dumpfes Gefühl aus und im Mund ein bleierner Geschmack. Es war wie unter Wasser, sämtliche Geräusche drangen nur noch gedämpft zu mir durch. Dann begann ein Film abzulaufen, den ich überhaupt nicht sehen und in dem ich erst recht nicht mitspielen wollte. Der Schock übernahm das Kommando.

Nach einer kleinen Ewigkeit versuchte ich aufzustehen, aber mein linker Fuß sackte einfach weg, als gäbe es ihn gar nicht mehr. Behutsam zog ich ihn aus dem Kletterschuh und mußte entdecken, daß die Ferse völlig deformiert war. Das Sprunggelenk war wie bei einer Surhaxe angeschwollen und schillerte in sämtlichen Blautönen. Noch immer spürte ich keinen Schmerz. Weder die Gewißheit, daß einiges in die Brüche gegangen war, noch die Vorstellung, daß womöglich nicht nur meine Ferse, sondern auch meine gesamte Kletterkarriere in Trümmern lag, konnte mich im geringsten erschüttern. Offenbar lief die Produktion körpereigener Betäubungsmittel auf Hochtouren. Ich glaube, man nennt das die »goldene halbe Stunde«, ein Geschenk von Mutter Natur an alle Verletzten und Verwundeten, das sie in die Lage versetzen soll, die notwendigen lebensrettenden Maßnahmen einzuleiten.

Auch mir wurde dieses Geschenk zuteil. So lag ich denn mit zerschmettertem Fersenbein auf dem weichen Waldboden und sondierte die Lage. Mit gesunden Füßen wären es bis zum Forstweg fünf Minuten gewesen, von dort aus hinunter zum Walchenseekraftwerk noch einmal eine halbe Stunde. Zaghaft begann ich »Hilfe!« zu rufen, fand es aber sofort extrem lächerlich, mitten im Wald zu liegen, nicht den leisesten Hauch eines Schmerzes zu spüren ... und um Hilfe zu rufen. »Das ist nicht eben der Heldentod, den du sterben möchtest«, dachte ich, besser gesagt: dachte *es* in mir.

Auf allen vieren kroch ich zum Forstweg zurück. Dort wartete ich eine Dreiviertelstunde, bis endlich zwei alte Damen des Weges kamen und zu ihrer nicht geringen Bestürzung über einen langhaarigen und verdreckten jungen Kerl stolperten, der behauptete, ein abgestürzter Kletterer zu sein, und sie inständig bat, umzukehren und die Bergwacht zu alarmieren. Den beiden Damen paßte das überhaupt nicht ins Konzept – so weit waren sie hochgekommen, und jetzt sollten sie den ganzen langen Weg wieder zurück? Mit Engelszungen versuchte ich sie von der Notwendigkeit ihrer Umkehr zu überzeugen. Sie könnten ja mit der Bergwacht wieder hochfahren, beteuerte ich, und dann ihre Wanderung fortsetzen. Jetzt begann meine lädierte Ferse zu pochen. Mit jedem Wort schwoll nicht nur der Schmerz immer stärker an, sondern auch mein Zorn, bis schließlich beides unter der Schädeldecke explodierte. »Wenn Sie jetzt nicht augenblicklich umkehren, zeige ich Sie wegen unterlassener Hilfeleistung an!« drohte ich. Widerstrebend und leise murrend bequemten sich die Wandersfrauen endlich, mir zu helfen ...

Klettern war mein Leben. Und dieses Leben hing jetzt einzig und allein vom Zustand meiner Ferse und von den Fähigkeiten eines Skalpellkünstlers ab, der erst einmal die Tragweite der Verletzung erkennen mußte, um sie dann unter Aufbietung all seines Könnens wieder instandzusetzen. Nicht nur meine Kletterkarriere stand auf dem Spiel, sondern auch die einmalige Chance, als

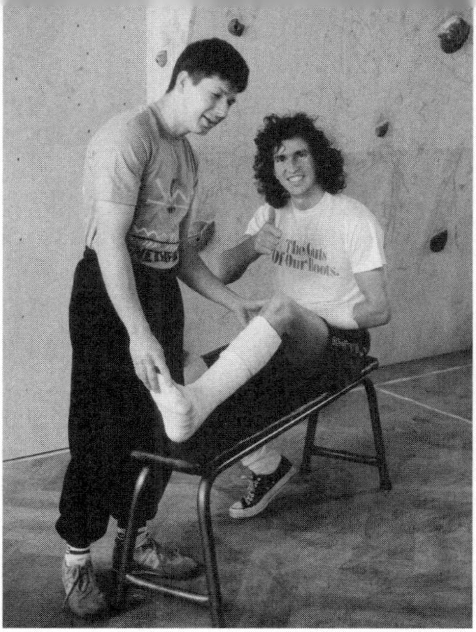

Der Versuch, nach dem Sturz in Kochel wieder auf die Beine zu kommen, zusammen mit meinem Physiotherapeuten Achim Hofstädter.

Hauptdarsteller in einem Spielfilm mitzuwirken. Die körperlichen Schäden waren ziemlich schnell diagnostiziert: komplizierter Fersentrümmerbruch, Kahnbeinbruch und Meniskuseinriß. Ganz anders verhielt es sich mit den Auswirkungen dieses Unfalls auf meine Psyche ...

Panikattacke

Erst viele Jahre später, meine Kinder waren bereits auf der Welt, hatte ich in den Dolomiten ein weiteres Schlüsselerlebnis, das in direktem Zusammenhang mit dem Absturz in Kochel stand. Mit Kurt Albert kletterte ich eine neue Route in der Südwand der Kleinen Zinne, die »Gelbe Mauer«. Wir wollten an diesem Tag in den oberen Seillängen fotografieren und kletterten zu diesem Zweck den leichten Normalweg hinauf, im vierten und fünften Schwierigkeitsgrad – solo und mit schweren Rucksäcken. Es war die erste bewußt geplante Solokletterei nach meinem Unfall. Als wir etwa in Wandmitte waren, Kurt war vorausgeklettert, merkte ich plötzlich, daß ich unsicher zu werden begann. Ich warf einen Blick nach unten, und zum ersten Mal in meinem Leben empfand ich die Tiefe als bedrohlich. Mich überkam ein ganz eigenartiges, mir zuvor völlig unbekanntes Gefühl, als ob mir eine innere Stimme zuflüsterte: »Jetzt passiert gleich etwas, das du noch nicht erlebt hast!« Ich war irritiert, ja, bestürzt. Wo kam dieses Gefühl plötzlich her? Diesen Zustand des Ausgesetztseins, diesen Spitzentanz über dem Abgrund, hatte ich doch bisher immer genossen. Mehr noch, ich hatte solche Zustände gezielt gesucht, sie waren – auch wenn ich diesen Vergleich überhaupt nicht mag – meine Droge. All das löste plötzlich genau das Gegenteil in mir aus. Mit einem Mal verspürte ich eine Angst, wie ich sie noch nie erlebte hatte. Sie wurde immer stärker und wuchs sich schließlich zur Panik aus. So sehr ich auch dagegen ankämpfte, in mir verkrampfte sich alles. Kalter Schweiß brach mir aus. In diesem Augenblick lernte ich nicht nur das Fürchten, ich durchlebte Todesangst. Zwar hatte ich gute Griffe in der Hand, aber ich stand in exponiertem Gelände und wurde den Gedanken nicht mehr los: »Jetzt haut's dich runter, jetzt haut's dich hundertprozentig runter!« Ich war mir sicher, bald derart zu verkrampfen, daß ich die Griffe würde loslassen müssen. Ich schloß die Augen, drückte mein Gesicht gegen den Felsen und kämpfte, fast schon hyperventilierend, mit aller Macht gegen die Panik an, die mich zu überwältigen drohte. Ich dachte an meine Kinder, an Janine und daß ich es ihnen schuldig war, mich zusammenzureißen und heil aus diesem Schlamassel herauszukommen. Der Gedanke an meine Liebsten half mir, die Panik wenigstens so weit unter Kontrolle zu bringen, daß ich zwei, drei Züge machen konnte, gerade bis zum nächsten Haken. Zwar hatte ich meinen Klettergurt angezogen, aber an der Materialschlaufe hing nur ein einziger Karabiner. Mit zwei Fingern umklammerte ich die Hakenöse. Jetzt mußte ich den Karabiner nur noch in meine Gurtschlaufe und dann in den Haken einhängen. Die Rettung schien so nah und schon im nächsten Augenblick wieder unendlich fern. Der Haken war etwas zurückversetzt, und ich konnte mich mit dem schweren Rucksack auf meinem Rücken nicht nach hinten legen, um den Karabiner an meinem Gurt direkt einzuhängen, die Verbindung war einfach zu kurz. Die Hakenöse schnitt mir in die Finger, ich fing an zu wimmern. Vor dem Losklettern hatte ich mir zwar noch drei Bandschlingen umgehängt, aber dummerweise steckten die unter den Tragegurten meines Rucksacks. Ich fluchte und jammerte und spürte, wie mich die Tiefe immer stärker ansog. Es dauerte eine Ewigkeit, bis es mir endlich im Zeitlupentempo gelang, mit einem Arm aus dem Tragegurt des Rucksacks zu schlüpfen. Ich biß die Zähne zusammen, jede Muskelfaser in meinem Körper war bis zum Zerreißen gespannt, um nur ja keine ruckartige Bewegung zu provozieren, die mich aus meinem labilen mentalen und physischen Gleichgewicht hätte bringen können. Wie stark ich am ganzen Körper vor Anstrengung zitterte, merkte ich erst, als ich die Bandschlinge durch meine in die Hakenöse gekrallten Finger zu fädeln versuchte. Ich war am Ende meiner Kräfte, als es mir doch noch gelang, die Schlinge in meinen Karabiner einzuklicken. Ich war gerettet. Wie ein Häuflein Elend sackte ich zusammen. Ich war völlig erschöpft und heulte aus Entsetzen und zugleich vor Glück.

Als ich dort so hing und wieder Herr über meine Gedanken wurde, gab es für diese unerklärliche Panikattacke nur eine einzige plausible Erklärung. Bei meinem Sturz in Kochel war etwas geschehen, das eigentlich gar nicht geschehen konnte: Beide Griffe waren gleichzeitig ausgebrochen, obwohl ich felsenfest davon überzeugt war, daß so ein Stück gewachsener Fels ohne Anriß nie und nimmer ausbrechen könne. Aber so geschah es. Und mit dem festen Halt zerbrach auch mein Glaube an die Kontrollierbarkeit dessen, was ich tat. Mit diesem Sturz war ich sterblich geworden. Mein Unterbewußtsein hatte das wohl sofort registriert, aber erst an der Kleinen Zinne wurde es mir in vollem Umfang bewußt. Noch während ich an diesem Haken hing, erkannte ich, wie leichtfertig ich mein Leben in den letzten Jahren aufs Spiel gesetzt hatte und wie schnell der Lebensfaden reißen kann. Ich hatte einfach nur riesiges Glück gehabt.

Es mag zwar paradox klingen, aber trotz dieser Erfahrung stehe ich dem Tod nach wie vor sehr gelassen gegenüber. Ich bin davon überzeugt, daß für jeden von uns das Drehbuch bereits geschrieben ist. Unfälle betrachte ich als Zeichen, die mir bedeuten sollen, daß ich mein Verhalten ändern muß. Hätte ich diese extremen Erlebnisse nicht als Warnsignale verstanden, hätte ich einfach so weitergemacht wie zuvor, dann hätte ich vielleicht keine zweite Chance bekommen, eine vergleichbare Situation zu überleben. So bin ich nicht gerade ein verängstigter, aber doch ein sehr, sehr vorsichtiger Mensch geworden. Ich habe meine Lektion gelernt. Wer das Leben liebt, leistet sich keine Todesverachtung mehr – und ich liebe es sehr.

Seit dem schockierenden Erlebnis an der Kleinen Zinne bin ich nie mehr ohne Seil geklettert. Mein innerer Seismograph ist äußerst sensibel geworden. Ab einer gewissen Höhe ohne Sicherung schlägt mein Gefahrenfrühwarnsystem Alarm, und ich spüre wieder diese »Zinnenpanik« in mir aufsteigen. Im alpinen Bereich ist das ein ernstes Problem. Oft kommt es in großen Wänden entscheidend auf die Schnelligkeit an, weshalb wir die leichteren Passagen häufig gleichzeitig klettern, d. h. ohne uns gegenseitig zu sichern. Auf solche Situationen, die bei langen Routen meist unvermeidlich sind, muß ich mich durch mentales Training gezielt vorbereiten, um diese Panik, die immer wieder in mir aufsteigen will, unter Kontrolle zu halten. Das ist für mich schon ein sehr stark limitierender Faktor. Sobald ich aber weiß, da ist ein Seil, in das ich eingebunden bin, und einer, der mich sichert, sind alle Ängste wie weggeblasen. »Wenn du jetzt stürzt«, denke ich dann, »stürzt du vielleicht weit, aber immerhin hast du eine reelle Überlebenschance.« Andererseits bin ich ständig am Kalkulieren, bis wohin ein Sturz relativ risikolos wäre und ab wann es richtig weh täte.

Das einschneidendste Erlebnis im Grenzland zwischen Leben und Tod machte ich sechs Wochen vor Beginn der Antarktisexpedition 1998. Zusammen mit Hans-Martin Götz und Jürgen Knappe war ich in Pontresina, um noch ein wenig Eisklettern zu trainieren. Am ersten Tag kletterten wir auf der Südseite, aber so richtig gut lief es dort nicht. Nur noch auf den Schattenhängen lag ein wenig Schnee, überhaupt hatten wir die größte Mühe gehabt, irgendwo im Alpenraum noch einen gefrorenen Wasserfall zu finden.

Um Geld zu sparen, wollten wir draußen übernachten, entsprechend erreichte unsere Stimmung einen Tiefpunkt, als es am Nachmittag zu regnen begann. Wir drückten uns in den sündhaft teuren Cafés von St. Moritz herum und wollten den langen Abend durch einen Kinobesuch ein wenig kurzweiliger gestalten. Es lief nur ein einziger Film, Steven Spielbergs »Saving Private Ryan«, eine schonungslos realistische Darstellung der Landung der Alliierten an der Küste der Normandie während des Zweiten Weltkriegs. Hatte unsere Stimmung schon vorher die Trübsalzone erreicht, so war uns nach dem Film nur noch zum Heulen zumute. Müde waren wir und deprimiert, gerade noch in der Lage, ein trockenes Plätzchen zu suchen. Am Ende breiteten wir unter dem Vordach einer Zimmerei unsere Schlafsäcke aus und versuchten im Schlaf Vergessen zu finden. Sobald sich jedoch in der Nähe etwas regte, was leider häufig der Fall war, reagierte der am Haus angebrachte Bewegungsmelder und tauchte unseren Schlafplatz in gleißendes Licht. Es paßte einfach alles perfekt zusammen. Am nächsten Morgen standen wir bei den ersten Sonnenstrahlen auf und versuchten die kalten Knochen aufzuwärmen, vor allem aber das Gemüt wieder aufzuhellen. Vergebens. Vor dem Schatten, den die Ereignisse dieses Tages vorauswarfen, gab es kein Entkommen. So jedenfalls will es mir scheinen, wenn ich diese unseligen vierundzwanzig Stunden noch einmal Revue passieren lasse.

Wir wechselten auf die schattige Nordseite, wo wir in deutlich alpinerem Gelände einen rund zweihundert Meter hohen, gefrorenen Wasserfall zu klettern begannen. Plum stieg vor und sicherte Pater und mich gleichzeitig nach. Am oberen Ende des Wasserfalls angelangt, hätten wir eigentlich rausqueren und durch den Wald wieder absteigen können. Aber wir wollten das leichte, kombinierte Gelände noch als eine Trainingseinheit nutzen. Wir seilten uns also aus, jeder behielt sein Eisgerät in der Hand, die Steigeisen an den Schuhen und den Helm auf dem Kopf, darunter eine dicke Mütze, denn es war bitterkalt. So kletterten wir, einer hinter dem anderen, über die Felsstufen weiter hinauf. Alles ganz harmlos, im zweiten oder dritten Schwierigkeitsgrad, mit ein paar Eisanteilen dazwischen. Es machte Spaß.

Als wir langsam in den Gipfelbereich kamen, beschlossen wir, nach links auf einen Grat hinauszuqueren. Dazu mußten wir allerdings über ein Schneefeld, das sich, etwa halb so groß wie ein Fußballfeld, oberhalb einer sehr steilen, mit Felsabbrüchen durchsetzten Rinne erstreckte. Nicht eine Sekunde lang dachte ich an irgendeine Gefahr, zumal nur wenig Schnee lag, allenfalls knöcheltief angefrachteter, feiner Pulverschnee. Die Oberfläche dieses Schneefelds war jedoch verharscht. Vor mir ging Plum, hinter mir Pater. Bei jedem Schritt brachen wir durch die Harschschicht ein, die den Pulverschnee wie eine dünne Kruste bedeckte.

Eben hatten wir die Schneefläche zu einem guten Drittel überquert, da kollabierte sie mit einem Mal auf der ganzen Ebene. Ohne Vorwarnung. Es gab nur einen dumpfen Schlag, dann brach die gesamte Harschdecke in sich zusammen. Das ganze Feld setzte sich in Bewegung und begann zu fließen. Pater lief zurück und kam noch rechtzeitig raus. Über uns waren es vielleicht noch fünf Meter bis zur Abrißkante. Dorthin versuchten Plum und ich über die Schollen zu laufen, die nun unter unseren Füßen schneller und schneller abwärts rutschten. Es fehlten uns vielleicht noch zwei Meter bis zum rettenden »Ufer«, als uns mit derartiger Heftigkeit der Teppich unter den Füßen weggerissen wurde, daß wir nicht mehr den geringsten Einfluß darauf nehmen konnten, was nun geschehen würde.

Obwohl sich alles in rasender Geschwindigkeit abspielte, kann ich mich noch an jede Einzelheit erinnern. Wie schon bei meinem Unfall in Kochel spürte ich keine Angst und geriet auch nicht in Panik, dafür ging alles viel zu schnell. Ich hatte das Bild der Rinne mit den Felsabbrüchen vor Augen und konstatierte ganz nüchtern, daß es jetzt um Leben und Tod ging. Ich muß sofort unter eine Scholle geraten sein, denn ab dem Moment, als es mir die Füße wegzog, konnte ich nichts mehr sehen, fühlte und hörte nur noch, was mit mir geschah. Ich wurde wie in einer Waschmaschine herumgeschleudert. Die Welt versank in einem dumpfen Wirbel, ich bekam keine Luft mehr, je heftiger ich nach Luft schnappte, desto mehr füllten sich meine Lungen mit feinem Pulverschnee. »Jetzt erstickst du!« war mein letzter Gedanke, dann riß der Film ...

Als ich langsam wieder zu mir kam, realisierte ich zu meiner größten Verwunderung, daß ich auf meinem Rucksack kniete und merkwürdig benommen war, als hätte mir jemand eins über den Schädel gezogen. Irgendetwas Dramatisches mußte geschehen sein. Aber was nur? Wie durch einen Nebelschleier schaute ich nach oben und versuchte mühsam das Puzzle zusammenzusetzen, das mir zeigen würde, wer ich war und wo und was geschehen war. »Berg«, fiel mir ein, »Eisklettern, Lawine ...« Und dann war da noch so eine Rinne gewesen. Wir waren doch schon ziemlich weit oben? Weshalb befand ich mich mit einem Mal so weit unten? Auf gar keinen Fall konnte ich durch diese Rinne heruntergerast sein, denn das hätte ich nicht überlebt. Oder war ich am Ende schon tot? Nein, Tote knien nicht im Schnee und wälzen unsinnige Gedanken, hören auch nicht das Blut durch ihre Adern rauschen. Oder doch?

Ich lauschte in mich hinein, versuchte zu erspüren, was alles gebrochen, gerissen, gestaucht sein könnte, sah an mir herunter und erblickte eine riesige rote Lache im Schnee, dickflüssig wie Himbeersoße. Dicke rote Tropfen fielen in den Schnee. Teilnahmslos beobachtete ich, wie diese Tropfen den Schnee immer genau dort rot färbten, wohin ich meinen Kopf bewegte. Bis ich endlich begriff, daß der rote Saft aus meinem Gesicht herausquoll.

Diese Teilnahmslosigkeit ist mir am deutlichsten in Erinnerung geblieben. Ich nahm alles ganz genau wahr, aber mir war völlig schleierhaft, was ich damit zu tun hatte. Ich tastete mit der Zungenspitze meine Zahnreihen entlang. Vorne ertastete ich ein großes Loch. Nicht nur zwischen den Zähnen. Dieses Loch war in meinem Gesicht – und es handelte sich dabei nicht um meinen Mund.

In diesem Augenblick kam Plum auf mich zugelaufen. Er freute sich wie ein Schneekönig, mich lebend zu sehen, strahlte übers ganze Gesicht und meinte: »Scheiße, wie siehst du denn aus? Aber egal, heute können wir unsere Wiedergeburt feiern!« Dann erzählte er mir, daß er die Höllenfahrt über etliche Felsstufen hinab bei vollem Bewußtsein mitgemacht habe, so gut es ging irgendwie rudernd und gegensteuernd, bis er in einer schwachen Rechtskurve endlich herausgespuckt worden sei. Ich aber sei völlig unkontrolliert hinuntergespült worden, habe ausgesehen wie eine leblose Schaufensterpuppe. Mal über, mal unter den Schneemassen, habe es mich über sämtliche Felsstufen hinweggeschleudert. An einer Biegung der Rinne sei ich dann pfeilgerade weitergerutscht und schließlich zum Stillstand gekommen, während die Lawine gleich hinter der Kurve einen zweihundert Meter hohen Felsabbruch hinunterrauschte. Ich registrierte das alles mit einem Ohr, ohne es wirklich zu realisieren, denn ich war noch immer mit einer Bestandsaufnahme der Schäden beschäftigt. Und die waren beträchtlich. Von einem der oberen Schneidezähne war nur noch die Hälfte übrig, der Zahn daneben fehlte ganz, vermutlich hatte ich ihn mir mit dem Eisgerät ausgeschlagen und dabei auch die Oberlippe durchtrennt, die jetzt nur noch ein blutiger Fleischlappen war. Das Eisgerät aber war verschwunden, obwohl ich die Handschlaufe fest an meinem Handgelenk fixiert hatte. Die Bänder meines linken Sprunggelenks waren kaum mehr funktionsfähig. An einem der Steigeisen fehlte an der Ferse ein Zacken, ich mußte damit irgendwo hängengeblieben sein. Damit nicht genug, fand ich unter Helm und Mütze eine Platzwunde am Kopf. Eine tiefe Schramme zog quer über den Helm, und sämtliche Halterungen für die Stirnlampe waren ausgerissen. Da mußten unglaubliche Kräfte am Werk gewesen sein. Jetzt erst begriff ich, was geschehen war – und daß ich noch nie derart knapp am Tod vorbeigeschrammt war.

Gleichzeitig schoß mir durch den Kopf, daß es ein schöner Tod gewesen wäre, denn nach dem ersten Schreck und dem folgenden Adrenalinstoß hatte ich mich eigentlich schon im Nirwana befunden.

Während mich der Rettungshubschrauber zum Hospital flog, überkam mich, mitten im Turbinenlärm und Knattern der Rotorblätter, eine schier überirdische Ruhe. Überhaupt ist es keineswegs so, daß all die Grenzerfahrungen der Todesnähe, die ich machen mußte, in mir eine fundamentale Angst geschürt hätten. Wäre es so, hätte ich die Kletterschuhe schon längst an den Nagel gehängt.

Es gibt ein Leben vor dem Tod

Nach wie vor spüre ich in mir eine große Sehnsucht nach jenen intensiven Erfahrungen, die man nur als Grenzgänger machen kann. Dies ist einer der wesentlichen Gründe, weshalb ich immer wieder aufbreche, mich Gefahren aussetze und Entbehrungen in Kauf nehme. Nur in diesen extremen, alle physischen und mentalen Kräfte fordernden Situationen erspüre und erfahre ich mich vom Kopf bis in die Finger- und Zehenspitzen. Ich klettere, also bin ich. Viele halten eine solche Maxime für den Ausdruck latenter Lebensmüdigkeit. In Wahrheit bedeutet sie das Gegenteil: die schiere Lust am Leben.

Manche sagen auch, wer immer das Abenteuer sucht, flieht nur vor den Herausforderungen und Tücken des Alltags. Da ist was dran. Für mich ist der ganz normale Alltag nur erträglich, weil mir immer die Aussicht auf ein weiteres Abenteuer bleibt, ein Schlupfloch ins Freie.

Mein Leben ist ein permanentes Wechselspiel zwischen Frustration und Begeisterung, An- und Entspannung. Die Vorstellung, eine sogenannte bürgerliche Existenz zu führen, in geordneten Bahnen, mit Gehaltsabrechnung und Rentenversicherungsbescheid, ist für mich der reine Horror. Andererseits habe ich mich schon oft – wenn ich mich wieder einmal in eine schier ausweglose Lage gebracht hatte – nach dieser überschaubaren, um nicht zu sagen beschaulichen Normalität gesehnt. Umgekehrt wiederum fürchte ich nichts so sehr, als von der Lawine der Alltäglichkeit fortgerissen und verschüttet zu werden.

Ich weiß, das ist ein Widerspruch, und mir ist es bis heute nicht gelungen, hinter sein Geheimnis zu kommen. Wahrscheinlich ist es ganz banal: Ich bin süchtig nach neuen Erfahrungen, weil ich mich dadurch immer wieder neu erfahre. Immer wenn ich mit Haut und Haaren, Herz und Verstand gefordert bin, wenn Körper und Geist im Einklang sind, empfinde ich mich am intensivsten. Mir ist bewußt, daß ich mich dabei in einem Grenzbereich bewege und daß es lebensgefährlich sein kann, bestimmte Grenzen zu überschreiten.

Auch nach so vielen Jahren und Touren kann ich in der Nacht vor dem Einstieg in eine große Wand noch immer nicht richtig schlafen. Alpträume quälen mich dann, die ich wieder und wieder durchlebe. Am nächsten Morgen betrachte ich meinen Schlafsack, und dann kommt mir in den Sinn, daß ich vielleicht nie mehr drinliegen werde. Ich schaue mich im Zelt um und bin mir dessen bewußt, daß ich es vielleicht zum letzten Mal sehe.

Lange habe ich diese heimlichen Ängste und schwarzen Gedanken als Schwäche ausgelegt und mich dafür vor mir selbst geschämt. Nach meinen Unfällen und den daraus resultierenden Einsichten ist die Angst zwar nicht mein ständiger Begleiter geworden, aber doch ein Faktor, mit dem ich beim Klettern leben muß. Ich kann sie nicht ausblenden oder zudecken. Sie ist einfach da, und ich muß mich mit ihr arrangieren. Aber sie beherrscht mich nicht.

Der Moment innerer Sammlung vor dem ersten Schritt in die Wand ist für mich von großer Bedeutung. Dabei kommt es entscheidend darauf an, alle Bedenken, Sorgen und natürlich auch Ängste zuzulassen, in einem ruhigen Augenblick, ganz mit sich allein. Wer diese Ängste nicht zuläßt oder gar nicht erst empfindet, wird früher oder später eine falsche Entscheidung treffen und das Rädchen überdrehen, wie es auch mir passiert ist.

Auf Berge zu steigen und durch große Wände zu klettern ist nicht bloß ein Handwerk, sondern eine Kunst, die Demut und Respekt verlangt, Sensibilität im Umgang mit den Risiken, aber auch mit den eigenen Gefühlen. Die Kunst besteht darin, Risiken bereits im Vorfeld zu erkennen, abzuwägen und die weitere Vorgehensweise darauf abzustimmen. Einige namhafte Vertreter meiner Zunft behaupten zwar, das Freesolo-Klettern, das auf der Gewißheit des sicheren Todes bei jedem Fehlgriff basiert, sei die höchste, reinste und kompromißloseste Form des Kletterns. Auf der Grundlage meiner Erfahrungen behaupte ich, sie ist die unsinnigste und dem Leben gegenüber respektloseste Spielart des Klettersports.

Angst sensibilisiert für die Risiken und auch für die realistische Einschätzung der eigenen Leistungsfähigkeit. Ein Kletterer ist Schachspieler und Figur in einer Person. Er analysiert die Gegebenheiten, erkennt die Risiken und Gefahren und trifft eine Entscheidung. Vor dem ersten Zug, dem ersten Schritt in die Wand, muß der Entscheidungsprozeß abgeschlossen sein. Habe ich dann gezogen, bin ich zwar noch immer aufgeregt, in einem Zustand freudiger Erwartung, aber Angst habe ich keine mehr. Empfände ich in dieser Phase noch immer Angst, dann wüßte ich, daß weiterhin unkalkulierbare Risiken bestehen, vor denen ich mich zu Recht fürchte. Mit anderen Worten: Angst zwingt den Kletterer genau hinzusehen, sie ist für ihn eine Lebensversicherung. Oft seine einzige.

Ja, ich liebe mein Leben und lebe es viel bewußter als in meiner

Sturm- und Drangzeit. Mittlerweile weiß ich, daß ich einige Male einfach Glück gehabt habe, und betrachte das Leben als das wertvollste Geschenk.

»No risk, no fun« beschreibt nur die halbe Wahrheit. Die andere Hälfte lautet: »Je kalkulierbarer das Risiko, desto größer der Spaß.«

4. Kapitel

Des Kaisers neue Kleider

Lange bevor ich verlor, hatte ich bereits gewonnen. Gerade hatte mein schärfster Konkurrent François Legrand seinen Durchgang beendet. Er war am Boden zerstört, nur noch ein Häufchen Elend, und schluchzte wie ein kleines Kind. Seine Frau redete ihm gut zu wie einem Kranken, dem man eben eröffnet hat, daß ihm nicht mehr zu helfen ist. Ich blickte nach oben. Der vorletzte Karabiner schaukelte leicht. Er war also weit gekommen, viel weiter als alle anderen. Aber bis zum letzten Karabiner und darüber hinaus hatte es François nicht geschafft. Das konnte nur eines bedeuten: Ich war Weltmeister! Jedenfalls brauchte ich jetzt nur noch meine Kür zu absolvieren. Daß ich sie meistern würde, daran bestand für mich nicht der geringste Zweifel. Ich muß zugeben, daß ich einen gewissen Triumph verspürte, als ich François da so sitzen sah. Einmal noch sollte also der alte Löwe einen Angriff des jungen abwehren können. Als ich zur Wand geführt wurde, überkam mich eine schlafwandlerische Ruhe. Gelassen streifte ich meine Socken ab, die ich über die Kletterschuhe gezogen hatte, um sie vor Verschmutzung zu schützen. Dann legte ich die Finger auf die ersten Griffe und stellte den rechten Fuß auf den untersten Tritt. Ich genoß diesen Augenblick – wie ein Harvard-Absolvent vor der Prüfungskommission, der von der Gewißheit erfüllt ist, auf alle Fragen die richtige Antwort zu wissen. Ich zog meinen linken Fuß vom Boden weg und war auf dem Weg zum Weltmeistertitel ...

Back to the roots

Die Weltmeisterschaft in Innsbruck 1993 war für mich der definitive Abschiedswettkampf. Hier wollte ich zum letzten Mal bei einem Turnier antreten und ein Ausrufezeichen hinter ein Kapitel meines Lebens setzen.

Man hatte keinen Aufwand gescheut, das Ganze als sportliches Großereignis zu inszenieren. An der Außenfassade der Olympia-Eishalle prangte in großen Lettern der Schriftzug »Sportkletterweltmeisterschaft 1993«. In der Halle war eine riesige, höchst spektakuläre Kletterwand aufgebaut, sämtliche Medien waren präsent, der ORF übertrug das Finale live, es ging zu wie beim Sechstagerennen im Berliner Sportpalast.

Der Weltmeistertitel sollte also das i-Tüpfelchen werden, Höhepunkt und Schlußakkord meiner Karriere als Wettkampfkletterer. Acht Jahre lang war ich mit dabeigewesen, es waren die fetten Jahre. Ich hatte das Klettern zu meiner Profession machen können, zahllose Wettkämpfe bestritten, ein Auto und gute Preisgelder gewonnen, war dreimal Rock Master geworden. Aber im Lauf der Zeit war ich mir zunehmend wie ein Hamster im Laufrad vorgekommen, ich lief und lief, kam aber nicht mehr von der Stelle, hatte in dieser Disziplin kein Ziel mehr vor Augen, keine Perspektive. In meinem Blick war nicht mehr das Funkeln im Auge des Tigers, ich hatte einfach nicht mehr den richtigen Biß. Ein Hamster ist eben kein Tiger.

Den anderen Kletterern – Didier Raboutou, Jerry Moffatt, Ben Moon oder Patrick Edlinger –, die wie ich von Anfang an am Wettkampfgeschehen beteiligt waren, erging es nicht anders. Unsere Generation hatte das Klettern am natürlichen Fels erlernt. Das Klettern in der Natur war unser Lebenselixier, wir betrachteten es als angewandte Kunst und – mehr noch – als eine Art Lebensphilosophie. Keine Wunder also, daß wir eines Tages den künstlichen Wänden, dem ganzen naturfernen Rummel den Rücken kehren und zu unseren Ursprüngen zurückkehren wollten. Die Zeit wurde langsam reif, ein neues Kapitel aufzuschlagen.

Jeder erfolgreiche Wettkampfsportler kennt dieses untergründige Grollen, das den Anbruch einer neuen Lebensphase ankündigt, lange bevor man den Mut aufbringt, sich wirklich auf etwas Neues einzulassen. Auch ich wagte es lange nicht, einfach aufzuhören, auch ich hatte Angst vor einer ungewissen Zukunft – und das, obwohl ich Alternativen sah und wußte, daß meine Wurzeln als Kletterer ohnehin ganz woanders lagen.

Aber ich hatte Erfolg – noch zumindest –, und das süße Leben auf der Überholspur und als Sieger im Rampenlicht war einfach zu verführerisch. In der Hochphase des Wettkampfkletterns waren wir richtige »Rockstars«. Am jeweiligen Austragungsort mußten wir in den Restaurants nichts bezahlen. Wenn Patrick Edlinger auf der Bildfläche erschien, gab es einen Aufruhr, als käme Mick Jagger in Begleitung von Madonna vorgefahren.

Auf dem Höhepunkt seiner Karriere und als strahlender Sieger die Bühne zu verlassen ist unglaublich schwer. Je länger man jedoch den Absprung hinauszögert, desto größer wird die Wahrscheinlichkeit, sich eines Tages als traurige, bemitleidete Gestalt durch den Hinterausgang davonstehlen zu müssen.

Es fiel mir immer schwerer, mich vor jedem Wettkampf neu zu motivieren. Ich kletterte, und wenn alles gut lief, gewann ich auch, doch am nächsten Tag wurde die Wand wieder abgebaut. Nichts hatte Bestand, der Sieg überdauerte allenfalls als Eintrag in einer Statistik, die bald niemanden mehr interessieren würde.

Vielleicht verspürt jeder Mensch insgeheim das Verlangen in sich, Spuren zu hinterlassen. Was auch immer wir als unseren Lebensinhalt betrachten, als unsere »Aufgabe«, wenn man so will – wir alle stehen auf den Schultern anderer, die vor uns in derselben Richtung unterwegs waren und denselben Sehnsuchtszielen folgten. Auch ich wollte in die Fußstapfen anderer treten und dort weitermachen, wo sie aufgehört hatten. Beim Wettkampfklettern hatte ich am Ende jedoch das Gefühl, alles zu geben, nur um ein paar schöne Figuren in die Luft zu zeichnen – Mandalas, Sinnbilder der Vergänglichkeit. In Wahrheit wollte ich ganz andere Wegzeichen setzen, wollte mit Erstbegehungen Linien in Wände malen und damit meine Vorstellung vom Klettern dauerhaft zum Ausdruck bringen. Ich bewunderte die Altmeister der Vertikalen, allen voran Wolfgang Güllich und Kurt Albert, die mit ihren Routenkreationen am Trango Tower in Pakistan oder an den Paine-Türmen in Patagonien Zeugnisse ihrer Leistungsfähigkeit ablegten, die für immer Bestand haben würden. Aber noch hatte ich nicht den Mut, ihrem Beispiel mit allen Konsequenzen zu folgen. Dabei war ich bereits ein Jahr vor der WM zu neuen Ufern aufgebrochen – und zwar, so paradox das auch klingt, vorwärts »back to the roots«.

Audienz beim Kaiser

1992 kletterte ich viel mit Wolfgang Müller, der damals eine der schillerndsten Gestalten unter den Freikletterern war, ebenso ehrgeizig wie eigenwillig, wild entschlossen, neue Routen und Schwierigkeitsgrade zu erschließen. Wolfgang war ein Realist, der das Unmögliche wagte, um die Grenzen des Machbaren weiter hinauszuschieben. Zusammen mit seiner Frau Irmi hatte er um diese Zeit die Firma Gentic gegründet, vertrieb und entwickelte Kletter- und Outdoorbekleidung. Die Geschäfte liefen gut für die beiden. Doch Wolfgang war immer unzufrieden. Jede andere Lebensweise erschien ihm erstrebenswerter als seine eigene.

Wolfgangs bevorzugtes Gebiet war der Wilde Kaiser, wo wir unter der Woche oft gemeinsam trainierten. Doch am Wochenende trennten sich unsere Wege. Wolfgang brach auf in Richtung Gebirge, ich zog los, um in einer Halle zu irgendeinem Wettkampf anzutreten. Vergeblich versuchte er mich davon zu überzeugen, daß dieses »Micky Maus«-Klettern an künstlichen Wänden auf Dauer nichts bringe und das wahre Abenteuer nur in den großen Gebirgswänden zu finden sei.

Er hatte ja recht, aber wer nicht hören will, der kapiert es nur, wenn er es fühlt. Wolfgang erhöhte schrittweise seinen Druck auf mich, bis ich eines Tages buchstäblich mit dem Rücken zur Wand

Wolfgang Müller, der Vater der Idee von »Des Kaisers neue Kleider«.

stand. In Zukunft, werde er mich bei meinen Trainingseskapaden nur noch sichern, drohte er, wenn ich ihm verspreche, ihn bei einem Erstbegehungsversuch zu sichern. Er hatte sich in den Kopf gesetzt, einen langgehegten Traum endlich in die Tat umzusetzen: eine Erstbegehung durch den zentralen Teil des 250 Meter hohen Fleischbankpfeilers. Dieser Pfeiler, der vor allem in den siebziger Jahren zu einiger Berühmtheit gelangte, steht wie der Wächter des heiligen Grals am Eingang zur Steinernen Rinne im Wilden Kaiser. 1977 kletterten Reinhard Karl und Helmut Kiene dort die Route »Pumprisse«, die den Durchbruch zum siebten Grad markierte. Generell hatte man bis dahin versucht, sich an Rißsystemen zu orientieren, und sich nur selten in die großen, kompakten Wandzonen vorgewagt, weil diese äußerst schwierig und häufig nur mit Bohrhaken abzusichern waren.

Begeistert wie ein kleines Kind zeigte mir Wolfgang ein Foto des Objekts seiner Begierde, einer kompakten, senkrecht aufragenden und an einigen Stellen stark überhängenden Wand. Dieser Anblick beruhigte mich einigermaßen. »Da kommen wir eh nicht hoch«, dachte ich, »mehr als einmal werde ich dort nicht antreten müssen.« Aber am Ende war die Begegnung mit ebendieser Wand der entscheidende Impuls, mit dem Wettkampfklettern abzuschließen – der Schlüssel zu einem neuen Lebensabschnitt.

Dicke Tautropfen hingen wie Christbaumkugeln an den Tannenbäumen und glitzerten in den ersten Sonnenstrahlen, als wir zum ersten gemeinsamen Ortstermin aufbrachen. Nebel stiegen aus dem Bachbett auf, während wir am Parkplatz der Griesner Alm unsere Ausrüstung sortierten. Kaum merklich tasteten sich die ersten Sonnenstrahlen den Fleischbankpfeiler hinab.

Mit jedem Haken, jedem Klemmkeil, der mir in die Finger kam, wuchs mein Selbstmitleid – dieses ganze Zeug würde ich gleich zum Einstieg hochschleppen müssen. Lautstark beschwerte ich mich über meinen viel zu schweren, prallvollen Rucksack. Aber Wolfgang kannte kein Erbarmen. Sogar den heißersehnten Frühstückskaffee auf der Griesner Alm versagte er mir, ließ diese lockende Einkehrmöglichkeit einfach links liegen und strebte mit dem für ihn typischen federnden Gang dem Ziel entgegen. Nichts und niemand würde ihn aufhalten. Diese orgiastische Wanderlust, um nicht zu sagen Aufbruchsgeilheit, kannte ich aus meiner Oberreintalzeit zur Genüge. »Diese Gebirgskletterer sind alle gleich«, grantelte ich vor mich hin, »nichts hat sich geändert!«

Zähneknirschend nahm ich die Verfolgung auf. Ein unfreundlicher Friend drückte mir ins Kreuz, bald schon begann mein Puls zu rasen, und die Waden meiner zarten Sportklettererbeine schwollen nach wenigen Kehren auf Ballongröße an. Eine Stunde später lehnte ich erschöpft und mit pfeifender Lunge an einem großen Block direkt am Einstieg. Meine Augen waren vom Schweiß verklebt, ich hatte ein Gefühl, als würde mein Brustkorb von einem viel zu engen Eisenreifen umspannt. Nur langsam kam ich wieder zur Besinnung. Als mein Blick endlich klarer wurde, erkannte ich die scharfen Umrisse »Seiner Majestät«, des Fleischbankpfeilers, die sich gegen den wolkenlosen Himmel abzeichne-

Seine Majestät, der Fleischbankpfeiler.

ten. Weit mußte ich den Kopf in den Nacken legen, um die ganze Wand zu überblicken.

Ich war hingerissen und versuchte die perfekte Linie in dieses kompakte, strukturlose Bollwerk zu zeichnen. So sehr ich mir auch Mühe gab, den Gleichgültigen zu mimen, Wolfgang spürte sofort, daß der Funke der Begeisterung auf mich übergesprungen war. Beide zeichneten wir nun imaginäre Linien in die Wand, malten unser Bild, ließen vor unserem geistigen Auge ein Kunstwerk Gestalt annehmen.

Vor uns lag ein steinernes Meer. Noch kein Kletterer hatte es durchquert, niemand hatte diese Griffe und Tritte jemals berührt. Wir fühlten uns wie der Kapitän und sein Steuermann an der Reling ihres Schiffes kurz vor dem Auslaufen zu einer Entdeckungsreise in eine unbekannte Welt.

Eine Weile staunten und schwiegen wir, dann gingen wir zur Tagesordnung über und versuchten die Wand in drei Abschnitte aufzuteilen und diese wiederum in einzelne Seillängen. Und auch in diesen suchten wir noch »Felsen in der Brandung«, irgendwelche Vorsprünge oder Bänder, die als natürliche Etappenziele dienen könnten. Dennoch wußten wir natürlich nicht, wohin die Reise letztendlich gehen würde.

Wie es bei alpinen Erstbegehungen die Regel ist, kletterten wir von unten in die Wand hinein. Im Klettergarten ist es ganz normal, sich zuerst einmal über die Wand abzuseilen, sie zu begutachten und die Sicherungshaken aus dem Abseilsitz anzubringen. Bei großen Wänden ist dies jedoch verpönt. Der Reiz und das Abenteuer bestehen eben darin, in solch ein steinernes Meer hineinzuklettern, ohne zu wissen, was einen erwartet. Zuvor darüber abzuseilen ist für mich Mord an der Kreativität, ist wie »Trivial Pursuit« spielen und nach der Frage sofort die Antwort lesen. Es ist auch unfair den nachfolgenden Klettergenerationen gegenüber, die besser, mutiger und kompromißloser sein werden als wir.

Natürlich war es Wolfgang als dem Vater der Idee vorbehalten, den ersten Schritt in die Wand zu setzen. Wir standen auf einem schmalen Grasband, und Wolfgang hängte sich mit zittrigen Fingern die Ausrüstung an den Gurt. Ein paar Normalhaken, kleine Keile und ein Hilfsseil, mit dem er eine Akku-Bohrmaschine nachziehen konnte. Er wischte sich mit den Handballen die Sohlen seiner Kletterschuhe trocken, legte seine Finger auf die ersten Griffe und holte noch einmal tief Luft.

Mich erinnerten diese Rituale sehr an meine Wettkämpfe. Aber das hier war etwas ganz anderes. Ich blickte hinauf in den tiefblauen Himmel, an dem die Mauersegler ihre akrobatischen Flugmanöver vollführten, beobachtete den Ameisenhaufen der Touristen unten auf der Griesner Alm und eine Seilschaft in der Fleischbank auf der gegenüberliegenden Seite der Steinernen Rinne.

Und da erkannte ich, daß ich endlich dort angekommen war, wo ich schon so lange hinwollte, daß ich diesen Weg schon einmal ein Stück weit gegangen war, aber durch die Wettkämpfe irgendwann aus den Augen verloren hatte. Diese Art des Kletterns war die einzig wahre. Jetzt galt es, etwas Altbekanntes neu zu entdecken – und dieses Déjà-vu-Erlebnis versprach verdammt aufregend zu werden.

Wolfgang stieg ein. Er war nervös, das merkte ich sofort an seinen Bewegungen. Sie waren nicht so sicher wie im Klettergarten. Drei, vier Meter über mir versuchte er in einen millimeterbreiten Spalt die erste Sicherung, einen Mikroklemmkeil, zu legen. Vor lauter Anspannung zog ich meinen Kopf zwischen die Schultern und starrte nach oben, die Augen weit aufgerissen, um nicht einmal für die Dauer eines Lidschlags etwas zu versäumen. Hektisch fingerte Wolfgang einen Keil von der Materialschlaufe und klemmte ihn in den Riß. Aber einen Sturz hätte der nie und nimmer gehalten, das sah ich sogar vom Standplatz aus. Doch zu meinem Entsetzen kletterte Wolfgang weiter. Er war jetzt schon acht Meter über mir. »Wenn er jetzt stürzt«, schoß es mir durch den Kopf, »dann schlägt er neben mir auf dem felsdurchsetzten Grasband auf und ist, wenn er viel Glück hat, ›nur‹ schwer verletzt.« In diesem Augenblick griff Wolfgang nach dem Cliffhanger – und da rutschte mir endgültig das Herz in die Hose.

Cliffhanger wurden im amerikanischen Yosemite Valley für das technische Klettern entwickelt. Sie sehen aus wie eine Hakennase und sind dafür gedacht, über feinste Felsschüppchen gehängt zu werden, um sie anschließend unter der Belastung durch das Körpergewicht als halbwegs verläßliche Steighilfe zu gebrauchen. Cliffhanger dienen also vor allem der Fortbewegung, wir aber benutzten sie nur dazu, uns am Felsen zu fixieren, um zumindest eine Hand zum Hochziehen der Bohrmaschine freizubekommen. Im Granit funktioniert das auch ganz gut, aber im wesentlich weicheren Kalkgestein ist die punktuelle Belastung oft zu hoch, und die Schüppchen brechen ohne Vorwarnung aus.

Ich zog den Kopf noch weiter ein. Am liebsten hätte ich die Schulterblätter darüber zusammengeklappt. Ich stand genauso verkrampft an meinem Standplatz wie Wolfgang in der Wand. Er hielt sich an einem kleinen Untergriff fest, spreizte den linken Fuß weit nach außen, während er mit der rechten Hand den Cliffhanger auf eine nur millimeterbreite Leiste legte. Der »Cliff« war durch eine lange Bandschlinge mit dem Gurt verbunden, in den sich Wolfgang ganz langsam setzte. Schweiß rann in Strömen unter seinem Helm hervor. Er hauchte nur noch und vibrierte vor Anspannung.

Die Erde drehte sich nicht mehr um die Sonne, sondern nur noch um diesen kleinen Haken in der ersten Seillänge des Fleischbankpfeilers im Wilden Kaiser. Ich hörte keine Geräusche mehr, nahm keine Gerüche mehr wahr, starrte nur noch auf diesen Cliff. »Bohrmaschine!« preßte Wolfgang zwischen den zusammengebissenen Zähnen hervor. »Hängt dran!« zischte ich zurück. Mit einer Hand zog er ganz vorsichtig das Hilfsseil ein, fixierte es beim Nachgreifen mit den Zähnen und verspannte sich in der Kletterposition. Wolfgang stöhnte vor Anstrengung und ließ wie ich den Cliffhanger keine Sekunde aus den Augen. Als er endlich die Maschine greifen konnte, hatte er keine Kraft mehr, sie über dem Kopf anzusetzen. Ich war so angespannt, daß mir die Bauchmuskeln schmerzten. Wolfgang hielt die Bohrmaschine mit den Zähnen und schüttelte seinen Arm aus. In Zeitlupe, um ja keine ruckartige Bewegung zu machen, setzte er sie an den Fels und begann zu bohren. Das Loch brauchte nur etwa 20 bis 30 mm tief zu sein, mir kam es jedoch so vor, als müsse Wolfgang durch den ganzen Wilden Kaiser bohren. Immer wieder setzte er ab, schüttelte seinen Arm aus und ließ die Bohrmaschine einfach im Bohrloch stecken. Endlich, nach einer Ewigkeit, trieb er den Haken mit zwei, drei Schlägen in das Loch. Wir waren gerettet. Synchron sanken wir in uns zusammen, Wolfgang an seinem neuen Bohrhaken, ich an meinem Standplatz. Ich war völlig erschöpft.

»Großartig, Wolfgang«, rief ich zu ihm hoch, »bis zum Gipfel sind es ja nur noch 240 Meter, etwa 90 Bohrhaken und, wenn du so weitermachst, mindestens zehn Nervenzusammenbrüche!«

Das Hilfsseil hängten wir jeden Abend an die höchste erreichte Stelle und seilten daran ab. Beim nächsten Anlauf stiegen wir mit Steigklemmen an dem Fixseil wieder hinauf und versuchten unser Glück aufs neue. Erst nach Tagen hatten wir endlich gelernt, den Fels und seine Oberflächenstruktur zu lesen. Doch je länger wir mit dem Projekt beschäftigt waren, desto stärker zog es uns in seinen Bann. Nie schafften wir mehr als eine Seillänge am Tag, oft kamen wir höchstens halb so weit. Es war ungeheuer nervenaufreibend und anstrengend. Wie langsam es voranging, wieviel Zeit wir in der Wand verbrachten, wurde uns immer erst so richtig bewußt, wenn wir am Abend sahen, daß wir das Fixseil nur wenig höher hängen konnten. Das Sichern war fast ebenso spannend wie anstrengend. Jeden Tag wechselten wir uns in der Führungsarbeit ab. Wir wurden selbst bei der Optimierung unserer Ausrüstung richtig kreativ und bauten uns Schaukelbretter zum Sitzen, damit der Gurt während der stundenlangen Sicherungsorgien im Schlingenstand nicht die Blutzirkulation unterbrach. Wolfgang konstruierte Spezialcliffs, die wir in ganz feinen Tropflöchern anbringen konnten – zu diesem Zweck schweißte er einen Splintstift schräg auf ein kleines Metallplättchen. Wenn wir zwei oder drei von diesen Alibisicherungen angebracht hatten, durfte sich der Vorsteiger wenigstens der Illusion hingeben, jetzt getrost nach der Bohrmaschine rufen zu dürfen. Gleichgültig wie hoch wir stiegen, wir wurden das Gefühl nicht los, permanent am seidenen Faden zu hängen.

Dennoch oder gerade deswegen entfaltete diese Art der Erstbegehung für mich eine ungeheure Dynamik und wachsende Spannung. Manchmal fühlte ich mich wie ein kleiner Christoph Kolumbus auf Entdeckungsreise. Bald verbrachten wir jede freie Minute im Wilden Kaiser. Wann immer wir es uns irgendwie einrichten konnten – und das war oft, denn die Sache hatte oberste Priorität –, fuhren wir zu »unserer« Wand. Stück für Stück erarbeiteten wir sie uns. Wir wurden immer besser, sie von Seillänge zu Seillänge immer schwieriger.

Die Wand ist nach der ersten Seillänge derart überhängend, daß wir selbst bei sehr weiten Stürzen keine Felsberührung mehr hatten. Oft dauerte es den ganzen Tag, bis der Vorsteiger an einer besonders kniffligen Stelle einen Cliff und dann einen Bohrhaken setzen konnte. Die Stürze waren häufig äußerst spektakulär, mit laufender Bohrmaschine in der Hand kopfüber zum Beispiel, oder

Spätestens hier trennt sich die Spreu vom Weizen. Die erste Schlüsselseillänge von »Des Kaisers neue Kleider«.

auch seitlich gehechtet. Wir machten uns einen Spaß daraus, unsere Stürze zu bewerten. Die meisten Punkte gab es für unkontrollierte Kopfüberstürze mit laufender Bohrmaschine in der Hand, was aber selten vorkam. Wesentlich öfter gelangte die Variante »Absturz mit theatralischem Vorspiel« zur Aufführung. Das passierte, wenn der Vorsteiger keinen Cliff an dem anvisierten Schüppchen legen konnte, aber schon so weit in schwerem Gelände geklettert war, daß es nur noch den gewollten Sturz oder die Flucht nach vorn gab. Meist entschieden wir uns für letzteres, da wir den Sturz noch mehr fürchteten. Von Meter zu Meter wurde das Gejammer und Gezeter größer und resultierte endlich in einem an Dramatik kaum zu überbietenden Abgang.

So oft wir auch der Schwerkraft unseren Tribut entrichteten, wir erreichten schließlich die großen Überhänge und erkannten, daß wir in eine Schwierigkeitsdimension vorstießen, die identisch war mit den extremsten Routen im Klettergarten – allerdings in eine große Wand übertragen. Als wir dann Ende 1992 die ganze Route fertig eingerichtet hatten, war uns klar, daß wir damit eine neue

Epoche im alpinen Sportklettern eröffnen würden. Wir tauften die Route »Des Kaisers neue Kleider«.

Was wir damals nicht wußten, war, daß zu diesem Zeitpunkt Beat Kammerlander und Thomas Huber, der eine im Rätikon, der andere in den Berchtesgadener Alpen am Feuerhorn, an ähnlichen Routen arbeiteten, die am Ende denselben Schwierigkeitsgrad aufweisen sollten wie die unsere.

Als dann 1994 jeder seine Route in sportlich einwandfreiem Stil, also »Rotpunkt«, klettern konnte, entstanden in einem Jahr die drei schwierigsten Sportkletterrouten der Welt – ein Novum in der Geschichte des Alpinismus.

Unsere höllisch schwierige und himmlisch schöne Route übte eine derartige Faszination auf mich aus, daß ich fest entschlossen war, künftig nur noch meinen eigenen Kletterträumen zu folgen. Immer schon war es mein Traum gewesen, unter freiem Himmel und in einer großen Wand unterwegs zu sein. Gemessen daran waren das reine Sportklettern oder das Bouldern, das seilfreie Klettern in absprungsicherer Höhe, in meinen Augen nur Trockenübungen. Natürlich ist das Bouldern der Nährboden für alle Höchstleistungen im Klettern – eine Art Entwicklungslabor und Versuchsgelände. Was beim Bouldern erreicht wurde, wird zunächst auf Routen im Klettergarten übertragen. Was auch dort funktioniert, versucht man schließlich auf die großen Wände zu übertragen, auf die »Big Walls«.

Mein persönlicher »Big Wall«, die ultimative Herausforderung, mein Everest oder aber Waterloo, wartete an keinem Boulderblock, in keinem Klettergarten und auch bei keinem Kletterwettkampf mehr auf mich, sondern im Wilden Kaiser. Eines nicht mehr allzufernen Tages würden Wolfgang und ich alles daransetzen, das Unmögliche möglich zu machen. Es kam nur noch darauf an, den richtigen Zeitpunkt abzuwarten.

Zwar hatten wir die Route komplett eingerichtet, aber das zählte noch nicht als richtige Begehung. Im nächsten Jahr wollten wir sie Rotpunkt klettern, das heißt, jeder von uns sollte die gesamte

Route, alle neun Seillängen, an einem Tag vorsteigen – ohne Sturz und ohne eine Sicherung als Fortbewegungshilfe zu benutzen. Wenn ich mir allerdings die Anhäufung der Schwierigkeiten vor Augen führte, die wir zu bewältigen haben würden, erschien mir das Ganze als unrealistischer Wunschtraum, der sich schnell in einen Alptraum verwandeln könnte.

Aber nur wer aus dem Hamsterrad aussteigt und loszieht, um den Tiger zu reiten und das Unmögliche zu wagen, wird mit Erfahrungen belohnt, die er im normalen Alltag nicht erleben kann. Allerdings geht er das Risiko ein, ganz furchtbar auf die Nase zu fallen und sich dem Hohn und Spott jener freundlichen Zeitgenossen auszusetzen, die danach immer schon alles vorher wußten ...

Krönender Abschluß mit Zacken aus der Krone

Vorher? Vorher galt es noch, Weltmeister zu werden. Allerdings machten mir im Vorfeld der WM einmal mehr die Altlasten meines Sturzes in Kochel zu schaffen. Damals hatte ich mir nicht nur das Fersenbein zertrümmert, sondern auch den Meniskus angerissen. Im Herbst 1992 kletterte ich einen Wettbewerb in Paris und verdrehte mir dabei derart das Knie, daß mein geschwächter Meniskus endgültig einriß. Kaum war ich zurück in München, ordnete Dr. Müller-Wohlfahrt sofort eine Arthroskopie an. Nur wenige Tage später übernahm ich selbst die weitere Therapie, setzte mich über »Docs« strikte Weisung hinweg, mich unbedingt zu schonen, und verordnete mir einen Belastungstest am Schleier Wasserfall – mit dem Ergebnis, daß ich mir eine heftige Entzündung zuzog. Mein Knie war voll Wasser, wurde dick und dicker, tagelang lag ich flach mit Kühlpackungen am Bein. Noch zweimal mußte ich operiert werden – letzten Endes brachte erst eine Röntgentiefentherapie die ersehnte Erlösung. Dem Doc verheimlichte ich natürlich meinen an Dummheit nicht mehr zu übertreffenden Selbstversuch.

Paris: Stadionatmosphäre während der Aufbauarbeiten im Palais de Omnisport.

◄ **Namibia:** Der Versuch einer Erstbegehung am Fuße der Spitzkoppe.

Rätikon / Schweiz: Im unteren Teil des Silbergeiers während der 3. Begehung.

Smith Rock / Oregon / USA: Training mit Ausblick.

Vietnam: Im Felsenlabyrinth der Halong Bay. ►

Mt. Arapelis / Australien: Warm-up bei Tagesanbruch.

Antarktis: Jürgen »Plum« Knappe on the rocks.

Antarktis: Banges Warten auf die »Santa Maria« am Renard Tower.

Antarktis: Im Kriechgang durchs Packeis.

Antarktis: Wer rastet, friert. Hoch über dem Lager am Renard Tower. ►

Renard Tower/Antarktis: Gerd Heidorn, unser Fotograf, jümart an den Fixseilen.

GORE-TEX

Genau zwischen den beiden letztgenannten Operationen war die Weltmeisterschaft angesetzt. Wieder bat ich Dr. Müller-Wohlfahrt um Hilfe – und weil ich so hartnäckig daran festhielt, um jeden Preis an der WM teilzunehmen, spritzte er mich für das betreffende Wochenende mehr oder minder schmerzfrei – nicht ohne mich zu ermahnen, mein kaputtes Knie nach dem Wettkampf sofort operieren zu lassen.

Ich habe dem Doc sehr viel zu verdanken, der ja von den Medien nicht immer freundlich behandelt wird. Er hat mir die Beweglichkeit meines Sprunggelenks nach dem Sturz in Kochel erhalten, stellte immer die richtige Diagnose und schickte mich zu den besten Spezialisten. Er hat das Talent, am Boden zerstörte Sportler nicht nur körperlich, sondern auch seelisch wieder auf die Beine zu stellen. »Du glaubst, daß du ganz unten bist«, sagte er zu mir, »aber wenn du dieses Tal durchschritten hast, dann kommst du um so stärker wieder zurück.« Er hatte recht, wie immer. Ich schätze ihn daher nicht nur als Arzt sehr, sondern auch und vor allem als Mensch.

Die Verletzungen waren zwar nicht gerade förderlich für eine optimale Vorbereitung auf die WM, aber sie hatten keinen entscheidenden Einfluß auf den Ausgang der Geschichte ...

Das war der Stand der Dinge, als ich in Innsbruck an den Start ging. Bis zum Finale, dem alles entscheidenden Durchgang, lief alles wie geplant. Das Knie hielt, zumindest spürte ich keinen Schmerz. Der einzige Schönheitsfehler war ein Sturz im Viertelfinale kurz unterhalb des Ausstiegs. Aber auch der Japaner Yuji Hirajama stürzte im Halbfinale – und so konnte bei einem Gleichstand im Finale nur noch der Franzose François Legrand meinen Sieg gefährden.

Yuji, François und ich kletterten also um die ersten drei Plätze, während die restlichen Finalteilnehmer keinen Einfluß mehr auf den Ausgang des Wettbewerbs hatten.

Das Finale war eine sogenannte After-work-Route. Am Vormittag bekamen die Teilnehmer des Enddurchgangs eine halbe

Stunde Zeit, um die Route probeweise zu klettern und die verschiedenen Bewegungsabläufe und Griffkombinationen einzustudieren. Es war eine Route, die uns alles abverlangte. Kraftvolle Züge wechselten mit technisch trickreichen Passagen ab. Nie fand man seinen Rhythmus, Rastmöglichkeiten gab es keine. Der Schwierigkeitsgrad lag bei 10.

Noch heute sehe ich sie vor mir, als sei ich sie erst gestern geklettert. Es war eine sehr breite Wand, die Route begann im rechten Wandteil und führte erst einmal durch eine überhängende Passage, dann ging es weiter über zwei Dächer, von denen Tropfsteine herunterhingen, die man überklettern mußte und auch als Griffe verwendete. Im oberen Drittel dann ein permanent überhängender Wandabschnitt, gefolgt von einem langen Linksquergang, bis zum letzten Griff und dem Ende der Route.

Vom ersten Griff an standen wir unter Zugzwang, hatten kaum Gelegenheit, etwas auszuprobieren und notfalls zu korrigieren, alles mußte auf Anhieb passen. Es galt, vierzig bis fünfzig Bewegungsabläufe, darunter komplizierte Eindrehbewegungen, eine höchst komplexe und schwierige Kür also, innerhalb von nur dreißig Minuten so gut wie möglich einzustudieren, ohne dabei bereits sein ganzes Pulver zu verschießen, denn die eigentliche Prüfung stand ja erst noch bevor. Ich kletterte ein paar Meter, setzte mich ins Seil, kletterte alles in Gedanken noch einmal durch, kletterte weiter, setzte mich wieder ins Seil, begann in Gedanken noch einmal von ganz unten und versuchte auf diese Weise, mir die gesamte Route einzuprägen. Manchmal fiel mir eine bestimmte Stelle nicht mehr ein, dann mußte ich mich wieder bis dorthin hinunterlassen. Es war richtiger Streß, eine Zerreißprobe.

Dennoch hatte ich nach dem Probedurchlauf ein gutes Gefühl, ein extrem gutes sogar. Meine innere Stimme befand: »Das Ding hast du drauf!« Und mehr noch: Ich geriet in eine derartige Hochstimmung, daß ich meine Euphorie mit aller Kraft zügeln mußte. Obendrein blieb mir nicht verborgen, daß meine Konkurrenten stöhnten und lange Gesichter machten.

Wenn mich etwas aus dem Konzept bringen konnte, dann war es die unerschütterliche Gelassenheit eines Konkurrenten – Didier Raboutou vor allem hatte mich mit seiner Coolness manchmal regelrecht zermürbt. Diesmal jedoch war ich es, der vor Selbstvertrauen nur so strotzte. Ich konnte es kaum noch erwarten, endlich loslegen zu dürfen.

Als erster war Yuji an der Reihe, der auch sehr weit kam, bis in die Mitte des Quergangs immerhin. Dann mußte François antreten, der die Latte noch einmal höher legte. Die Dramaturgie hätte nicht ausgeklügelter sein können. Als ich, der Schlußmann und Favorit, den Isolationsbereich verließ und die Arena betrat, war François Legrand Welt- und Yuji Hirajama Vizeweltmeister. Es war jetzt an mir, die endgültige Reihenfolge festzulegen.

Und dann sah ich den vorletzten Karabiner wackeln und meinen schärfsten Konkurrenten am Boden zerstört. Die Zeichen standen wirklich gut für mich, als ich den zweiten Fuß vom Boden wegzog und leicht dynamisch zum nächsten Griff hinauflangte.

Und da geschah das Unglaubliche, das ganz und gar Unfaßbare. Ich explodierte nicht. Im Gegenteil. Eine bleierne Schwere lag in meiner Bewegung. Es war eher eine Implosion. Pffff – die Luft war raus. Ich konnte es nicht fassen, ich war schockiert. In diesem Moment, noch nicht einmal zwei Meter über dem Boden, wußte ich, daß ich verloren hatte.

Vom ersten Griffwechsel an lief es nicht so locker wie am Vormittag beim Einstudieren. Jeder Griff saugte mir die Kraft aus den Armen. Ich geriet immer mehr ins Defizit. An den Tropfsteinen unter dem ersten Dach waren nahezu alle Finalteilnehmer ausgestiegen. Am Vormittag hatte ich an dieser Stelle durch eine komplizierte Eindrehbewegung sogar eine wunderbare Rastposition herausgearbeitet. Doch als ich jetzt diese Passage erreichte, war ich schon vollkommen platt und konnte mich nur noch mit einem Verzweiflungssprung über das Dach retten. In diesem Stil ging es weiter, bis ich schließlich endgültig den Überblick verlor und mich nur noch irgendwie von Griff zu Griff rettete. Je höher ich kam, desto mehr verfiel ich in Panik. Selbst an den leichteren Stellen konnte ich mich nicht mehr erholen. Die Abwärtsspirale drehte sich schneller und schneller.

Das merkten schließlich auch die Zuschauer, die diesmal erstaunlich sensibel mitgingen. Ich war nun für alle äußeren Einflüsse extrem sensibilisiert. Ich spürte das Entsetzen der Zuschauer, das sich auf mich übertrug. Das kollektive Aufstöhnen, mit dem sie jede heikle Situation kommentierten, ging mir durch Mark und Bein. Sie erkannten, daß ich längst im roten Bereich unterwegs war, und versuchten mich durch rhythmisches Klatschen anzufeuern. »Auf geht's, Stefan ... das packst du ... geht schon noch!« Die gutgemeinten Zurufe wirkten wie Nadelstiche. Ich war am Ende.

Wie war ich nur in diesen Zustand geraten? So einen Verfall hatte ich noch nie zuvor erlebt. Noch nie war ich aus einem absoluten Hochgefühl ins Nichts gestürzt. Ich war eine Unendlichkeit vom Ausstieg entfernt, konnte von Glück reden, wenn ich überhaupt noch einen Podestplatz erreichen würde ...

Mit einem Mal machten meine Arme dicht, meine Finger verkrampften sich. Mit letzter Kraft sprang ich den nächsten Griff an – und fiel. Aus dem siebten Himmel auf den harten Boden der Tatsachen. Fiel aus allen Wolken.

Ich war nicht einmal so weit wie Yuji gekommen, aber in der Summe der erreichten Höhen aus allen Durchgängen lag ich noch immer vor ihm. Damit war ich Vizeweltmeister. Aber das war mir in diesem Augenblick kein Trost. Ich kauerte auf dem Boden und verstand die Welt nicht mehr, während François aufsprang und sein Glück nicht fassen konnte.

Bis heute weiß ich nicht wirklich, wie mir damals geschah. War ich zu müde, zu siegesgewiß, war die notwendige Spannung vorzeitig abgefallen, wollte ich es zu gut machen? Hatte mir der Anblick meines gefährlichsten Konkurrenten in Verliererpose das Kreuz gebrochen? War ich zu entspannt, zu überheblich, um das letzte Quentchen an Kraft und Konzentration zu mobilisieren? Hatte mich die schockierende Erkenntnis meiner Selbstüberschätzung überwältigt?

Gut möglich, daß mich die Niederlage damals umgeworfen hätte, wenn ich nicht schon längst einer neuen, meiner wahren Leidenschaft verfallen gewesen wäre – der Erstbegehung im Wilden Kaiser. Glücklicherweise hatte ich mit dem Wettkampfklettern innerlich bereits abgeschlossen – unwiderruflich. So konnte ich es schon wenig später relativ leicht verschmerzen, daß mich einer der Jungen aus dem Rennen geworfen hatte. Heute ist mir klar, daß es eine klassische Wachablösung war. Irgendwann müssen die Alten abtreten und den Jungen das Feld überlassen. Ich habe keine Sekunde lang einen Gedanken an ein Comeback verschwendet, habe mir nie mehr einen Wettkampf angesehen, nicht einmal im Fernsehen. Acht Jahre lang hatte ich eine gute Zeit, dreimal hatte ich den Wettbewerb gewonnen, den ich bis heute für den bedeutendsten halte – ich konnte erhobenen Hauptes die Arena verlassen.

Es gibt eine schöne taoistische Weisheit: »Wer sinkt, steigt!« Ich nehme an, das soll bedeuten, daß im Mißerfolg die Chance liegt, von unserer scheinbar überzogenen, in Wahrheit jedoch kleinlichen Selbsteinschätzung Abstand zu gewinnen und unser höheres Ich zu erkennen. Aber damit das nun nicht allzu abgeklärt klingt, will ich gern zugeben, daß es mir noch heute kalt den Rücken runterläuft, wenn ich an diesen einen Sekundenbruchteil denke, in dem der sichere Sieg der Gewißheit der Niederlage wich ...

Auf zu neuen Kleidern

Mit der Weltmeisterschaft in Innsbruck hatte sich der Kreis geschlossen. Von nun an wollte ich mir die Freiheit herausnehmen, meine Ziele selbst zu definieren, wollte Neuland erschließen, Wege gehen, die noch kein Kletterer gegangen war. Das Abenteuer, der Aufbruch ins Ungewisse, begann mich immer stärker zu faszinieren. Aber den Begriff Abenteuer neu zu definieren, unerschlossene Wände in unbekannten Regionen anzusteuern, das lag noch in weiter Ferne. Denn das Gute lag so nah: die von

Wolfgang und mir so mühsam erschlossene Route im Wilden Kaiser, die noch immer ihrer Erstbegehung harrte.

Doch inzwischen war alles anders. Ein Unfall hatte alle unsere Pläne durchkreuzt. Es geschah im Winter 1992. Beim Eisklettern im Zillertal wurde Wolfgang sehr schwer verletzt. Ein Stein durchschlug seinen Helm und seine Schädeldecke. Er wurde in einer dramatischen Rettungsaktion per Hubschrauber geborgen, sofort zu einer Notoperation nach Innsbruck geflogen und anschließend in ein künstliches Koma versetzt. Die Ärzte glaubten zunächst nicht daran, daß er die schweren Gehirnverletzungen, die er davongetragen hatte, überleben würde. Aber Wolfgang schaffte es. Allerdings war er nach seiner Genesung nicht mehr der alte – auf einem Auge blind, überhaupt ein ganz anderer Mensch. Dennoch faßte er wieder Tritt, begann ein neues Leben und fing schließlich sogar wieder an zu klettern.

Wolfgangs Unfall war für mich ein Schock. Ohne ihn hatte das gemeinsame Projekt im Wilden Kaiser auch für mich zunächst jede Bedeutung verloren. Das ganze Jahr 1993 passierte in unserer Route gar nichts mehr. Aber ein Projekt, in das wir bereits so viel Zeit und Energie gesteckt hatten, einfach so unvollendet zurückzulassen, das brachten wir beide nicht übers Herz. Noch dazu war »Des Kaisers neue Kleider« keine gewöhnliche alpine Sportkletterroute. Für mich stellte sie die größte sportliche Herausforderung dar, für uns beide markierte sie eine Wende, den Beginn eines neuen Lebensabschnitts – aber leider nicht in die gleiche Richtung. Nach Wolfgangs Unfall verloren wir uns aus den Augen. Er machte sich auf den Weg zurück ins »normale« Leben. Und ich ging von dort aus weiter, wo wir beide aufgehört hatten. Es kostete mich sehr viel Überwindung, Wolfgang zu fragen, ob er etwas dagegen habe, wenn ich die Route mit einem anderen Partner fertigmachen würde. Es war schwer für uns beide. Wolfgang akzeptierte meinen Wunsch, aber ich spürte, daß es ihn sehr viel Kraft kostete.

Nach wie vor war es mein Ziel, an einem Tag die ganze Route zu klettern, alle neun Seillängen Rotpunkt. Ich mußte die Route so penibel einstudieren, bis ich sie im Schlaf beherrschte und in der Lage war, vom Einstieg bis zum Ausstieg jeden Millimeter vor meinem inneren Auge zu visualisieren und wie ein Kunstturner jederzeit Hunderte von Bewegungsabläufen in einer bestimmten Reihenfolge abrufen zu können. Es gab drei Schlüsselstellen: eine in der fünften Seillänge, einen Überhang direkt in der Wandmitte, die zweite in der achten Seillänge, eine fußtechnisch äußerst anspruchsvolle Stelle, an der mein Fuß unter gar keinen Umständen abrutschen durfte. Die dritte aber war ganz anderer Natur – und mit ihr wurde ich sofort konfrontiert.

Wen nur würde ich dafür begeistern können, mich unzählige Male in den Wilden Kaiser zu begleiten, jedesmal eine Stunde den steilen Weg zum Einstieg hochzurennen, sich stundenlang in einen Schlingenstand zu hängen, bis er seine Beine nicht mehr spürt, um danach an Steigklemmen den schweren Materialrucksack zum nächsten Standplatz hochzuhieven. Bezahlung würde es keine geben und erst recht kein zeitliches Limit. Den Ruhm würde am Ende ganz allein ich ernten, während ihm nur das Mitleid bleiben würde – und die geballte Verständnislosigkeit anderer Kletterer darüber, wie man eine derart undankbare Aufgabe überhaupt auf sich nehmen kann. Ich konnte es drehen und wenden, wie ich wollte, jedes einzelne Argument reichte bei weitem aus, bei so einer Reise an die Grenze des Machbaren – und der Vernunft – nicht dabeisein zu wollen. Selbst ein altgedienter Politiker, ein Meister der Schönfärberei, hätte diese häßlichen Fakten nicht attraktiv verpacken können – die Durchsetzung der Steuerreform war ein Kinderspiel dagegen. Alle anderen Schlüsselstellen waren trainierbar, diese jedoch wies keinen einzigen Griff auf und war nur durch ein Wunder zu bezwingen.

Es war Winter, und selbst in meinem Trainingsraum herrschten arktische Temperaturen. Ich absolvierte mit meinem Freund Leo Reitzner wieder einmal so eine typische Wintertrainingseinheit, bei der die Motivation genauso weit entfernt liegt wie das kommende Frühjahr. Jeden Winter gründete ich mit ihm eine Art

»zwanglose Zweckgemeinschaft für Leidensgenossen«. Leo befand sich gerade in einem existentiellen Vakuumzustand. Er hatte sein zweites Studium abgeschlossen, aber noch keine Lust, ins Hamsterrad des Berufslebens einzusteigen. Um sein Gewissen zu beruhigen und vor allem die Sorgen seiner Eltern zu zerstreuen, schrieb er sich für ein Aufbaustudium in Betriebswirtschaft ein. Aufbauen wollte er aber nur seine Form fürs Klettern, und mit dem Begriff »Wirtschaft« hatte er bisher lediglich das Wort »Bier« in Verbindung gebracht.

Während ich also lustlos die Wand hin- und herquerte, klagte ich Leo mein Leid, erzählte von meiner vergeblichen Suche nach einem Sicherungsmann und malte ihm aus, wie bescheuert derjenige sein müßte, der sich auf so etwas einließe, obwohl er als Gegenleistung für seine Dienste allenfalls mit meinem alten Mountainbike rechnen könnte ...

»Ich bin dabei«, meinte Leo trocken, »ich hatte schon schlechtere Jobs.«

Ich traute meinen Ohren nicht. Daß Leo ein besonderer Mensch ist, wußte ich, aber eine Sonderbarkeit dieser Ausprägung und solchen Ausmaßes hätte ich ihm dann doch nicht zugetraut.

So zogen wir denn im Mai gemeinsam los wie Don Quijote und sein treuer Knappe Sancho Pansa, um gegen die Windmühlen der Schwerkraft zu kämpfen. Leo war während der ganzen Zeit eine unglaubliche Hilfe und schlüpfte in die unterschiedlichsten Rollen. Er war Fahrer, Organisator, Träger, Seelendoktor, schlimmstenfalls sogar Blitzableiter und Mülleimer für meine Wut- und Resignationsattacken. Ohne ihn hätte ich wahrscheinlich früher oder später das Handtuch geworfen.

Das ganze Frühjahr über studierte ich die Route, mindestens dreißig Mal fuhren wir von Garmisch in den Wilden Kaiser. Erst im Spätsommer begann die eigentliche heiße Phase. Meine damalige Frau Janine war zwischendurch der Verzweiflung nahe, denn für mich drehte sich alles nur noch um die Route aller Routen. Ganz gleich ob in Gedanken oder im richtigen Leben, ich

Leo Reitzner läßt bei einer Sicherungspause Füße und Seele baumeln.

schneiderte wie besessen »des Kaisers neue Kleider«. Sogar die Schlüsselstellen baute ich zu Hause in meiner Kletterwand nach, um sie zu jeder beliebigen Tages- und Nachtzeit einüben zu können. Es kam sogar vor, daß mir mitten in der Nacht eine neue Variante für die Lösung einer Schlüsselstelle in den Sinn kam. Dann sprang ich auf und machte an meiner Trainingswand sofort die Probe aufs Exempel.

Auf Außenstehende – und mit Ausnahme von Leo gab es bald nur noch Außenstehende – wirkte ich in dieser Zeit vermutlich wie ein unleidlicher, vom Wilden Kaiser gebissener »Triebtäter«. Noch nie in meinem Leben hatte ich mit dieser Konsequenz und Vehemenz ein Ziel verfolgt. Gleichzeitig hatte ich das Gefühl, daß ich, um dieses Ziel auch tatsächlich zu erreichen, bereit sein mußte, viel mehr einzubringen als »nur« enorme Motivation wie etwa bei den Wettkämpfen. Dieses Projekt fing an, mein Leben zu diktieren, und als mir dies bewußt wurde, erkannte ich mit Schrecken, daß es längst kein Zurück mehr gab. Erst wenn ich diese Route erfolgreich abgeschlossen hatte, würde ich in ein

»normales« Leben zurückfinden können. Ein Scheitern wäre ein Trauma gewesen, über das ich nie hinweggekommen wäre. Mein Abenteuerherz und mein sportlicher Ehrgeiz ließen mir keine andere Wahl.

Aber diese Radikalität lag in der Natur der Sache. Um Ziele zu erreichen, die erst einmal unser Vorstellungsvermögen übersteigen, müssen wir sämtliche Energien bündeln und aus anderen Lebensbereichen abziehen. Es gibt nur noch diesen einen Fluchtpunkt, an dem sämtliche Lebenslinien zusammenlaufen, alles andere tritt in den Hintergrund, Familie, Freunde, der Beruf – und am Ende man selbst. Der einzige Ausweg aus diesem Dilemma führt über das Erreichen des gesteckten Zieles. Ich lernte zu jener Zeit Seiten an mir kennen, die noch nie in dieser Klarheit an die Oberfläche getreten waren und die mir überhaupt nicht gefielen. Ich wurde zum größten Egoisten, das Wort »Kompromiß« zu einem Fremdwort und mein Blick zu einem Tunnelblick, an dessen Ende nur der Gipfel des Fleischbankpfeilers zu erkennen war. Besessenheit lernte ich in diesem Fall als selbstzerstörerische Dynamik kennen, die nicht mehr zu kontrollieren war. Zumindest als Zustand, den ich nicht mehr genießen konnte. Nach »Des Kaisers neue Kleider« habe ich mich nie mehr in diesem Ausmaß der Abhängigkeit von einem Erfolg hingegeben. Eine gewisse Neigung zur Besessenheit scheint jedoch allen Grenzgängern angeboren zu sein …

Den Schnittmusterbogen für »Des Kaisers neue Kleider« kannte ich mittlerweile in- und auswendig. Die erste Schlüsselseillänge ist ein weitausladender Überhang im oberen zehnten Schwierigkeitsgrad. Doch bis dahin hatte ich schon einige Seillängen in den Knochen. Die erste war meine Aufwärmseillänge, angesiedelt im unteren siebten Grad. Danach wird es schon sportlicher, mit einer Seillänge im oberen neunten Grad, gefolgt von einer im zehnten und einer im unteren neunten. Nach dem Überhang geht es weiter mit zehn minus. Es folgt – als Ruhe vor dem Sturm – eine Länge im unteren siebten Grad, bevor es dann in der zweiten

Schlüsselstelle, die wiederum im oberen zehnten Grad angesiedelt ist, so richtig zur Sache geht. Zum Ausklettern war der Kaiser gnädig und entließ mich über die neunte und letzte Seillänge im siebten Grad wieder in die Freiheit.

Doch bis dahin war es noch ein steiniger, steiler, langer und entbehrungsreicher Weg. Unzählige Male erreichte ich diesen vermaledeiten Überhang, bei dem es allein auf die Kraft ankam, aber die hatte ich dort in steter Regelmäßigkeit bereits aufgebraucht.

Auch in meinen Augen nahm das Unterfangen langsam groteske Züge an. Es ging um lächerliche 250 Meter – am Ende konnte ich sie innerhalb von vier Stunden durchklettern –, aber in Anbetracht der Schwierigkeiten, die sich auf diesem vermeintlich kurzen Wegstück in komprimierter Form häuften, kamen mir die paar Meter wie mehrere Kilometer vor.

Ich setzte alles daran, sämtliche Bewegungsabläufe im unteren Teil so weit zu automatisieren, daß ich meine Konzentration auf die Schlüsselstelle in der achten Seillänge bündeln konnte. Wie andere in die Fabrik gehen, gingen Leo und ich zur Arbeit auf unserer Kletterbaustelle. Auf der Griesner Alm kannte man uns schon bestens – wir waren die Jungs, die wahrscheinlich eine Meise hatten, aber wenigstens konsequent und hart an ihrem Luftschloß arbeiteten.

Aber die Plackerei hatte noch eine andere Seite: Sie war auch eine Übung in Demut. Steckt nicht in dem Wort »mühselig« das Wort »selig«? Immer wieder geriet ich in einen Zustand, den ich mit »total entrückt und doch ganz bei mir« umschreiben möchte. Beim Gehen, beim sich Hochmühen, kann es – ist der tote Punkt erst einmal überwunden – zu tranceartigen Bewußtseinszuständen kommen, die ungeahnte Kräfte freisetzen. Jeder Langstreckenläufer kennt diesen »flow«, wenn alles wie von selbst zu laufen scheint. Ich bin kein Esoteriker, aber manchmal schien mir, daß ich nicht in einer senkrechten Wand unterwegs war, sondern auf einer Pilgerreise zum eigenen Ich. Der Glaube kann Berge versetzen, heißt es. Ich wollte mit meinem Willen eine unüberwindbare imaginäre Mauer niederreißen. Die Frage nach dem Sinn des Ganzen stellte sich nicht. Der Sinn meines Tuns war das Tun selbst. Ich fand

Erfüllung in der Bewegung. Nicht im Sturz kulminierte das Scheitern, sondern im Stillstand.

Aber ich kann mir auch gut denken, daß sich das für alle anderen ganz anders darstellte – für Außenstehende schrumpfte ich womöglich immer mehr in mich zusammen, war schließlich nur noch ein komischer Kauz mit einer Wand vorm Kopf. Die Aufgabe, die ich mir gestellt hatte, war irgendwann keine sportliche mehr, sondern eine Lebensaufgabe. Wer ich war und werden könnte, hing einzig und allein davon ab, ob ich sie würde meistern können oder nicht.

Mit dem Kopf durch die Wand

Tatsächlich war es am Ende ein reines Kopfproblem. Einmal klappte die kritische untere Seillänge gut, alles lief perfekt, ich funktionierte wie ein Uhrwerk. Bis in meinem Kopf der Satz dröhnte: »Jetzt hast du's in der Hand!« Ab da wurde der Etappensieg zum Ballast. In meinen Schläfen pochte der Puls, durch meine Gehörgänge rauschte das Blut. Je mehr ich mich der achten Seillänge näherte, desto höher türmte sich der Berg über mir auf. Meine Fingerkuppen waren wund, wegen der Schmerzen kaute ich an jedem Standplatz eine Aspirin-Tablette. Schließlich wurde der Druck unerträglich. Für einen Augenblick erlag ich sogar der Versuchung, in der Wand zu biwakieren und es einem anderen zu überlassen, die Route an einem Tag zu klettern. Aber Leo las mir die Leviten. »Bist du noch ganz dicht? Glaubst du, ich mach diesen ganzen Zirkus hier mit, damit du am Ende so ein Flickwerk ablieferst?« Ich gab mir einen Ruck und kletterte weiter. Es kam, wie es kommen mußte: Ich fiel – wohlwissend, daß jetzt das Spiel wieder von vorn anfangen würde. Zerknirscht seilten wir ab. In einer Dreiviertelstunde würden wir unten am Einstieg sein, in einer weiteren Dreiviertelstunde beim Auto, dann wären wir zweieinhalb Stunden unterwegs bis nach Hause. Immer wieder zurück auf »Los«, immer wieder bei Null anfangen. Spätestens übermorgen alles wieder retour. Es war nur noch furchtbar – ein Horror.

Die permanente Demütigung, immer an derselben Stelle aus der Wand zu fallen, kann zum Trauma werden. Manchmal war ich nah dran, in dieses schwarze Loch zu stürzen. Die größte Schwierigkeit bestand darin, das psychologische Problem in den Griff zu bekommen, daß, wenn ich einmal die fünfte Seillänge geschafft hatte, immer noch die achte wie ein Damoklesschwert über mir hing. Physisch wie psychisch waren die Herausforderungen extrem. Sie überstiegen sogar meine Limits. Mein einzige Chance war, die Limits auszudehnen und Rückschläge als Ansporn zu interpretieren. Meine Erfahrung, vielleicht auch mein Instinkt, sagte mir, daß dieses diffizile Zusammenspiel komplexer Faktoren eines Tages funktionieren würde.

Und es kam der Tag, an dem alle Voraussetzungen stimmten und die Zeit endlich reif war. Es war ein strahlender Septembertag, die Luft wirkte durchsichtiger als sonst, das Licht meißelte klare Konturen aus der Landschaft. Auch in meinem Kopf herrschte Klarheit. Ich war fit, innerlich ruhig, war mir der Schwierigkeiten, aber auch meiner Fähigkeiten bewußt. Im unteren Abschnitt lief alles wie am Schnürchen, die erste Hürde nahm ich ohne Anstrengung im ersten Versuch. Und so ging es weiter. Alles war im Fluß. Aber dann kam die kritische achte Seillänge, und ich registrierte, wie sich mein Puls beschleunigte, nicht dramatisch, aber deutlich spürbar. Mit einem Mal war ich so hellwach, daß es fast schon weh tat. Ab jetzt ging nichts mehr automatisch. Vom Kopf bis in die Fußsohlen, ja, bis in die schmerzenden Fingerspitzen hinein spürte ich, daß jetzt die Entscheidung fallen würde. Der Druck stieg, aber ich bemerkte, daß es nicht die Angst vor dem Scheitern war, nicht der vom Erfolgszwang diktierte Mut der Verzweiflung, was mich vorwärtstrieb, sondern eine eiskalte Entschlossenheit. Leo, der mich bis dahin immer wieder angefeuert hatte, verstummte. Plötzlich umgab mich eine Stille, die zum Schneiden war. Die Welt schien den Atem anzuhalten, als die so lange gefürchtete, so oft unüberwindbare Klippe zum Greifen nahe lag. Jetzt durfte der gleichmäßige innere Rhythmus, der mich bis hierher getragen hatte, unter keinen Umständen mehr ins Stocken geraten. Alles oder nichts! Die Möglichkeit des Scheiterns zeigte ihre häßliche Fratze und bleckte die Zähne. Aber, o Wunder, es war bereits zu spät. »Hoppla«, dachte ich erstaunt, »jetzt ist es also geschehen.« Zum ersten, einzigen und letzten Mal war mein Fuß an der entscheidenden Stelle nicht abgerutscht. Meine erste Reaktion war nur Verwunderung. Leo stieß einen Freudenschrei aus. Da erst begriff ich, daß ich über die Latte gesegelt war, ohne sie zu reißen.

Der Rest war nur noch Routine. Als ich endlich oben stand, empfand ich keine explodierende Freude, sondern eine ganz, ganz tiefe Befriedigung. Eine Befriedigung, wie ich sie nie zuvor erlebt hatte, weil ich noch nie so verbissen, mit so hohem Einsatz an Zeit und Energie um etwas hatte kämpfen müssen. Diesen Erfolg hatte ich mir erlitten und erarbeitet. Ich atmete durch. Zu meinen Füßen lag ein Tal der Tränen – und meine Vergangenheit, die ich wie eine alte Haut abgestreift hatte. »Des Kaisers neue Kleider« war und ist das Anspruchsvollste, was ich jemals gemacht habe. Endlich war der Weg wieder frei.

5. Kapitel

Das große Fressen

Schon von weitem sah ich sie leuchten, rot, fett, fleischig. Eine Fata Morgana? Gab es dieses gemeinhin nur in der Wüste auftretende Phänomen auch in diesen nördlichen Breiten? Konnte es möglich sein, daß der Hunger mich halluzinieren ließ? Aber ich sah sie doch leibhaftig vor mir. Dicke Dinger, leuchtend rote Schwellkörper mitten im saftigen Blattgrün, zu schön, fast schon obszön, um wahr zu sein. Rote Kugeln im Grün, das erinnerte irgendwie an einen Weihnachtsbaum. Aber kein Weihnachtsbaum hatte mein Herz jemals höher schlagen lassen als diese Büsche mit ihren Beeren. Für einen Augenblick ertappte ich mich bei dem Gedanken, den anderen könnte diese sagenhafte, das Schlaraffenland beschwörende Entdeckung entgangen sein, und die Ernte bliebe mir vorbehalten, mir allein. Und gleich schämte ich mich für diesen Anflug unsozialer, kreatürlicher Gier. Aber dann sah ich, daß auch die Gefährten lüstern die Nasenflügel blähten und zielstrebig ihre Schritte beschleunigten, um nur ja rechtzeitig diese unglaublich üppige Futterstelle zu erreichen, bevor sie sich in Luft auflöste und als kollektive Hungerphantasie zu erkennen gab. Oder leergefuttert war. Wer zuerst kommt, kaut zuerst! Wir fielen über die Himbeersträucher her wie die Tiere und weideten sie regelrecht ab, grunzend, schmatzend. Was uns zwischen die Finger kam, wurde ins Mahlwerk unserer Zähne gestopft, Beeren, Blätter, Stengel, Raupen, einfach alles. Für einen Sekundenbruchteil dachte ich an einen Zeitungsartikel, den ich jüngst gelesen hatte und in dem vor dem Verzehr wilder Beeren am Wegesrand gewarnt wurde – zu groß sei die Gefahr, sich den Fuchsbandwurm zu holen. In diesem Augenblick war mir der Wurm herzlich egal. Hauptsache, man hat etwas im Bauch – und sei es ein Bandwurm! Unser Bärenhunger mutierte zu einer zügellosen Beerengier. Wir richteten ein Massaker unter den unschuldigen Früchtchen an. Der rote Beerensaft rann uns aus den Mundwinkeln. Wir sahen aus wie Vampire im Blutrausch, wie Hyänen bei einer Mampforgie, wie ein Schimpansenrudel im Freßfieber. Und wir fühlten uns tierisch wohl dabei. Gleichzeitig brach sich in den letzten noch halbwegs vernunftgesteuerten Regionen unseres Bewußtseins und in schrecklicher Klarheit die Gewißheit Bahn, daß es nie und nimmer reichen würde. Wir könnten noch so viele Beeren in uns hineinschlingen, sie würden niemals dort ankommen, wo der Hunger saß, dieses gefräßige, unersättliche Ungeheuer. Und mit dieser Erkenntnis trat unsere animalische Urnatur den Rückzug an, um sich in einer versteckten Höhle des Unterbewußtseins die Pfoten zu lecken und der Verdauung hinzugeben. Wir richteten uns auf, sahen uns an, schämten uns – und versuchten uns wieder wie Menschen zu benehmen. Der Anfall war vorüber. Seit diesem Freßexzeß in der Wildnis Kanadas weiß ich, wie wenig es bedarf, um das Tier in uns herauszulocken, den Bären, das Monster, die Sau ...

Kanada, mon amour

Zum ersten Mal so richtig auf großer Tour, auf meiner ersten wirklichen Expedition war ich im Sommer 1994. Unser Ziel war damals der Ulamertorssuaq auf Grönland, ein nahezu unbekannter, spektakulärer Berg an der Südküste der größten Insel der Welt. Ich betrachtete diese Exkursion lediglich als kleines Intermezzo, denn in der Hauptsache arbeitete ich damals an »Des Kaisers neue Kleider«, jener Route im Wilden Kaiser, die für mich die größte Herausforderung darstellte. Aber nicht lange, und ich erkannte, daß der vermeintlich so kurze Grönland-Trip weitreichende Folgen haben würde: Ich hatte mich mit dem Expeditionsvirus infiziert.

In dieser Zeit war ich – wie im letzten Kapitel beschrieben – viel mit Leo Reitzner im Wilden Kaiser unterwegs. Als ich eines Nachmittags wieder einmal unverrichteter Dinge mit Leo vom Fleischbankpfeiler zurückkehrte, sprachen wir darüber, daß es an der Zeit sei, ein neues Faß aufzumachen. Daß ich »Des Kaisers neue Kleider« früher oder später in den Griff bekommen würde, stand für mich außer Frage. Aber was sollte danach kommen? Leo half mir auf die Sprünge. Schon einmal war er in den Northwest Territories Kanadas, im Traumland meiner Kindertage, unterwegs gewesen. Er könne sich gut vorstellen, sagte er so leichthin, in dieser Gegend der Welt einmal mit dem Kanu zum Klettern zu paddeln. Und er habe auch schon ein lockendes Ziel ins Auge gefaßt: den Cirque of the Unclimbables, ein phantastisches, in Kletterkreisen bestens bekanntes Gebiet mit einzigartigen Wänden. Ich merkte auf, mein Herz begann schneller zu schlagen, wußte ich doch, wovon Leo sprach. In der Gegend, die er anpeilte, stand der Lotus Flower Tower, ein höchst markanter Berg, der wie eine senkrecht aufgestellte Autobahn aussieht, durchzogen von feinen Rißsystemen, die kerzengerade nach oben führen. Eine der schönsten Felsformationen überhaupt. Bis dahin hatten sich alle Kletterexpeditionen dort einfliegen lassen, entweder mit dem Helikopter oder mit dem Wasserflugzeug. Fünf, sechs Gehstunden entfernt liegt nämlich der Glacier Lake, ein etwa acht Kilometer langer See, auf dem man wunderbar wassern kann. Ich verstand sofort, worauf Leo hinauswollte, griff den Faden auf und spann ihn fort. Wenn man sich nicht über eine Luftbrücke zum Cirque of the Unclimbables bringen lassen würde, sondern aus eigener Kraft und über Land dorthin zu gelangen versuchte, würde man buchstäblich neue Wege beschreiten. »Bepaddeln!« korrigierte mich Leo. Richtig, unser bevorzugtes Fortbewegungsmittel sollte – neben unseren zwei Beinen – das Kanu sein. Nach Kanada wollte ich schon immer, das Land war seit jeher der Fluchtpunkt aller meiner Wunschphantasien von einem wilden Leben in Freiheit und

Ungebundenheit gewesen. Und beim Wort »Kanu« hörte ich sofort das Wort »Indianer« mit. Die Indianer aber hatte ich von klein auf als meine Blutsbrüder im Geiste betrachtet. Kanada, Kanu, Cirque of the Unclimbables – alles Reizworte, die mich mitten ins Herz trafen und deren Klang eine heftige Ausschüttung von Glückshormonen zur Folge hatte. Es war um mich geschehen.

Absolute beginners

Sich zum am weitesten vorgeschobenen Außenposten der Zivilisation bringen zu lassen und von dort aus auf eigene Faust bis zum Ziel durchzuschlagen, das war eine Vorgehensweise nach meinem Geschmack. Obendrein sah das Ganze auf der Landkarte ziemlich leicht aus. Im Prinzip bräuchten wir nur dem Flußlauf des South Nahanni zu folgen. Bei näherer Betrachtung allerdings kamen dann doch einige Schwierigkeiten zum Vorschein – und die hatten es in sich. Von der Quelle des South Nahanni an, den sogenannten Moose Ponds (Elchtümpel), bekämen wir es erst einmal mit Wildwasser bis zum dritten und vierten Schwierigkeitsgrad zu tun – und das auf einer Länge von rund einhundert Kilometern. Um aber diese Elchtümpel überhaupt zu erreichen, würden wir uns fünfzig Kilometer weit (Luftlinie wohlgemerkt) durch die unwegsame Wildnis schlagen müssen. Es galt ein Gewirr von Zu- respektive Abläufen des South Nahanni zu überwinden, wir würden Ausrüstung und Kanus streckenweise über Land ziehen, teilweise flußaufwärts treideln müssen. Das klang nach übelster, menschenschinderischer Schufterei. Aber es konnte uns nicht schrecken.

Nachdem ich »Des Kaisers neue Kleider« für mich abgehakt hatte, konnte ich meine Energien auf das Projekt »Kanada« konzentrieren. Mein Lebtag war ich noch nie Kajak gefahren, und bei Leo war es nicht anders. Blieb also nur, uns kundig zu machen, wie wir es in kürzester Zeit schaffen könnten, halbwegs bootstüchtig zu werden. Die ersten Lektüreerfahrungen waren nicht gerade ermutigend. Zwei Kanuten waren schon einmal in das Quellgebiet des South Nahanni vorgedrungen und hatten ein ganzes Buch über ihre Erfahrungen geschrieben. Was wir uns vorgenommen hatten, wurde darin als Höllentrip beschrieben. Daß es uns unter diesen Voraussetzungen gelingen würde, mit dem Kajak im dritten oder gar vierten Schwierigkeitsgrad unterwegs zu sein, diesem Größenwahn saßen wir gar nicht erst auf. Das rettende Lösungswort hieß »Schlauchkanadier«. Mit diesem Bootstyp – aufblasbar, enorm schwimmfähig, nicht kaputt zu kriegen, vergleichsweise schwerfällig, dafür aber auch gutmütig – trauten wir uns den Trip durchaus zu. Entsprechendes Training vorausgesetzt. Wegen der vielen Tragepassagen, die wir zu überwinden haben würden, war natürlich auch das Gewicht von besonderer Bedeutung. Als ich meinem Freund Kurt Albert von meinen neuen Plänen erzählte, war er sofort Feuer und Flamme. Und er brachte auch gleich einen zweiten Mann mit an Bord: den Fotografen Gerd Heidorn. Damit war die Kanada-Crew komplett. Vier Männer in zwei Booten, denn aus Sicherheitsgründen wollten wir zwei Teams bilden. Nur zu zweit wäre die Sache viel zu gefährlich gewesen. Einen Verletzten zu bergen und aus der Wildnis in die Zivilisation zurückzuschaffen wäre für einen Mann allein ein Ding der Unmöglichkeit. Zwar verstand sich jeder von uns als Abenteurer, nicht jedoch als Hasardeur, der sich Hals über Kopf in unkalkulierbare Risiken stürzt.

Diese Einstellung hinderte uns nicht daran, einen Schlauchkanadier zu besorgen, mit dem wir uns nach dem Motto »Frisch gewagt ist halb gewonnen« in die heimische Loisach stürzten, um einen Vorgeschmack davon zu bekommen, was es heißt, im Wildwasser des South Nahanni unterwegs zu sein. Leo und ich hatten nicht die geringste Ahnung von den Mysterien des Kanusports, aber großes Selbstvertrauen, vor allem jedoch größtes Vertrauen in den aufblasbaren Schwimmwulst, der eher einer Rettungsinsel glich als einem Sportgerät. So schipperten wir denn beherzt los. Unser erster Versuch war buchstäblich ein Sprung ins kalte Wasser. Es war haarsträubend. Wir fuhren aus dem Kehrwasser raus und lagen schon drin. Natürlich hatten wir uns auf die völlig falsche Seite gelegt, gegen die Strömung, und sofort Übergewicht bekommen. Damit war uns klar: Hier droht Gefahr, in dieser Disziplin heißt es noch kräftig trainieren!

Um diese Erfahrung reicher, fackelten wir nicht lange und setzten uns mit dem Erfinder des Bootes in Verbindung, mit Hans Memminger, der größten Koryphäe auf diesem Gebiet in Deutschland, dem Mann, der als erster die Nordwestpassage mit dem Kajak bewältigt hat. Auf einem Baggersee in der Nähe von Rosenheim weihte er uns in die Geheimnisse der Fortbewegung mittels der von ihm konstruierten, luftgefüllten Schwimmblase ein, brachte uns beispielsweise bei, daß man diesen Bootstyp am besten im Knien fährt und sich zuvor mit Gurten sicher fixiert. Auf diese Weise läßt sich das Boot im Wildwasser viel besser steuern. Wir hingegen hatten uns bei unserem ersten Start einfach auf die Sitzbretter gesetzt – wozu sonst waren sie da und hießen so – und waren natürlich sofort abgeworfen worden. Hans erteilte uns vieren also eine erste Lektion, vor allem aber brachte er uns bei, daß es künftig »üben, üben, üben« hieß.

Das ließen wir uns nicht zweimal sagen und waren in der Folge wirklich fast jeden Tag mit den Booten unterwegs. Unzählige Male machten wir die Loisach unsicher – und die Loisach uns. Wir kenterten, verloren die Paddel, stellten uns an wie Bergdohlen, denen man das Schwimmen beizubringen versucht, und machten alle nur erdenklichen Fehler. Zwar hatten wir uns einen Kajakführer gekauft, aber der half uns nicht groß weiter, zumal sich die Verhältnisse ständig änderten. Ja, ein Wildbach ist ein lebendiges Wesen. Ich würde sogar sagen: ein äußerst launisches Wesen. Die Unbeständigkeit liegt in seiner Natur. Man steigt wirklich keine zwei Mal in den selben Fluß – und erst recht nicht in einen Wildbach. Strömung und Wasserstand, Kiesbänke und andere Hindernisse sind höchst variabel und vor allem unberechenbare Größen.

Unvergessen ist der Tag, den wir ums Haar nicht überlebt hätten. Es geschah auf der oberen Loisach. Bei Hochwasser fuhren Leo und ich los. Gut, da waren außer uns noch allerlei andere Schwimmkörper unterwegs, Baumstämme, Äste und dergleichen, aber wir konnten darin beim besten Willen keine Bedrohung erkennen. Auch als wir auf ein natürliches Stauwehr aus umgefallenen und angeschwemmten Bäumen zutrieben, waren wir uns keiner Gefahr bewußt. Das Boot tanzte ein wenig merkwürdig, zuckte wie ein Zitteraal, wabbelte wie Pudding, aber wirkte tragfähig und sicher wie immer. Wir trieben also auf die natürliche Barriere zu, legten das Boot quer zu den Stämmen und dockten auf diese Weise an, um in Ruhe zu überlegen, wie es nun weitergehen sollte. Wir waren angegurtet, obwohl uns bei dem Gedanken, im Falle des Kenterns nicht mehr aussteigen zu können, noch immer die nackte Panik packte. Leo, ein ebenso ängstlicher wie vorsichtiger Mensch, hatte immer ein Messer dabei. Seine Handlungsmaxime für den Ernstfall lautete: »Ich stech das Boot ab!« Aber der Ernstfall war ja glücklicherweise nicht in Sicht. Im Gegenteil: Das Boot hing fest. Wir gurteten uns los und stiegen ganz gemächlich aus. In diesem Moment, ich war noch gar nicht richtig herausgeklettert, es dauerte nur einen Sekundenbruchteil, zog es das ganze riesige Boot, das doch einen enormen Auftrieb hatte, unter die Stämme. Mir riß es das Paddel aus der Hand. Dann war das Boot von der Bildfläche verschwunden, wie vom Wasser verschluckt. Und so war es auch. Leo und ich schauten uns an – schwer zu sagen, wer das blödere Gesicht machte. Hätte es uns mitsamt dem Boot unter die Bäume gezogen, wären wir jämmerlich ersoffen. Vielleicht hätte man uns nie mehr gefunden, denn niemand wußte, wo wir unterwegs waren. Jetzt erst kam uns das kalte Grausen und schüttelte uns richtig durch. Wir konnten nur noch wirres, dummes Zeug stammeln, von wegen »Massel gehabt«, »dem Tod noch mal von der Schippe gerutscht« oder – dies der tiefsinnigste Kommentar – »Uijuijuijuijui«. Es brauchte eine ganze Weile, bis wir endlich ausgezittert hatten. Eben hatten wir uns von dem Schreck erholt, da machte es plötzlich laut und vernehmlich »Blubb!« – wie in einem kindischen Zeichentrickfilm –, und das Boot tauchte wieder auf, kieloben und zehn Meter weiter unten. Offenbar war die Strömung stark genug gewesen, das große Ding unter dem Astrechen hindurchzuziehen. Wir werteten diesen Umstand als gutes Zeichen. Der Flußgott hatte uns verschmäht und unser Boot wieder ausgespuckt. Im Grunde war er uns also gewogen.

Schaden macht ja bekanntermaßen klug, aber wir konnten beim besten Willen nicht behaupten, irgendeinen Schaden davongetragen zu haben. Und so blieben wir dumm. Der Mensch ist nicht immer und unter allen Umständen eine belehrbare Kreatur. Da also unsere brave, unverwüstliche Gummiente völlig schadlos davongekommen war, drehten wir sie einfach wieder um und fuhren weiter – obwohl wir das Gelände nicht kannten und entsprechend nicht wissen konnten, was uns noch erwartete. Einige Flußbiegungen umrundeten wir ganz geschmeidig, schließlich erträgt es so ein Gummiboot mit elastischer Gelassenheit, wenn es mal gegen ein Felseck brummt oder über einen dicken Stein scheuert. Das Wasser wurde immer ruppiger, immer wilder. Die süße Selbsttäuschung, daß wir das Boot unter Kontrolle hätten, begann sich zu verflüchtigen. Ein wenig wurde uns jetzt doch mulmig.

Dann die klassische Situation: Hinter der nächsten Biegung erwartete uns das Grauen – in Gestalt eines Wasserfalls, etwa zehn Meter hoch, über zwei Stufen abstürzend ... hoch genug jedenfalls, um tausend Tode zu sterben, allein schon bei seinem Anblick. Wir kamen also ums Eck herumgeschossen, unfähig, den rasenden Lauf der Dinge noch irgendwie aufzuhalten, und waren mit einem Schlag mittendrin. Es war ein Alptraumritt hinab und hinab und hinab, über die zwei Stufen – und hinein in den dunklen Gumpen, in den sich der Wasserfall ergoß. In dem Moment, als wir in dieses tiefe, stille Wasser eintauchten, klappte unser Boot zusammen wie ein Taschenmesser. Ich verstehe bis heute noch nicht, weshalb Leo, der vorne saß, und ich, der den Steuermann mimte, uns nicht gegenseitig zerschmetterten, als wir so jäh und auf eine scheinbar allen Gesetzen der Physik hohnsprechende Weise zusammenprallten. Ich weiß nur noch, daß wir die Schußfahrt über die mörderische Wildwasserrutsche unverletzt überlebten – ja, daß wir nicht einmal kenterten. Und noch eines weiß ich heute: Unsere Schutzengel haben an diesem Tag Schwerstarbeit geleistet. Später erst haben wir in unserem Kanuführer nachgelesen, worauf wir uns eingelassen hatten: Allen, denen ihr Leben lieb war, wurde darin empfohlen, den genannten Wasserfall vor dem Einstieg ins Boot erst einmal gründlich in Augenschein zu nehmen, denn oft lauerten im schwarzen Gumpen Baumstämme und anderes Ungemach den unbedarften Kanuten auf. Da wir diesen Warnhinweis jedoch erst einige Tage später lasen und als Kanuten totale Einfaltspinsel waren, übten wir die geglückte Abfahrt an diesem denkwürdigen Tag gleich noch mehrere Male hintereinander, schafften es indes nie mehr, das Bravourstück ein zweites Mal zu meistern, ohne am Ende zu kentern.

So oder ähnlich waren wir noch viele Male mit unseren Schlauchkanadiern unterwegs, ohne zu wissen, welchen Gefahren wir uns aussetzten. Wir waren mehr im Boot als beim Klettern anzutreffen, mehr unter als über Wasser. Im Kentern brachten wir es zu großer Meisterschaft, ansonsten kamen wir lange nicht über die Leistungsklasse »avanti dilletanti« hinaus. Aber wir gaben nicht auf. Mehrfach wagten wir uns sogar auf den Olympia-Wildwasserkanal in Augsburg. Hier kam es zu besonders peinlichen Szenen. Wir tollkühnen Freistilpaddler in unseren plumpen Gummidampfern zwischen all den Cracks in ihren schnittigen Rennkajaks – allein das war schon ein heftiger Kontrast jenseits der Schmerzgrenze. Einmal pflügten Kurt und Leo eine dieser Kanu-Koryphäen, womöglich ein Mitglied der Nationalmannschaft, mit ihrem Dickschiff in Grund und Boden – wie ein Eisbrecher gischteten sie über ihn hinweg, aber nicht schnell genug, um nicht noch zu hören, was er ihnen nachrief, nachdem er mit einer mustergültigen Eskimorolle wieder oben war: »Ihr Arschlöcher!«

So ernteten wir Anerkennung und schafften uns Freunde. Kurt vor allem vollbrachte unglaubliche akrobatische Leistungen, um nur ja nicht ins Wasser zu fallen. Wie er sich verzweifelt an den Slalomstangen der Regattastrecke festzuhalten versuchte, während ihm die Strömung unaufhaltsam das Boot unter dem Hintern wegdrehte, das sollte eigentlich in die Annalen des Kanusports eingehen. Und Leo stand ihm in punkto Wasserscheu in nichts nach.

Mir hingegen hat es in diesen Schlauchbooten immer sehr gefallen – nur mit den Kajaks konnte ich mich nie so recht anfreunden. Für mich also war das Wildwassertraining als Vorbereitung für unsere Kanada-Expedition eine unglaublich spannende, fast schon beglückende Erfahrung. Und wenn es noch so oft mit uns den Bach runterging – irgendwie schafften wir es, uns die grundlegenden Fertigkeiten anzueignen. Wir paddelten einigermaßen lässig ins Kehrwasser rein und auch wieder raus. Am Ende konnten wir doch tatsächlich in etwa dorthin fahren, wo wir auch hinwollten. Wir waren reif für Kanada.

Das Paradies ist anderswo

Im Sommer 1995 ging es los. Gerd und ich flogen direkt nach Whitehorse im Nordwesten Kanadas – für meine Begriffe ein tristes Nest, in dem man nicht einmal begraben sein möchte. Leo und Kurt waren schon einen Monat vor uns nach Nordamerika geflogen – angeblich zum Klettertraining im Yosemite Valley National Park und in Boulder/Colorado. In meinen Ohren klang das nach Arbeitsurlaub in schönster Umgebung, nach Fingerübungen im Postkartenidyll. Als die beiden dann in Whitehorse ankamen, sah ich auf den ersten Blick, daß von Arbeit, Übung und Training nicht die Rede sein konnte. Die beiden waren derart kugelrund und rosig herausgemästet, daß ich sie erst kaum wiedererkannte. So sehr sie anfänglich auch das Gegenteil beteuerten, war doch mit Händen zu greifen, daß sie es sich einen Monat lang hatten gutgehen lassen und hauptsächlich ihre Kaumuskeln trainiert hatten. Und das sah man ihnen auch an: Sie sahen aus wie die Söhne des Michelin-Männchens. Nur ihr aufblasbares Gummidickschiff, ihr Schlauchboot, hatten sie nicht dabei. Sie waren damit einige Male auf dem Colorado River unterwegs gewesen und hatten es der Einfachheit halber immer voll aufgeblasen – aber nur halbherzig fixiert – auf dem Dach ihres Leihwagens transportiert. Einmal war es ihnen unbemerkt vom Dach gerutscht, sie hörten laute Musik – wahrscheinlich »River deep, mountain high« oder so etwas in der Art –, ließen es also richtig krachen und realisierten deshalb gar nicht, daß sie auf dem Weg durch den Boulder Canyon kilometerlang das Boot hinter sich herschleiften. Fröhlich winkend erwiderten sie die freundlichen Grüße der entgegenkommenden Wagenlenker, die ihnen voll die Lichthupe gaben. Erst als das wilde Gestikulieren der anderen Autofahrer kein Ende nehmen wollte, kam ihnen die Sache langsam spanisch vor. Zu spät – das Boot war an zwei Stellen völlig durchgescheuert. Sie brachten es nach Boulder zum Reparieren und gaben sich der Illusion hin, der Schaden sei rasch zu beheben. So also standen Kurt und Leo vor uns, gut im Futter, aber ohne Boot. Erst zwei Tage später kam es endlich in Whitehorse an, neu vulkanisiert, bereit für den Ritt über die wilden Wogen. Es konnte losgehen.

Unser Weg hoch in den Norden zum Ausgangspunkt unserer Fuß-, Fluß- und Kletterexpedition führte über die Canal Road, eine alte Militärstraße, die in der Zeit des Kalten Krieges gebaut worden war, um den Sowjets auch im hohen Norden Paroli bieten zu können. Wir hatten einen Wagen samt Fahrer organisiert und uns auf vier Uhr morgens für den Start geeinigt. Eine halbe Stunde vor der verabredeten Zeit hörte ich es nebenan rumoren und war mir sicher, daß Kurt und Leo schon dabei waren, ihr Gepäck aus dem Trucker-Motel, in dem wir abgestiegen waren, herauszuschaffen. Also beeilte auch ich mich, meine Sachen zusammenzupacken. Da wurde es nebenan schlagartig verdächtig still. Und dann stellte sich heraus, daß die beiden eben erst von einer ausgedehnten Zechtour zurückgewankt waren. Entsprechend waren sie voll bedient, schauten mich mit glasigen Augen an, machten das Victory-Zeichen, sahen aber nicht unbedingt so aus, wie man sich durchtrainierte, zu allem entschlossene Leistungssportler an der Startlinie vorstellt, sondern eher wie volltrunkene Leichtmatrosen, die auf einem Seelenverkäufer angeheuert und sich in der Nacht vor dem Auslaufen Mut angesoffen hatten. Mit Mühe verfrachteten wir sie und ihre Ausrüstung in unser Shuttle, wo sie sofort in

Schlaf fielen – aber vermutlich war es gar kein Schlaf, sondern eine besondere, dem offensichtlichen Alkoholmißbrauch geschuldete Form der Bewußtlosigkeit.

Sie hatten reichlich Zeit, ihren Rausch auszuschlafen, denn bis zu jenem Flußlauf, der uns zur Quelle des South Nahanni führen sollte, waren es rund 1000 Kilometer. So rollten wir durch Kanada, das genauso aussah, wie ich es mir als Bub immer vorgestellt hatte – wild, grenzenlos, geheimnisvoll. Ich war darauf gefaßt, jeden Moment einen Grizzly, einen Elch, einen Indianer zwischen den Bäumen auftauchen zu sehen. Doch die Begegnung mit den Geschöpfen des Waldes beschränkte sich auf ein überfahrenes Stinktier. Um diese Jahreszeit gibt es in dieser Gegend keine Nacht, sondern nur für ein paar Stunden das diffuse Licht einer sonderbaren Dämmerung, die sich nicht so recht zwischen hell und dunkel entscheiden kann. Auch ich bewegte mich im Grenzbereich zwischen Traum und Wachsein, dämmerte zwischendurch weg und war dann wieder ganz bei mir. Endlich in Kanada! Die Vorfreude wuchs sich zu echter Freude aus. Hätte ich geahnt, was uns erwartete, wäre sie mir allerdings vergangen ...

Am späten Abend erreichten wir die Brücke Nr. 2 des McMillan River. Wir luden unsere Ausrüstung aus, der Fahrer wünschte uns »Good luck, guys!«, und der Wagen verschwand in der Richtung, aus der wir gekommen waren. Erst als das Motorengeräusch verklungen war, wurde uns so richtig bewußt, daß wir jetzt total ausgesetzt waren, mitten im kanadischen Busch, fernab von jeder Zivilisation, ohne Satellitentelefon, ohne GPS, ganz auf uns allein gestellt. Es wurde ernst.

Wenigstens hatten wir gute Karten. Erst einmal sollte es zwanzig Kilometer den McMillan River hinuntergehen bis zu einem Zulauf, in den wir einbiegen mußten und der uns flußaufwärts in ein Hochtal führen würde. Wir brauchten eine Ewigkeit, bis die Boote endlich aufgeblasen und beladen waren. Dann ging es los – und zwar von Anfang an durch Wildwasser. Aber wir machten unsere Sache gut. Alles kein Problem. Bis wir zum ersten Mal biwakierten. Je tiefer wir in den Busch vordrangen, desto sumpfi-

Leo und unser täglich Brot: viel schleppen, dafür wenig essen.

ger wurde es. Und je sumpfiger es wurde, desto mehr Moskitos stürzten sich auf uns. Als wir dann unser Biwak aufschlugen, wurden die Biester derart aggressiv, daß wir uns ihrer kaum noch erwehren konnten. So etwas Blutrünstiges hatte ich noch nie erlebt. Es waren dicke, schwarze Monster, die es sogar schafften, durch den Faserpelz hindurchzustechen. Zwar hatten wir vorgesorgt, hatten Moskitonetze zum Überziehen dabei, aber die allein genügten nicht. Wir mußten alles anziehen, was wir dabeihatten, sogar Handschuhe. Bald liefen wir herum wie die Imker, dazu noch vermummt wie Beduinen, um nur ja kein Fleckchen freie Haut zu zeigen. Und dennoch waren die Stechattacken schier nicht zum Aushalten. War ein Zelt aufgeschlagen, schlüpfte erst mal einer von uns hinein, machte sofort hinter sich zu und erschlug alles, was mit ihm ins Zelt geschwirrt war. Dann folgte ihm der andere, verrammelte den Eingang hinter sich und richtete zusammen mit seinem Zeltkumpan zum zweiten Mal ein Blutbad unter den Blutsaugern an. Wer einmal beim Campen war, weiß, daß einen eine einzige Mücke im Zelt zum Wahnsinn treiben kann. Aber wir hatten es nicht mit Mücken zu tun, sondern mit ausgehungerten Vampiren.

Die Moskitos waren nicht das einzige Ungemach, mit dem wir wohl oder übel zurechtkommen mußten. Den ganzen nächsten Tag waren wir in eiskaltem Wasser unterwegs und zerrten die Boote flußaufwärts, wobei einer zog und einer schob. Die Dinger waren immerhin mehr als 100 Kilo schwer, und teilweise standen wir bis zur Brust im Eiswasser. An unpassierbaren Stellen mußten wir die Boote entladen und über Land schleppen, bis wir die Problemzone umgangen hatten. Anschließend mußten wir noch die Ausrüstung holen, die Boote zu Wasser lassen, beladen – und dann wieder gegen den Strom ziehen. Es war eine Ochsentour. Manchmal gingen auch Teile der Ausrüstung oder der Verpflegung baden. Glücklicherweise hatten wir alles in wasserdichte Beutel verpackt. Am Abend waren wir bis auf die Knochen naß und völlig ausgebrannt. Aber Leo, unser Kanada-Experte, kannte keine Gnade, sondern gab die Devise aus, wir müßten auf Bäume klettern, um den Proviant bärensicher zu verstauen. Wenn ich sage, daß wir ausgebrannt waren, meine ich das wörtlich: Vor lauter Anstrengung hatten wir enorm viel Kalorien verbrannt. Um neuen Brennstoff zu bunkern, fraßen wir wie die Scheunendrescher. Gleichzeitig waren wir selbst eine Futterquelle, denn wir konnten keinen Bissen zum Mund führen, ohne zuvor das Moskitonetz ein wenig gelüftet zu haben – und diesen Umstand nutzten die Monster gnadenlos aus. Es war ein einziges Fressen und Gefressenwerden. Das Problem war nur: Es gab nicht genug zum Fressen ...

Hunger

Wir waren total erschöpft, aber immerhin hatten wir unser Etappenziel, den See, erreicht. Und uns verdientermaßen die Bäuche vollgeschlagen. Und dann stellte Kurt eine Berechnung an, die für den weiteren Verlauf der Expedition von entscheidender Bedeutung sein sollte. Kurt nämlich überschlug, wieviel Verpflegung wir

Kurt kann rechnen: Wir haben viel zu wenig Essen dabei und sind noch viel zu lange unterwegs.

dabeihatten und wieviel davon wir an den ersten beiden Tagen bereits vertilgt hatten. Das Ergebnis war niederschmetternd. Wenn wir so weitermachten, wäre unser Proviant in zwei Wochen aufgezehrt. Da wir aber für das Unternehmen einen ganzen Monat veranschlagt hatten, hieß die Devise ab sofort: Nur noch halbe Ration! Der entscheidende Fehler war, daß wir nicht genug Trockennahrung dabeihatten. Zwar hatten wir uns in Whitehorse noch mit zusätzlichem Proviant aus dem Supermarkt eingedeckt, aber unsere gesamten Berechnungen bezogen sich nicht auf den Kalorienbedarf pro Mann und Tag, sondern allein auf die Zuladungskapazität unserer Schlauchkanadier. Jetzt hatten wir den Salat – vielmehr: Wir hatten ihn eben nicht. Kurts Berechnungen ergaben nämlich, daß uns statt der notwendigen 5000 Kilokalorien pro Tag und Nase allerhöchstens 2000 zur Verfügung standen. Und damit waren wir mit dem Beginn des dritten Tages zu einer Expedition des Leidens verurteilt. Ab jetzt hatten wir nur noch drei Dinge im Kopf: 1. Essen, 2. Essen, 3. Essen!

Es war endgültig Schluß mit lustig. Alles war jetzt noch um einen Zacken erbarmungsloser. Wir kamen uns vor wie Schiffbrüchige in einem Meer aus Unannehmlichkeiten. Nirgendwo ein Weg oder Steg. Allenfalls stießen wir manchmal auf ein Markierungsfähnchen der Kanuexpedition, die vor uns in dieser Gegend unterwegs gewesen war. Auch unsere Vorgänger hatten die Tragepassagen mehrfach zurücklegen müssen. Um sich nun nicht jedes Mal zu verlaufen, hatten sie eben ihren Weg markiert. Außer ein paar Signalraketen hatten wir keinerlei Mittel zur Hand, um im Notfall auf uns aufmerksam zu machen. Ab und zu brummte ein Buschpilot mit seiner Otter über uns hinweg, Dann fühlten wir uns wieder mutterseelenallein im undurchdringlichen kanadischen Busch.

Trotz alledem – ich kam mir vor wie im Paradies, war in meinem Traumland angekommen, fernab der Zivilisation. Es war ein schönes Gefühl, völlig autark unterwegs zu sein. Alles war so, wie ich es mir als Kind erträumt hatte. Mit Ausnahme der Moskitos. Diese Viecher können einem das Leben zur Hölle machen – selbst im Paradies. Am schlimmsten erwischte es Leo. Gleich am zweiten Abend, als er es am Feuer trocknen wollte, hatte er sein Moskitonetz abgefackelt. Zwei Tage lang versuchte er ohne diesen Schutzmantel auszukommen, mannhaft, mit zusammengebissenen Zähnen, eingemummt wie ein Polarforscher. Am Ende war er derart zerstochen, sein Gesicht derart verschwollen, daß er kaum noch wiederzuerkennen war. Schließlich fummelte er sich aus dem Netzinnenfutter von Kurts Shorts und einer abnehmbaren Gore-Tex-Kapuze ein Provisorium zurecht, das ihn auch nur höchst provisorisch vor den Angriffen der blutgierigen Insekten schützte. Am Abend war er total erschöpft. Wir mußten ein Zelt für ihn aufbauen, in dem er sich verkriechen konnte, um endlich vor den Quälgeistern Ruhe zu haben. Diesbezüglich war die Expedition der reine Horror. Ansonsten aber ein Traum!

Wäre nur nicht der ständige Hunger gewesen, der in uns nagte, nach und nach auch unsere Gedanken beherrschte. Dabei mußten wir uns weiß Gott auf andere Dinge konzentrieren. Erst mußten

Tückische Gefahren. Mit 30 Kilo schweren Lasten durch Flüsse und Unterholz.

wir den See überqueren, dann den besten Übergang in das nächste Hochtal suchen. Immer häufiger hatten wir lange Tragepassagen zu bewältigen. Ständig mußten wir Lasten von 30 Kilo und mehr schleppen und hatten nicht einmal ein vernünftiges Tragesystem dabei. Die wasserdichten Tonnen trugen wir auf einer windigen Kraxe. Bei jedem Schritt und Tritt mußten wir höllisch aufpassen, daß wir uns kein Bein brachen oder die Bänder überdehnten. Manchmal verschwand einer von uns, weil er auf einen morschen Baumstamm getreten und in ein tiefes, mit Moos überwachsenes Loch gefallen war. Jeden Meter mußten wir uns wirklich schwer erarbeiten. Am Abend des dritten Tages bauten wir unsere Zelte auf einer kleinen, halbwegs trockenen Insel mitten in einem riesigen Sumpfgebiet auf. Nach dem Essen, auf das wir uns den ganzen Tag lang gefreut hatten, knurrte uns noch immer der Magen. Jeder Handgriff wurde zur Qual. Da kam selbst in mir keine Freude mehr auf, nicht einmal über die wildschöne Landschaft.

Jeden Tag ging das so weiter. Wann immer dies halbwegs möglich schien, versuchten wir die beladenen Boote durch das Wasser zu bugsieren, nutzten jedes auch noch so kleine Rinnsal, um die verdammte Schlepperei auf ein Minimum zu reduzieren. Schließlich hatten wir den »point of no return« überschritten. Natürlich hätten wir uns zur Canal Road zurückquälen können, aber es gab keinerlei Gewähr, daß dort innerhalb der nächsten Wochen ein Auto vorbeikommen würde. Wir brauchten lediglich die Quelle des South Nahanni zu erreichen, von dort aus konnten wir notfalls direttissimo nach Nahanni Bute paddeln, zurück in die Zivilisation. Wir mußten jede Strecke fünfmal hin und zurück laufen, um das Gepäck von A nach B zu transportieren. Manchmal steckten wir bis zum Hals im Morast. Doch aufgeben kam nicht in Frage. Am Ende machten wir die Rechnung auf, wieviele Kilometer wir insgesamt zurückgelegt hatten, um in das angepeilte Klettergebiet zu gelangen und wieder zurück in die Zivilisation. Wir kamen auf mehr als 900 Kilometer – und das in einem Gelände, das viel mehr als nur unwegsam war. Die 50 Kilometer Luftlinie bis zur Quelle wuchsen sich zu mindestens 150 aus. Die Tragegurte der schweren 150-Liter-Säcke schnitten ins Fleisch, die Lasten waren schier untragbar. Ich kam mir vor wie der kleine Bruder von Obelix mit einem Hinkelstein auf dem Rücken, bloß ohne Zaubertrank. Und dann ständig dieser bestialische Hunger. Es war eine einzige Tortur...

Die ersten drei Tage spielte das Wetter noch mit, aber dann begann es derart zu schütten, daß es uns mitten im Wald die Tour vermasselte. Wir waren fix und fertig und bauten unsere Zelte auf, wo wir gerade standen. Und dann traf uns der nächste Schlag. Aus Gewichtsgründen hatten wir auf Überzelte verzichtet, schließlich waren unsere nagelneu und aus Gore-Tex. Allerdings handelte es sich dabei um japanische Prototypen, die offenbar für einen ganz anderen Einsatzzweck konzipiert waren. Das merkten wir nach einigen Stunden, als wir aufwachten und uns in einer Pfütze wiederfanden. Das Zeltdach war aus Gore-Tex und somit wasserdicht, nicht so der Zeltboden.

Diese neue Steigerung der Unannehmlichkeiten überstieg nun endgültig die Schmerzgrenze. Von nun an war und blieb alles klatschnaß. Wir erwachten in einer Pfütze, schlüpften aus einem nassen Schlafsack in nasse Klamotten und Schuhe und stiegen so in einen Fluß. Es regnete in Strömen und ohne Unterlaß. Alles troff. Ständig mußten wir einen halbwegs gangbaren Pfad suchen, immer wieder einmal befanden wir uns auf dem Holzweg. Und ewig knurrte der Magen. Zum Frühstück gab es einen Fingerhut voll Müsli, tagsüber zwei, drei Riegel und zum Abendessen eine mickrige Notration. Dabei schufteten wir wie die Ackergäule. Unsere Körperzellen schrien nach mindestens 10 000 Kilokalorien – und wurden mit 2000 abgespeist.

Schweinebraten mit knuspriger Kruste, Tagliatelle mit Lachs, saftiger, frischgebackener Leberkäs, Gänsebrust mit Blaukraut ... in Gedanken schlemmten und schwelgten wir permanent, das Wasser lief uns im Mund zusammen. Nur zu beißen hatten wir nichts, oder so gut wie nichts. Ich mußte an die Szene aus »Goldrausch« denken, in der Charlie Chaplin seinen Schuh ißt. Unser modernes Schuhwerk war nicht einmal aus Leder, und so begann ich zu überlegen, welcher unserer Ausrüstungsgegenstände halbwegs genießbar sein könnte. Aber mir fiel nur ein hirnrissiger Warnhinweis in der Aufbauanleitung der Zelte ein: »Achtung! Dieses Produkt wurde aus nicht eßbaren Teilen gefertigt. Deshalb diese Teile nicht beißen, lutschen, kauen oder schlucken.« Es war zum Verzweifeln. Kletterseile, die man in der Not zu Pasta verarbeiten kann, Socken, die sich zu bekömmlichen, schmackhaften Knödeln formen lassen. Warum hatte die Outdoor-Industrie diese Marktlücke noch nicht entdeckt? Warum hatten wir Gummiboote dabei, aber keine Gummibärchen? Warum wuchsen hier keine Würste auf den Bäumen? Wo waren die Lachse, die man mit der Hand fangen kann? Kann man einen Grizzly mit einem Paddel erschlagen und in kleinen Portionen auf dem Gaskocher garen? Erst kommt das Fressen, dann kommt die Moral. Ich beneidete Kurt und Leo um die Fettreserven, die sie sich in Amerika angefressen hatten, allerdings schien davon nicht mehr viel übrig zu sein – jedenfalls hatten auch die beiden nur noch eines im Kopf: essen, essen, essen. Wir konnten an nichts anderes mehr denken und begannen alle Dinge auf ihre mögliche Eßbarkeit hin zu überprüfen. In unserer Erinnerung wurden die einfachsten Genüsse zum Festmahl. Ein Butterbrot und ein Apfel – gibt es etwas Köstlicheres?

Nach zwei Tagen Dauerregen trat insofern eine Besserung ein, als das Wetter wechselhaft wurde. Die sonnigen Perioden waren wunderbar, weil man endlich seine Kleidung trocknen konnte – und gräßlich, weil die Moskitos wieder munter wurden. Die Regengüsse waren unerträglich, weil wir eigentlich überhaupt keine Lust auf eine Unterwasserexpedition hatten – und eine Freude, weil sie den Moskitos vorübergehend das blutige Handwerk legten. Es gibt ein Buch mit dem Untertitel »Himmel und Hölle zugleich« – das bringt auch meine Erfahrungen im Nordwesten Kanadas auf den Punkt.

Bullenreiten

Am sechsten Tag erreichten wir endlich die Moose Ponds, die Quelle des South Nahanni. Wir waren ausgehungert und ausgepowert, und der Ort – ein großer, stiller See inmitten einer märchenhaft weltentrückten Hochebene – lud zum Verweilen ein. Aber wir konnten uns keinen Ruhetag leisten. Jeder Tag des Stillstands hätte nur unsere Hungerqualen verlängert. So ließen wir denn die Boote zu Wasser. Alles in uns schrie: »Ab jetzt läuft's!« So war es auch, allerdings lief es schneller, als uns lieb war. Vor uns lagen 100 Kilometer Wildwasser im vierten Schwierigkeitsgrad, das waren drei Tage Ritt auf einem wilden Bullen. Bevor es allerdings so richtig zur Sache ging, zogen wir es doch vor, am Ufer zu biwakieren. Dort stießen wir auf Bärenspuren, aber wir waren in einer solchen Gemütsverfassung, daß uns die Gefahr eines Bärenüberfalls vollkommen gleichgültig war, und so trafen wir auch keinerlei Sicherheitsvorkehrungen. Sogar Leo, der Um- und Vorsichtigste von uns, verkroch sich grummelnd – oder war es das Knurren seines

Die letzten Tage auf dem Fluß, wir denken nur noch ans Essen.

Magens? – ins Zelt und ließ die Bären Bären sein. Bisher hatten wir auch noch keinen einzigen zu Gesicht bekommen, nur dann und wann war uns ein Elch über den Weg gelaufen. Bären, schwarze und braune, sahen wir erst ein paar Tage später, als wir ganz gemütlich auf dem Fluß unterwegs waren ...

Anderntags jedoch begann die große, wilde Sause.

Anfangs war es ganz genauso wie auf der Loisach, aber dann, je mehr Zuflüsse sich einspeisten, wurde der Nahanni immer größer und mächtiger. Zum Glück hatten wir einen Wildwasserführer dabei – und lasen ihn diesmal auch. An jeder schwierigen Stelle booteten wir uns erst einmal aus, besahen uns die Passage vom Ufer aus und legten eine Linie fest. Dann stieg ein Team ins Boot, während das andere an Land blieb, um die Kanuten, so gut es ging, zu sichern. Die trägen Boote waren unglaublich schwer zu manövrieren. Es war ein wirklicher Kraftakt, sie ins Kehrwasser hineinzubekommen oder um ein Hindernis herumzubugsieren.

Aber jetzt zahlte es sich aus, daß wir zu Hause hart trainiert – und uns zum Gespött der Kanucracks gemacht hatten. Leo saß wie eine Galionsfigur kerzengerade im Bug, mit seinem Messer in der Schwimmweste, und schrie »Vorsicht, Stoa!« (bayerisch für »Stein« – ein Stoiker ist er nämlich nicht), worauf Kurt wie wild zu paddeln anfing, um irgendwie um das Hindernis herumzukommen. Unzählige Male liefen wir auf Steine auf und dankten jedes Mal dem Himmel, daß wir in einem Gummiboot saßen und nicht in einem Alukanu. Einmal kamen wir an so einem Alukahn vorbei, den es wie ein Auto nach einem Frontalcrash um einen Stein herumgewickelt hatte. Wenn wir einmal festsaßen, verlagerten wir einfach solange den Schwerpunkt, bis das Boot wieder freikam. Wir hatten unsere Kletterhelme aufgesetzt, uns selbst und sämtliche Ausrüstungsgegenstände im Boot festgezurrt, und ritten – wie Indianer auf ihren Mustangs – auf unseren Gummirössern über eine wildbewegte Buckelpiste. Es war unglaublich spannend. Und der schönste Nebeneffekt der Welt war, daß Wind und Strömung die Mückenplage ein wenig milderten. Jetzt fand ich es hier, mitten in der grünen Lunge Kanadas, nur noch paradiesisch. Statt mit meinem Kinderfreund Hansi hatte ich nun mit Kurt, Leo und Gerd einen Lebenstraum verwirklicht. Wäre nur nicht dieser elende, penetrante, vermaledeite Hunger gewesen ...

Das Leben ist kein langer, ruhiger Fluß

Nach drei Tagen endete der wilde Ritt, und der Nahanni verwandelte sich in einen träge dahinfließenden Strom. Vor uns lagen jetzt rund 100 gemütliche Kilometer flußabwärts bis zur Abzweigung in das Hochtal des Glacier Lake und des Cirque of the Unclimbables. Wir verbanden die zwei Boote mit Stangen, saßen nun in einem Katamaran und ließen uns treiben. Nach zehn Tagen der übelsten Schinderei war dies die erste Erholung. Wir hätten sie in vollen Zügen genossen, wäre da nur nicht dieser dreimal verfluchte ... na, Sie wissen schon ... gewesen. Niemand hatte die Lust oder auch die

Kraft zu paddeln – und so kamen wir nur sehr langsam voran. Zwischendurch goß es wieder in Strömen, und manchmal kamen wir uns vor wie Schiffbrüchige in einem Ozean aus Hungerphantasien.

Nach drei Tagen erreichten wir endlich die angepeilte Abzweigung zum Glacier Lake und von dort aus weiter in das Hochtal. Und wieder ging es richtig zur Sache. Eigentlich führt ein Pfad hoch zum See, denn die meisten Kanuexpeditionen wollen die grandiose Aussicht genießen, die man dort oben bekanntermaßen hat. Doch leider konnten wir diesen Pfad nicht finden. Also bahnten wir uns quer durch das Unterholz einen Weg, mit Proviant für zehn Tage in den Rucksäcken – die reduzierten Rationen, wohlgemerkt. Oben, hieß es, würden wir Alukanus vorfinden, um damit den See zu überqueren. Aber da war nichts. Und dann mußten wir den ganzen Weg zweimal laufen, jeweils zehn Stunden waren wir unterwegs, bis wir endlich die gesamte Ausrüstung oben hatten. Beim zweiten Anstieg schleppten wir sogar eines unserer Boote mit hoch, zumal uns diese Schinderei weniger aufreibend erschien als die Umrundung des Sees im dichtesten Busch. Wieder öffnete der Himmel sämtliche Schleusen. Zeitweise waren wir wie im Delirium unterwegs. Wenn wir, was selten genug der Fall war, auf Blau- oder Himbeeren stießen, stopften wir sie wie besinnungslos in uns hinein. Wegen der Gurte, die uns ins Fleisch schnitten, spürten wir bald unsere Schultern nicht mehr. So kämpften wir uns hoch, von einem Schritt zum nächsten. Wer über eine Wurzel stolperte, kam meist aus eigener Kraft gar nicht mehr hoch. Aber irgendwann hatten wir es geschafft.

Unsere Idee war, mit vier Mann und der gesamten Ausrüstung in einem Boot das eiskalte Gewässer zu überqueren. Bei klarem Bewußtsein hätten wir diesen Einfall sofort als Schnapsidee verworfen. Aber in unserer Verfassung war uns jetzt alles gleichgültig. Als wir das Boot beladen hatten, war es randvoll. Es gab nicht einmal mehr eine Möglichkeit, die Ausrüstung festzuzurren. So setzten wir uns einfach obendrauf und stachen in See. Vor uns lagen acht Kilometer bis zum anderen Ende des Sees, unter uns schwarzes, tiefes Wasser, dessen Temperatur sich gerade noch oberhalb des Gefrierpunktes bewegte. Es war eine wackelige Fuhre mit gefährlich hohem Schwerpunkt. Sobald sich einer etwas heftiger bewegte, drohte der überladene Kahn zu kentern. Wir wagten kaum zu atmen. Diese Seefahrt war kein bißchen lustig. Der einzige Lichtblick war eine Jagdhütte, die wir am Ufer entdeckten. Sie war verschlossen – wir brachen sie auf. Der Hunger läßt einem nur die Wahl: Friß oder stirb! Doch das einzig Freßbare, das wir finden konnten, war Zucker. So paddelten wir mühselig – und um ein paar hundert Gramm Zucker schwerer – weiter, bis wir endlich den Lagerplatz am anderen Ende des Glacier Lake erreichten. Hier stießen wir auf die Spuren und zurückgelassene Ausrüstungsgegenstände anderer Kletterer, doch leider auf kein Proviantdepot. Jetzt waren wir am Ende. Wir schafften es gerade noch, unser Lager aufzuschlagen …

Wir fielen in einen bleischweren Schlaf, und als wir am anderen Morgen aufwachten, konnte von der sprichwörtlichen »alten Frische« keine Rede sein. Vor uns lagen sechs Stunden Fußmarsch bis zum Cirque of the Unclimbables, sechs Stunden Gepäckschlepperei. Es war wie verhext – wieder fanden wir den richtigen Pfad nicht. Und wieder mußten wir uns durch das dichteste Unterholz voranquälen, teilweise fast senkrechte Latschenhänge hoch, hinauf zu einer Hochebene mit dem märchenhaft lieblichen Namen Fairy Meadows. Keinem Rauhaardackel, keinem Wildschwein würde man eine solche Hatz durch das steilste Dickicht zumuten. Kein Wunder, daß einer von uns den Rappel kriegte. Es erwischte Leo. Er schmiß buchstäblich alles hin und erklärte kategorisch, daß er keinen einzigen Schritt mehr weitergehen werde. Wir könnten ihn alle, kreuzweise, er habe keinen Bock mehr. Sagte es, machte kehrt und stieg wieder ab. Wir hatten volles Verständnis für ihn, keiner versuchte ihn aufzuhalten und zum Weitermachen zu überreden. Zu dritt rackerten wir uns weiter hoch, bis wir nach zwei Stunden endlich die Fairy Meadows erreichten. Diese Wiesen machen ihrem Namen alle Ehre – hineingegossen in einen Talkessel, bewacht von mächtigen Findlingen, sehen sie aus wie eine Spielwiese für Riesenkinder, die ihre steinernen Riesenwürfel vergessen haben.

Nur ein Etappenziel: die 650 Meter hohe Nordwand des Mt. Harrison Smith im Cirque of the Unclimbables.

Unter einem der Steine deponierten wir unsere Ausrüstung, rasteten eine Weile und begannen dann mit dem Rückmarsch. Jetzt fanden wir glücklicherweise den richtigen Weg. Der allerdings hatte es in sich, führte er doch über ein weitläufiges, gefährlich rutschiges, von großen Blöcken gesäumtes Schuttkar abwärts. Aber wo die Gefahr am größten ist, wächst bekanntermaßen das Rettende auch: In einer geschützten Mulde zwischen den Blöcken stießen wir auf das Schlaraffenland – in Gestalt jener Himbeersträucher, die uns zu der eingangs geschilderten Freßorgie verleiteten ...

Am nächsten Tag schleppten wir die restliche Ausrüstung hoch. Und diesmal war auch Leo wieder mit von der Partie. Mag sein, daß unsere Schilderung der fetten Himbeeren, auf die wir gestoßen waren, ihn neu motivierte. Der Notproviant, den wir bei uns hatten, reichte noch für gerade mal acht Tage. Jetzt galt es nur noch, ein geeignetes Ziel für eine Erstbegehung zu finden. Eigentlich hatten wir den Mount Proboscis angepeilt, aber der lag noch ein ganzes Tal weiter entfernt. Ihn zu erreichen hätte uns mindestens zwei weitere Tage gekostet – und uns war klar, daß wir ihn unter den gegebenen Voraussetzungen nie erreichen würden. An Alternativen herrschte glücklicherweise kein Mangel. Der Cirque of the Unclimbables ist ein weiträumiger Talkessel, umgeben von riesigen, sieben- bis achthundert Meter hohen Wänden, unter denen der Lotus Flower Tower eine in jeder Hinsicht herausragende Rolle spielt. Alle wollen dorthin, uns jedoch stand der Sinn nicht nach ausgetretenen Pfaden – ganz davon abgesehen, daß wir selbige oft nicht einmal finden konnten –, sondern nach Neuland. Und so hielten wir Ausschau nach lockenden Zielen und wurden rasch fündig. Wir brauchten den Blick gar nicht groß in die Ferne schweifen zu lassen. Gleich am Taleingang nämlich ragt ein eindrucksvoller Pfeiler in die Höhe, der Mount Harrison Smith, gute sechshundert Meter hoch. Der Einstieg lag nur zehn Minuten von unserem Lager entfernt. Dieser Berg also war ein realistisches Ziel, obwohl er recht schwierig aussah. Eine senkrechte Wand, durchzogen von sehr feinen Rißsystemen. Aber aufgrund unserer Erfahrung schätzten wir, daß wir recht zügig vorankommen und uns auch gut absichern könnten, zumal wir Bohrhaken dabeihatten, die wir allerdings nur an den Standplätzen einsetzen wollten.

Gipfelglück und andere Hochgefühle

Die ersten vier Seillängen schafften wir am ersten Tag, fixierten dann diese zweihundert Meter mit Kletterseilen, seilten wieder ab und verbrachten die Nacht im Lager. Am nächsten Tag stiegen wir mit Steigklemmen – und mit einer Tonne im Schlepptau, die Proviant und Biwaksäcke enthielt – wieder hinauf. Von nun an wollten wir so lange in der Wand bleiben, bis wir den Gipfel erreicht haben würden. Viel Zeit hatten wir nicht mehr. Acht Tage hatten wir insgesamt vorgesehen, für die Erstbegehung waren vier eingeplant. Den Verpflegungsbedarf hatten wir schon auf ein Minimum reduziert, jeder hatte seinen Anteil an Müsliriegeln bekommen und war nun selbst dafür verantwortlich, sich die schmale Kost nach seinen Bedürfnissen einzuteilen. Unsere »Mordlust« war

Im Normalzustand wäre die Kletterei ein reiner Genuß gewesen. Ausgebrannt während der Erstbegehung von »Fitzcarraldo«.

ungebrochen und richtete sich, nachdem wir sämtliche Beerensträucher abgeräumt hatten, nun gegen die arglosen, fetten Murmeltiere, von denen es hier nur so wimmelte. So einen dicken Brummer zu schlachten, so niedlich er auch aussehen mochte, wäre das höchste der Gefühle gewesen. Doch leider waren wir in weidmännischer Hinsicht viel zu ungeschickt und die Tiere viel zu flink, als daß es uns gelungen wäre, einem von ihnen das Fell über die Ohren zu ziehen. So mußte der Wolf in uns weiter knurren und darben, während die saftigsten Bratenstücke vor seinen Augen herumhoppelten oder ihm nahezu auf der Nase herumtanzten.

Wenigstens hatten wir nun, da wir in die Wand eingestiegen waren, mit dem Wetter Glück. Es war eine Traumkletterei im oberen achten Schwierigkeitsgrad. Ganz fester Fels, schöne Linien. Wir kamen gut voran, zwei Mann stiegen jeweils vor, während die anderen beiden die Rucksäcke und die Transporttonne nachzogen. So kletterten wir, bis wir nicht mehr konnten. Es war nahezu vierundzwanzig Stunden lang hell, von Übernachten konnte also keine Rede sein. Lediglich während der etwas dunkleren Phase der Dämmerung hielten wir still. Für ein paar Stunden dösten wir auf einem schmalen Absatz vor uns hin, wobei einer auf der Tonne saß, dann ging es weiter. Als das Wetter umzuschlagen begann, legten wir noch einen Zacken zu, machten keine kurzen Seillängen mehr, sondern kletterten die fünfzig Meter jedes Mal ganz aus. Einer übernahm nun jeweils den Vorstieg und fixierte anschließend das Seil, die drei anderen kletterten mit Steigklemmen nach. Auf diese Weise kamen wir schnell voran, zumal wir alles nur irgendwie Entbehrliche am Biwakplatz zurückgelassen hatten. Am Abend des dritten Tages erreichten wir schließlich den Gipfel.

Der Ausblick war in vielerlei Hinsicht umwerfend. Zum einen konnten wir jetzt zum ersten Mal das ganze Tal überblicken, sahen den Glacier Lake, ja, wir konnten sogar den South Nahanni ausmachen. Die unberührte Wildnis reichte bis zum Horizont. Für jemanden wie mich, der permanent das Weite sucht und den Horizont als die einzige akzeptable Grenzlinie betrachtet, waren das die allerschönsten Aussichten. Oh wie schön ist Kanada! Aber gleichzeitig wurde uns nun bewußt, daß wir eine Unendlichkeit von der Zivilisation entfernt waren, daß wir mit dem Gipfel nicht das Ziel unserer Expedition erreicht hatten, sondern allenfalls ein Etappenziel. Das dicke Ende lag noch vor uns, der Weg zurück zum Fluß und dann weiter bis zum ersten Außenposten des organisierten menschlichen Lebens, einem Nest namens Nahanni Bute ...

Daß man nicht auf einen alles andere in den Schatten stellenden Höhepunkt fixiert ist, sondern »ganzheitlich« denkt, ist der Kernpunkt unserer Philosophie des Unterwegsseins »by fair means«. Es geht nicht allein darum, eine Wand zu meistern und sich anschließend nur noch darauf konzentrieren zu müssen, wieder das Basislager zu erreichen – wo man dann abgeholt oder zumindest von einer Trägerschar erwartet wird, die einem den Rückmarsch wesentlich erleichtert. Bei uns ging und geht es immer um den Weg in die Wildnis, um das Klettern und das Erreichen des Gipfels, aber gleichermaßen auch um die Rückkehr in die Zivilisation – und all das aus eigener Kraft. Dieser Expeditionsstil macht aus jeder Unternehmung – so sie denn gelingt – eine Art Gesamtkunstwerk. Und genau deshalb ist eine Expedition wie unsere Durchquerung des kanadischen Buschs für mich etwas ganz besonders Wertvolles.

Es liegt in der Natur der Sache, daß man während einer Expedition immer unter einem gewissen Zeitdruck steht. Da wir mit der falschen Berechnung unseres Proviantbedarfs einen kapitalen Fehler gemacht hatten, waren wir nun in Kanada unter deutlich verschärften Bedingungen unterwegs. Dennoch kam Freude auf, als wir im Lager ankamen, nachdem uns über die präparierte Route ein rascher Abstieg geglückt war. Allen widrigen Umständen zum Trotz hatten wir die wichtigste Zielvorgabe erfüllt, hatten den Cirque of the Unclimbables auf dem Landweg erreicht, hatten diesen Erfolg sogar noch mit einer wunderschönen Erstbegehung gekrönt. So etwas kann jedoch nur mit entsprechendem Ehrgeiz gelingen. Wir hätten das Unternehmen auch auf die schnelle Tour zu Ende bringen, also abbrechen können, um im nächsten Jahr besser präpariert noch einmal an den Start zu gehen. Aber da wir nun mal anders gestrickt waren, hatten wir uns durchgebissen, auch ohne etwas zu beißen zu haben, und waren nun nicht nur glücklich, sondern auch ein wenig stolz. Vor allem aber waren wir erschöpft. Gerade noch schafften wir es, unser dürftiges Abendmahl zu mümmeln, dann krochen wir in die Schlafsäcke und tauchten ab. Wer schläft, ißt – so sagt ein Sprichwort. Alles Quatsch. Ich jedenfalls hatte sogar noch im Traum einen Mordshunger.

Am nächsten Morgen erwachten wir zwar mit knurrendem Magen, fühlten uns aber dennoch ein wenig erholt. So sehr wir uns auch verausgabt hatten, waren wir doch guter Dinge, schließlich hatten wir geschafft, was wir uns vorgenommen hatten. Und nichts beflügelt so wie der Erfolg. Bei der Suche nach einer Erstbegehung jenseits der ausgetretenen Pfade war uns natürlich immer wieder der Lotus Flower Tower ins Auge gefallen, ein

Berg, der keinen Kletterer kalt läßt. Wir hörten den Ruf – und folgten ihm. Dabei sahen wir nun wirklich nicht mehr wie eine schlagkräftige Truppe aus. Kurt beispielsweise war total abgemagert, bestand nur noch aus Haut und Knochen, ich hingegen war völlig aufgedunsen – mangelhafte Verpflegung und anhaltende Strapazen haben bei mir immer zur Folge, daß sich Wasser in meinem Körper ansammelt. Topfit waren wir also wirklich nicht mehr, aber die Vorstellung, es nicht einmal versucht zu haben und dann zu Hause darob in Verzweiflung zu stürzen, machte uns Beine. Gut möglich, daß wir nie wieder hierherkommen würden in dieses legendäre Klettergebiet mit diesem Traum von einem Berg. Wir legten einen Ruhetag ein, dann stiegen wir in die klassische, bestens eingerichtete Route ein. Was wir dann erlebten, war Genußklettern in Reinkultur. Nicht einmal das heftig einsetzende Schneetreiben konnte unsere Freude trüben, als wir tatsächlich auf dem Gipfel standen. Während des gesamten Abstiegs herrschten die widrigsten Witterungsbedingungen, aber auch das spielte keine Rolle mehr, da wir unsere Chance genutzt hatten...

Das Tor zur Hölle

Das Wetter blieb schlecht, und unsere Vorräte waren aufgebraucht. Das erleichterte uns den Abschied vom Cirque of the Unclimbables. Daß der Proviant ausgegangen war, hatte auch etwas Gutes: Wir hatten nun nicht mehr so viel zu schleppen. So brauchten wir den Weg zurück zum Glacier Lake nur einmal zu machen, beschwerlich war er dennoch. Wieder fuhren wir zu viert im Schlauchboot übern See, wieder suchten wir nach dem Pfad, der uns zum Fluß zurückführen sollte, und diesmal fanden wir ihn auch. Dennoch war der Rückweg kein Zuckerschlecken, ab jetzt nämlich mußten wir wieder das Boot mitschleppen. Bepackt wie die Lastesel machten wir uns auf den Weg. Nun war Kurt unser Obelix, denn er trug nicht nur einen riesigen Rucksack, sondern zog auch noch die Tonne hinter sich her. In einem einzigen Gewaltmarsch schafften wir es, den South Nahanni zu erreichen, wo unser Depot und das zweite Boot auf uns warteten.

Wieder vertrauten wir uns den Wellen an und paddelten los. Es ging zwar stromabwärts, aber das war nicht unbedingt nur von Vorteil. Nach einer Tagesetappe erreichten wir die Virginia Falls, einen neunzig Meter hohen Wasserfall, den wir natürlich umgehen mußten. In seiner ganzen Breite von mehreren hundert Metern tost der South Nahanni an dieser Stelle über eine Klippe in den Abgrund. Es ist ein überwältigender Eindruck, diese gewaltigen Wassermassen in die Tiefe donnern zu sehen und zu hören. Man kommt sich winzig klein vor, steht da und staunt – die Niagara-Fälle sind auch nicht beeindruckender. Damit nicht genug, folgte eine Wildwasserpassage mit dem anheimelnden Namen Hell's Gate – eine treffende Bezeichung, denn hier haben schon Kanuten den Tod gefunden. Wir banden die Boote wieder zu einem Katamaran zusammen und steuerten dann auf das Höllentor zu. Das Wasser schießt auf eine Prallwand zu, die den ganzen mächtigen Fluß im rechten Winkel zum Abbiegen zwingt. Dabei entsteht ein Kehrwasser von ungeheuren Ausmaßen. Wer dort hineingerät, hat das Gefühl, von einem fahrenden D-Zug auf einen anderen zu springen, der in Gegenrichtung unterwegs ist. Die klassische Kentersituation. Als wir in diesen Mahlstrom gerieten, hätte es uns zwar fast aus dem Boot geschmissen, aber unsere Katamarankonstruktion bestand die Zerreißprobe. Und so passierten wir das Tor zur Hölle, ohne zu kentern oder irgendwelche Blessuren davonzutragen.

Dahinter ging es paradiesisch gemütlich weiter auf einem derart träge dahinmäandernden Strom, daß es uns bald langweilig wurde. Genießen konnten wir die Muße auch nicht, weil der Hunger dies nicht zuließ. Apathisch lagen wir in den Booten, stierten in den Himmel und versuchten an etwas anderes zu denken als an Essen und Verdauen. Wir schleppten eine Nylonschnur mit einem Angelhaken dran hinter uns her, aber keiner konnte ernsthaft daran glauben, daß irgendein Lebewesen anbeißen würde. Später haben wir erfahren, daß sich in dieser lehmigen Brühe tatsächlich kaum eine Flosse regt. So lagen wir also da, versuchten uns so wenig wie möglich zu rühren, um möglichst wenig Energie zu verbrauchen, und hofften, daß unsere Leiden bald ein Ende nähmen. Essen gab es nur noch einmal am Tag, mittags. Eine dünne Suppe, die den Hunger eher zu vergrößern als zu stillen schien. Zwischendurch goß es in Strömen, stundenlang. Oft waren wir am Abend derart fertig, daß wir gerade noch anlanden konnten, unsere Zelte irgendwo in den Schlamm stellten und dann für ein paar Stunden ein wenig Schlaf zu finden versuchten. Auf der letzten Etappe dieser zähen, unerfreulichen, von schleichender Auszehrung begleiteten Flußfahrt kam es dann zu einer weiteren Steigerung der Plagen. Der South Nahanni nämlich zerfaserte, löste sich auf in ein labyrinthisches Wirrwarr aus Neben- und Seitenarmen und Rinnsalen, in dem wir uns verirrten. Oft reichte der Wasserstand nicht einmal mehr für unsere Schwimmschläuche aus, dann mußten wir freiwillig über Bord gehen und die Boote ziehen. Zwischendurch waren wir drauf und dran, tatsächlich zu »versumpfen«. Ganz zu schweigen von der schlimmsten Geißel der Menschheit, den Moskitos, die uns das letzte Tröpfchen Lebenssaft aus den Adern zu saugen versuchten. Während der letzten zwei Tage hatten wir dann gar nichts mehr zu essen. Wir trieben dahin, unser Bewußtsein driftete ab. Der Hunger war da, aber er tat nicht mehr weh ...

Völlerei

... und dann, als wir schon nicht mehr damit rechneten, standen plötzlich Häuser am Ufer. Nach knapp einem Monat hatten wir es geschafft – die Zivilisation hatte uns wieder. Nahanni Bute entpuppte sich als tristes Nest im Goldgräberstil, eine Rangerstation, ein paar Häuser, eine Straße, das war auch schon alles. Aber halt, da war noch etwas – ein kleiner Laden! Daß es ihn gab, hatten wir schon vor unserem Start in Erfahrung gebracht, und während der ganzen Expedition hatte jeder von uns seine Dollars gehütet wie seinen Augapfel. In den vergangenen zwei Hungertagen hatte sich die Unterhaltung nur noch darum gedreht, was jeder zuerst kaufen und in sich hineinstopfen würde. Und jetzt waren wir endlich, endlich angekommen, standen vor der lange herbeigesehnten Futterstelle, bereit, sie zu stürmen ... aber das Geschäft hatte geschlossen und würde erst in drei Stunden wieder öffnen. Es wurden die längsten drei Stunden unseres Lebens. Wie die ausgehungerten Tiger pirschten wir um den Laden herum, drückten uns die Nasen am Schaufenster platt und waren nah dran, mit dem nächstbesten Stein die Scheibe einzuschmeißen und kaltblütig geplanten Mundraub zu begehen. Wir versuchten sogar den Ladenbesitzer ausfindig zu machen, um ihn zur vorzeitigen Öffnung zu überreden, aber der Mann war nicht greifbar. Als es dann endlich so weit war, räumten wir im Nu die Regale leer. Jeder stopfte seinen Einkaufskorb voll – und hatte ihn schon halb leergegessen, noch bevor er an der Kasse war. Schokoriegel, Cracker, Wurst, Erdnüsse, was der Laden auch hergab – alles mußte hinein. Die nächsten Stunden brachten wir damit zu, so viel als irgend möglich in uns hineinzustopfen. Es war eine Mastkur im Instantverfahren. Doch leider waren unsere geschrumpften Mägen mit der Lawine aus Nahrungsbrei heillos überfordert. Und so mußten wir alles, kaum hatten wir es heißhungrig hinuntergeschlungen, wieder herausrücken. Dann begann das üble Spiel wieder von vorn. Es war eine einzige infernalische Schluck- und Würgorgie. Die ganzen nächsten Tage ging es nur noch um die Nahrungsaufnahme. Wir waren froh, daß die Zeit des Leidens vorbei war, aber je satter wir wurden, desto mehr kamen wir zu der Überzeugung, eigentlich sei alles nur halb so schlimm gewesen. Unsere Erstbegehung am Mount Harrison Smith tauften wir »Fitzcarraldo« – in Anlehnung an Werner Herzogs wunderbaren Film, in dem ein Schiff über einen Berg gezogen wird. Wir hatten zwar keinen Amazonasdampfer, aber immerhin einen ausgewachsenen Schlauchkanadier den Berg hochgeschleppt.

Von Nahanni Bute aus ließen wir uns zur nächsten Greyhound-Station bringen, bestiegen dort den Bus und fuhren nach Whitehorse zurück. Der Kreis hatte sich geschlossen, unser kanadisches Abenteuer war zu Ende . . .

Nachdreh

. . . glaubte ich jedenfalls. Als ich, völlig übernächtigt, am frühen Morgen mit dem Greyhound-Bus in Whitehorse ankam, wurde ich dort, wie verabredet, bereits von meiner damaligen Frau Janine erwartet. Vor unserer Abreise in Deutschland hatten sich die Anzeichen verdichtet, daß wir uns auf Nachwuchs freuen könnten, aber Gewißheit gab es noch keine. Vier Wochen lang hatten wir nicht miteinander kommunizieren können, um so mehr war ich nun gespannt, wie weit die Dinge zwischenzeitlich gediehen waren – oder auch nicht. Auf meine bange Frage »Kommst du allein oder zu zweit?« antwortete Janine ganz ruhig: »Ich komme weder allein noch zu zweit!« Es brauchte eine kleine Weile, bis der Groschen bei mir fiel. »Es sind Zwillinge?« »Vielleicht solltest du überlegen, ob du gleich in Kanada bleibst«, antwortete sie, »es sind nämlich Drillinge!« Ich muß gestehen, daß ich nach der Zeit der Entbehrungen ob dieser Fülle an Neuigkeiten erst einmal total überfordert war . . .

Janine war mit dem Regisseur und dem Kameramann nach Kanada gekommen, die im Nachgang die Höhepunkte der Expedition filmen wollten. Wir flogen also mit dem Wasserflugzeug zum Glacier Lake und von dort aus mit dem Helikopter zu den Fairy Meadows. Erst als wir dort oben landeten, wurde mir voll bewußt, welch einen riesigen Unterschied es macht, ob man ein Ziel aus eigener Kraft erreicht oder sich bequem dorthin kutschieren läßt. Meine Freunde kamen zu der gleichen Einschätzung. Damals erkannten wir, welche Bedeutung der »By fair means«-Aspekt wirklich hat und daß wir diesen Stil auch in Zukunft praktizieren würden. Es war zwar nichts Neues, aber doch das einzig Wahre! Gut, bei der Vorbereitung unserer Kanada-Expedition hatten wir uns reichlich naiv, wenn nicht gar dilettantisch angestellt. Wir hatten es schlicht und einfach nicht besser gewußt, außerdem war keiner von uns akribisch genug gewesen, es anders zu machen. Die Methode »Learning by doing« lag uns deutlich mehr. Auf diese Weise hatten wir wertvolle Erfahrungen gesammelt. Die nächste Unternehmung würden wir anders angehen. Aber von solch abenteuerlicher Qualität und fast kreatürlicher Intensität würde keine mehr sein, zumindest nicht in kulinarischer Hinsicht . . .

By fair means & with good friends

■

Ich schlug das Buch auf, das mir die Tante mitgebracht hatte. Es war eines dieser gräßlichen Jugendbücher, die man damals regelmäßig von den Erwachsenen geschenkt bekam, weil sie der Meinung waren, ihre Sprößlinge sollten durch anspruchsvolle und doch spannende Lektüre etwas lernen. Diese Bücher trugen Titel wie *Abenteuer Technik* oder *Sieg über Raum und Zeit* und waren meist fürchterlich langweilig. Um der Tante eine Freude zu machen, tat ich so, als ob ich mich freute. Aber dann stieß ich auf dieses doppelseitige Hochglanzfoto und war plötzlich hellwach.

Die Männer hingen in einer senkrechten, völlig strukturlosen Wand. Unter ihnen gähnte der Abgrund. Sie waren braungebrannt, hatten strahlend weiße Zähne und lachten. Siegertypen. Sie trugen Bauhelme, hatten Hämmer, Bohrgeräte, Haken, Karabiner dabei, wie die Mitarbeiter einer Eisenwarenhandlung beim Betriebsauflug, waren eingesponnen in ein Gewirr aus Seilen und standen auf Trittleitern. Die Bildunterschrift lautete: »Felsklettern heute«.

Es war ein Schnappschuß aus der Blütezeit des Eroberungsalpinismus. Ich hatte gerade meinen Kletterkurs hinter mir und war von diesem Bild fasziniert und doch abgestoßen. So also konnte man sich mit Hilfe der Technik eine eigentlich unbezwingbare Felswand hocharbeiten. Unglaublich! Aber es war eben ein Hocharbeiten. Entsprechend waren die Männer eigentlich gar keine Kletterer, sondern ein Bautrupp. Als mir das klar wurde, schrumpfte meine Bewunderung für die Helden gegen Null. Auf diese Weise hätte eine Aufzugfirma an derselben Stelle auch einen Lift installieren können. Ich fand das sinn- und phantasielos. Die Wand hatte keine Chance. Ihr mit solchen Methoden auf den Leib zu rücken war doch keine Kunst. Irgendwie war das nicht fair...

Ich will nicht behaupten, daß ich damals den Entschluß faßte, mich beim Klettern niemals solcher Mittel zu bedienen. Aber diese Art des Kletterns stieß mich ab. Das war nicht nur unkreativ, das war Betrug. Mit dem nötigen Zeit- und Materialaufwand wäre auf diese Weise jede Wand möglich. Ich erkannte darin keine Herausforderung. Nein, dieses Buch war nicht lehrreich und spannend, und diese Männer waren keine Helden.

By what? – Fair means!

In meinen Kletterlehrjahren probierte ich selbst verschiedene Spielarten aus. Das hakentechnische Klettern etwa, das Bouldern, aber auch das Soloklettern. Im Lauf der Jahre fand ich heraus, was mich am meisten faszinierte, und fing an, zusammen mit meinen Freunden, auf die ich später noch zu sprechen kommen werde, meinen bzw. unseren eigenen Stil zu entwickeln.

Mir ist es wichtig, aus eigener Kraft und auf der Grundlage meiner eigenen Fähigkeiten voranzukommen. Alles andere ist für mich unbefriedigend, uninteressant, ja, fast unredlich. Wenn es nur darum ginge, auf den Gipfel zu kommen, könnte man auch gleich den Hubschrauber nehmen. Der Weg ist mir ebenso wichtig wie das Ziel – und diesen Weg will ich mit allen Muskelfasern spüren, erleben, mir erarbeiten. Sonst ist das Ankommen nicht einmal halb soviel wert. Ich behaupte sogar, daß jemand, der mit der Seilbahn auf die Zugspitze hochgefahren ist, nicht auf demselben Berg war wie einer, der hochgewandert ist.

Mit dieser Haltung stehe ich nicht allein. Für die Höhenbergsteiger macht es einen gewaltigen Unterschied, ob jemand mit oder ohne künstlichen Sauerstoff auf den Gipfel kam. Manche erklären sogar, daß jemand, der einen Achttausender mit Sauerstofflasche bestiegen hat, in Wahrheit höchstens einen Sechstausender bezwungen hat. Sie haben für den bewußten Verzicht auf künstlichen Sauerstoff den Begriff »by fair means« geprägt. Ich finde diese Definition sehr treffend und bin der Meinung, daß sie durchaus auch auf andere Disziplinen angewandt werden kann. »By fair means« betrachte ich als eine Art Gütesiegel, das man sich verdienen muß. Bei unseren Expeditionen versuchen wir diesem Anspruch gerecht zu werden, indem wir auf künstliche Hilfsmittel zur Fortbewegung und auf Träger zum Materialtransport verzichten.

Das Höhenbergsteigen im Himalaja ist nicht mein Metier, deshalb will ich mich nicht weiter in diese mir unbekannten Höhen versteigen. Ich bin allerdigs davon überzeugt, daß der Massenandrang an den Achttausendern schlagartig aufhören würde, wenn jeder seine Ausrüstung und Verpflegung selbst transportieren, den Weg von Katmandu bis zum Basislager und dann weiter bis zum Gipfel aus eigener Kraft bewältigen müßte, ohne Trägerkolonnen, Köche, Sherpas. Wahrscheinlich wäre unter diesen Voraussetzungen nur ein Bruchteil der Wände durchstiegen worden. Letztlich bleibt es jedem selbst überlassen, wie er ans Ziel seiner Träume kommt. Für mich jedenfalls ist es ein großer Unterschied, ob man autark unterwegs ist oder sich und seine Ausrüstung zu einer entlegenen Wand transportieren läßt.

Größte Hochachtung habe ich in diesem Zusammenhang vor Menschen wie dem Schweden Göran Kropp, der die 11 000 km von Stockholm nach Nepal mit dem Fahrrad zurücklegte, allein und ohne Träger mit 65 kg Gepäck zum Basislager in 5300 m Höhe marschierte und schließlich ohne künstlichen Sauerstoff im Mai 1996 den Gipfel des Mount Everest erreichte. Dieses Unternehmen finde ich von der Zielsetzung her schlichtweg grandios. Kropp war ein Purist, vielleicht sogar ein Radikaler, der sich auf keine Kompromisse einlassen wollte. Im Oktober 2002 verunglückte er beim Klettern in den USA tödlich.

Der geistige Vater des Freikletterns wie auch des auf den Klettersport angewandten »By fair means«-Gedankens ist jedoch der österreichische Ausnahmebergsteiger Paul Preuß, der nie einen Haken verwendete und sogar das Abseilen ablehnte. Preuß verlangte von einem Kletterer, daß er die Route, die er im Aufstieg bewältigt hatte, auch im freien Abstieg kletterte. 1913, mit 27 Jahren, stürzte er bei seinem Alleingang an der Manndlkogel-Nordkante im Dachsteinmassiv in den Tod.

Auch vor Preuß habe ich den größten Respekt, gleichzeitig scheint mir sein Tod bezeichnend für eine extreme Geisteshaltung, die ich bewundere – und über die ich mich manchmal auch wundere, weil sie am Ende darauf hinausläuft, sein Leben, ob bewußt oder fahrlässig, aufs Spiel zu setzen. Auch heute gibt es noch – oder wieder – Kletterer, für die der Verzicht auf Haken und Seil die hohe Schule des Kletterns darstellt, das Nonplusultra. Ich war eine Zeitlang selbst auf diesem Trip, seilfrei, solo, jedenfalls solange ich alles noch kontrollieren zu können glaubte. Aber eines Tages erkannte ich, daß ich mit diesem Stil nicht alt werden würde. Dafür liebe und respektiere ich das Leben viel zu sehr

Ein Mann, eine Wand, sonst nichts – so sieht die kompromißloseste und reinste Form des Kletterns aus. Aber so große und schwierige Wände wie den Murallón in Patagonien könnte man in diesem Stil nicht bewältigen. Ab einem gewissen Schwierigkeitsgrad werden Stürze bewußt einkalkuliert, und ohne Seil würden die Kletterer an den Schlüsselstellen wie Fliegen aus der Wand fallen. Der zehnte und elfte Grad, die Leistungssteigerung generell wären nicht möglich gewesen, wenn sich die Philosophie von Paul Preuß als alleingültige Regel durchgesetzt hätte. Und die wenigsten der leistungsorientierten Kletterer würden über das zwanzigste Lebensjahr hinauskommen.

Heute ist noch immer der Rotpunkt-Gedanke von Kurt Albert die wichtigste Grundregel: Nur die natürliche Struktur des Felsens für die Fortbewegung zu nutzen, im Vorstieg, ohne die Sicherungskette durch Sturz, Ausruhen oder Festhalten am Seil oder den Zwischensicherungen zu belasten. Doch Stile kommen und gehen. Jeder Kletterer macht Ausflüge in andere Gebiete, durchläuft verschiedene Entwicklungsphasen, probiert unterschiedliche

Spielarten aus, bevor er sein bevorzugtes Metier findet. Auch in dieser Hinsicht gibt es zum Glück keine »Mountain Police«, die die Einhaltung der wie auch immer gearteten Vorschriften überwacht. Die Szene definiert selbst, was sportlich einwandfrei ist und was als »bad style« geächtet werden sollte. Sich wie ein Cesare Maestri am Cerro Torre mit einem Kompressor hochzunageln käme heute keinem mehr in den Sinn – ganz davon abgesehen, daß ihn die gesamte Szene mit Verachtung strafen würde.

Manchmal befindet sich die Szene auf dem Holzweg oder gerät in eine Sackgasse, wie etwa Mitte der achtziger Jahre, als in Sportkletterrouten plötzlich künstliche Griffe geschlagen wurden und Erstbegeher die Griffgröße durch Aufbohren und Meißeln ihrem jeweiligen Leistungsniveau anpaßten – das ging natürlich schneller, als sich durch gezieltes Training die nötige Kraft zu erarbeiten. Aber am Ende findet die Szene immer wieder zum sportlich einwandfreien Stil zurück. Im Sportklettern ist man mittlerweile beim zwölften Schwierigkeitsgrad angekommen, und es ist noch lange kein Ende in Sicht. Ob sich diese Steigerung des sportlichen Leistungsniveaus auch auf die Big Walls in abgeschiedenen Regionen übertragen läßt, ist allerdings fraglich – noch! Große Routen unter Verzicht auf Bohrhaken zu klettern, das ist vielleicht die Herausforderung der Zukunft. So oder so, es wird immer darauf ankommen, das Zusammenspiel von Geist und Körper zu optimieren. Je weniger einer dabei auf technische Hilfsmittel zurückgreift oder auf die Unterstützung anderer, desto höher ist seine Leistung einzustufen.

Wenn ich selbst diese radikale Form des »by fair means« eines Göran Kropp praktizieren wollte, wäre ich wahrscheinlich noch immer mit dem Fahrrad unterwegs – von Garmisch nach Patagonien und zurück. Oder ich würde irgendwo auf dem Atlantik im Paddelboot treiben und von einer Seejungfrau träumen, die mich ins Schlepptau nimmt.

Das Abenteuer in den Gegenden der Welt zu suchen, die auf der Kletterlandkarte als weiße – oder nahezu weiße – Flecken aufscheinen, in diese unbekannten Regionen aufzubrechen, um dort, wenn es die Rahmenbedingungen erlauben, eine Erstbegehung zu machen, das ist für mich im Augenblick die größte Verlockung. Die sportliche Leistung in der angepeilten Wand, die Erschließung einer neuen Route ist dabei nicht der Höhepunkt, sondern allenfalls ein Etappenziel, Teil des Ganzen also. Der Einstieg in die Wand beginnt für mich bereits an der Stelle, wo alle künstlich angelegten Wege enden. Hier ist meine Start- und Ziellinie, von hier aus breche ich auf, hierher kehre ich zurück, alles aus eigener Kraft. Der Gipfel markiert also lediglich den Umkehrpunkt.

So sieht in meinen Augen die Übertragung des »By fair means«-Gedankens auf das Expeditionsklettern aus. Das ist aber nur meine persönliche Zielsetzung. Es liegt mir fern, ein Gesetz daraus abzuleiten. Ich will niemandem vorschreiben, in welchem Stil er seine Unternehmungen durchzuführen hat. Im Gegenteil – ich wünsche mir, daß sich jeder seinen eigenen Reim darauf macht. Ich finde in dieser Form des Unterwegsseins meine Erfüllung, bin mit Haut und Haaren gefordert, vor allem aber: ganz bei mir.

In meiner Brust schlägt das Herz eines Wettkämpfers, aber dennoch habe ich erkannt, daß die »Schneller-höher-weiter«-Mentalität auf Dauer abstumpft und der Sensibilität für große Unternehmungen das Wasser abgräbt. Das wahre, große Abenteuer beginnt gleich vor der Haustür.

Wir statt Ich

Wo alle Straßen enden, da geht es für uns erst richtig los. Ich muß in der Mehrzahl reden, denn ich bin kein Einzelkämpfer. Wer allein unterwegs ist wie ein Göran Kropp, bewegt sich in einer anderen Dimension und Sphäre als jemand, der Teil eines Teams ist. Der Einzelgänger ist mental eine Art Extremist, weil er ganz auf sich gestellt ist. Das reizt mich sehr – und eines Tages werde ich womöglich auch einmal allein losziehen, aber noch fehlt mir dazu das letzte Quentchen Courage. Außerdem entspricht es meiner Mentalität viel mehr, meine Ideen im Team zu verwirklichen.

Erlebnisse mit anderen teilen zu können macht sie intensiver. Wobei ich nicht ausschließen will, daß man als Solist diese Intensität unter Umständen noch steigern kann.

Schon als junger Spund im Kreis der erfahrenen Alten des Oberreintals habe ich das Gefühl der Zusammengehörigkeit genossen. Teil einer Versammlung von Hochleistungsindividualisten zu sein, die alle dasselbe Ziel haben und dieselbe Leidenschaft, das ist eine wunderbare Erfahrung, die beflügelt und anspornt. Aber so eine Gruppe ist auch ein Schutz- und Trutzbündnis. Mit einem Team unterwegs zu sein bedeutet Sicherheit.

Wenn man fernab der Zivilisation unterwegs ist, sind die Teamgefährten im Notfall die einzige Rettung. Um einen Verletzten zu bergen oder gar über eine längere Distanz zu transportieren, braucht es mindestens zwei Leute. Ich bin es nicht nur mir selbst schuldig, keine unnötigen Risiken einzugehen und alle vertretbaren Vorsichtsmaßnahmen zu treffen, sondern auch meinen Kindern. In diesem Sinne heißt »by fair means« für mich auch, mit möglichst wenigen technischen Hilfsmitteln auszukommen und gleichzeitig alle Risiken möglichst zu minimieren. Nicht auszudenken, einem verletzten Expeditionskameraden nicht helfen zu können, nur weil man aus einem übersteigerten sportlichen Ehrgeiz heraus auf so sinnvolle Ausrüstungsgegenstände wie ein Satellitentelefon verzichtet hat. So sehe ich das jedenfalls. Die Puristen wiederum sagen, daß bereits ein Handy ein unfaires Hilfsmittel sei, weil man sich mit so einem vermeintlichen Rettungsanker unter Umständen in Regionen vorwagt, die man sich sonst nicht zutrauen würde. Darüber läßt sich trefflich streiten – wie auch die gesamte Debatte über die vertretbaren Mittel ein weites Feld ist. Das letzte Wort ist dazu noch nicht gesprochen – und wird es auch nie sein.

Wenn man wochenlang mit einer Gruppe aus wilden Kerlen in der Wildnis unterwegs ist, kommt es entscheidend darauf an, daß die Chemie stimmt. Die Wildnis ist eine strenge, aber gute Lehrmeisterin, die Berge steingewordene Lügendetektoren, die einen sich selbst und die anderen erkennen lassen. Irgendwann läßt jeder die Maske fallen. Alle Charaktereigenschaften, die eine Persönlichkeit ausmachen, treten unter extremen Bedingungen in konzentrierter Form zutage. Der steinige Weg und die Launen des Wetters, die Strapazen und Herausforderungen, mit denen man sich während einer Expedition konfrontiert sieht, all das ist auch eine Teststrecke für die Belastbarkeit zwischenmenschlicher Beziehungen. Genauso wird die Fähigkeit, sich auf andere einzustimmen, Rücksicht zu nehmen und auch mal Kompromisse einzugehen, einer schweren Prüfung unterzogen.

Solange alles rollt und läuft, ist man buchstäblich gut unterwegs. Etwas gemeinsam geschafft zu haben verbindet und macht alles leichter. Problematisch wird es erst, wenn ein Unternehmen ins Stocken gerät. Dann entstehen leicht Spannungen, die die gesamte Atmosphäre vergiften können. In so einer Situation muß sich jeder am Riemen reißen, muß man sich gegenseitig aufmuntern und darf sich nicht durch Jammern und Wehklagen noch tiefer in die Depression hineinreiten. Es kann immer mal vorkommen, daß einer das Ziel aus den Augen verliert und sich deswegen nicht mehr engagieren mag. Jeder hat das Recht, seinem Frust Luft zu machen oder auch einmal alles hinzuschmeißen. Aber er muß sich dann auch wieder aufrappeln – und sich dabei helfen lassen. Belastend und kontraproduktiv ist es, wenn einer nur noch negativ eingestellt ist. Gebetsmühlenartig wiederholte Sprüche wie »Auf diesem Berg sehe ich uns aber noch lange nicht oben!« können einer Unternehmung den guten Geist austreiben, ohne den es nicht geht. Auch nach dem fünften Tag im Schneesturm muß die Devise lauten: »Natürlich machen wir weiter!« Daß es schwierig und anstrengend werden würde, stand von Anfang an fest, war schließlich auch das Reizvolle an der Sache. Andernfalls hätte man sich gleich zu einem gemeinsamen Spaziergang im Münchner Englischen Garten verabreden können.

Alle müssen sich nach dem schwächsten Glied der Kette ausrichten. Wenn dann einer nicht mithalten kann, weil er seine Hausaufgaben nicht gemacht, nicht ausreichend trainiert, sich beispielsweise nicht gründlich genug auf das Paddeln mit dem

Kajak vorbereitet hat, dann sind Konflikte unvermeidlich. Manchmal entwickeln sich daraus menschliche Enttäuschungen, die sich nicht mehr reparieren lassen. Nach solchen Erfahrungen macht man eben keine gemeinsame Expedition mehr.

Gute Freunde

Wichtig ist, daß alle gleichermaßen wild entschlossen sind, das selbstgesteckte Ziel auch zu erreichen. Einer für alle, alle für einen, alle zusammen ein gemeinsames Ziel!

Ich bin in der glücklichen Lage, wunderbare Freunde zu haben, mit denen ich schon viele Abenteuer bestanden habe und hoffentlich noch viele erleben werde. Kurt Albert, Holger Heuber, Jürgen »Plum« Knappe, Hans Martin »Pater« Götz, Klaus Fengler, Sebastian Tischler, Uwe Hofstädter, Robert Jasper, Markus Dorfleitner, Peter Anzenberger oder Jochen Schmoll – mit solchen Freunden, die alle aus demselben Holz geschnitzt sind, auch wenn sie sich vom Temperament her oft sehr unterscheiden, würde ich jederzeit bis ans Ende der Welt gehen. Weil sie sich alle nicht so furchtbar ernst nehmen, lassen sich mit ihnen die Spannungen, die bei keiner Expedition ausbleiben, leicht wieder abbauen. Wir sind eine verschworene Gemeinschaft.

Zwischen uns stimmt nicht nur die Chemie, sondern auch die Balance. Jeder von uns hat ein Spezialgebiet, das ihn aus der Gruppe heraushebt und das für alle anderen Teilnehmer von Nutzen ist. Dasselbe gilt auch für die unterschiedlichen Charaktere. Es gibt den Sturen, den Optimisten, den Zweifler, den Muntermacher und so fort. Jeder trägt auf seine Weise zum Erfolg bei, doch jeder braucht auch einen Kontrapunkt, der seine Emotionen relativiert. Wenn Plum sich in Rage redet, holt ihn Pater wieder runter von diesem Trip. Wenn ich laut darüber nachdenke, ob wir eine Tour wegen des schlechten Wetters nicht besser abbrechen sollten, hält mir Holger entgegen: »Blödsinn. Das müssen wir jetzt halt aussitzen!«

Persönliche Eitelkeit hat bei einem Unternehmen, bei dem jeder Teil des Ganzen ist, nichts zu suchen. Wir alle akzeptieren Kurt Alberts Autorität als Big-Wall-Experte, ohne daß uns dabei ein Zacken aus der Krone fällt. Kurt wiederum muß sich gefallen lassen, daß etwa Holger ihn fragt: »Wir sollen also den rechten Riß hochsteigen? Warum in Herrgotts Namen eigentlich nicht den linken?«

Es gibt keine Führerpersönlichkeit, keinen Leitwolf in unserem Team. Aber es gibt Leute, die haben mehr Erfahrung als andere. Dennoch müssen sie ihre Vorschläge mit sachlichen Argumenten untermauern. Die anderen wiederum müssen den Erfahrungsvorsprung so weit anerkennen, daß sie diese Argumentation akzeptieren können, auch wenn sie selbst ursprünglich einen anderen Weg favorisiert haben. Wenn Entscheidungen gefällt werden müssen, wird gemeinsam diskutiert, wie es weitergehen soll. Ist dann endlich per Mehrheitsbeschluß eine Vorgehensweise oder ein Ziel festgesetzt, dann ist die beschlossene auch wirklich eine gemeinsame Sache.

Ich habe ja meinen eigenen Kopf und kann auch ungenießbar werden, wenn ich das Gefühl habe, daß mich jemand um des eigenen Vorteils willen über den Tisch zu ziehen versucht. Wenn aber die gemeinsam in den Boden der Tatsachen gerammten Eckpfeiler einmal stehen, dann bin ich auch extrem flexibel, was die Details anbelangt. Man muß belehrbar bleiben, wenn man im Team unterwegs ist. Die Unbelehrbarkeit taugt nur für den Egotrip – und der führt auf dieser Basis sicher nicht zum Erfolg.

In einer verfahrenen Situation ist es gut, wenn man nicht im eigenen Saft schmort, sondern seine Köpfe zusammensteckt und verschiedene Lösungen durchspielt. Manchmal hilft es auch, eine vermeintlich unumstößliche Tatsache komplett über den Haufen zu werfen und genau das Gegenteil zu erwägen. Von Francis Picabia, dem französischen Maler, Graphiker und Schriftsteller, gibt es den schönen Spruch: »Der Kopf ist rund, damit das Denken die Richtung ändern kann!« In diesem Sinne gilt für mich: Guten Argumenten gegenüber bin ich immer aufgeschlossen – vor allem, wenn sie von guten Freunden kommen, denen ich blind vertrauen kann.

Vertrauen ist wichtig. Genauso wichtig ist, daß man gewisse fundamentale Überzeugungen teilt, daß man sich beispielsweise darüber einig ist, mit welchen Mitteln und auf welchen Wegen man seine Ziele erreicht, nämlich »by fair means«. Die Einzelheiten sind Definitionssache – und Definitionen verändern sich im Fluß der Zeit. Wirklich unumstößlich ist für mich nur der Grundsatz: Leben und leben lassen – klettern und klettern lassen!

6. Kapitel

Hart am Wind

Die Idee

Drei Jahre hatten wir den Gedanken vor uns hergeschoben – die Idee vom großen Abenteuer auf dem Erdteil, der am menschenfeindlichsten ist: Antarktis. Ein Kontinent, der fast nur aus Wasser zu bestehen scheint, aus hartem Wasser, kilometerdick, Eis. Dieser mystische, weitgehend unbekannte Kontinent hatte mich seit je in seinen Bann gezogen. Es begann damit, daß ich als kleiner Junge zusammengekauert unter meiner Bettdecke lag und bewaffnet mit einer Taschenlampe die dramatischen Expeditionsgeschichten meiner damaligen Lieblingshelden – Scott, Amundsen, Nansen und Shackleton – verschlang, um anschließend mein Bett in eine »Fram« oder »Endurance« zu verwandeln. Ausgerechnet an diesen frostklirrend kalten Abenteuern entzündete sich meine Phantasie. Und nichts fesselte mich stärker als die Schrecken, aber auch die Herausforderungen des Eises und der Finsternis.

Als ich mit 15 Jahren zu klettern begann, traten jedoch andere Ziele in den Vordergrund, und mein Abenteurerherz schlug zunächst etwas gedämpfter. Ich wollte mich in Wettkämpfen mit den besten Kletterern der Welt messen und in den Klettergärten die höchsten Schwierigkeitsgrade bewältigen. Der sportliche Ehrgeiz schob mein Verlangen, einmal im Leben den südlichen Polarkreis zu überschreiten, in die Warteschleife. Und dort blieb es auch bis 1995, als mir auf der Outdoor-Messe in Friedrichshafen unversehens meine alte Jugendliebe Antarktis wieder über den Weg lief.

Kurt Albert, die Kletterlegende, drückte mir ganz aufgeregt ein Buch in die Hand. »Schau dir das mal an«, meinte er und wartete gespannt auf meine Reaktion. Es war ein Bildband des Norwegers Ivar Erik Tollefsen über Queen Maud Land, ein von Norwegen beanspruchtes Territorium am Rand der Antarktis. Da war es plötzlich wieder: das kalte Feuer, diese Schmetterlinge im Bauch, nein die Flugzeuge mit Schneekufen wie damals vor vielen Jahren unter meiner Bettdecke.

Mit einem Mal sah und spürte ich all die vielen Leute um mich herum nicht mehr, vergaß Kurt, der mich immer noch anstarrte, und das Stimmengewirr der Menschen wurde zum Rauschen des Windes, der über ein grenzenloses, schneeweißes und eiskaltes Zauberland faucht. In Gedanken zog ich bereits meinen Schlitten durch diese glitzernde Welt, stapfte staunend zwischen den bizarren Granittürmen dahin, die dort wie Haifischflossen aus einem spiegelglatten, erstarrten Meer bis zu 1000 Meter in die Höhe ragen. So steil sind diese – teilweise auch wie Märchenschlösser anmutenden – Granitriesen, daß kein Schnee oder Eis sich in den Wänden halten kann. Kaum zu glauben, daß diese unwirkliche Landschaft auf unserem blauen Planeten real existiert.

In der Sturm- und Drangzeit meiner Kletterkarriere hatte ich es ganz aus den Augen verloren, beim Betrachten dieser Bilder jedoch begriff ich, weshalb ich mich überhaupt mit solcher Begeisterung auf das Bergsteigen und das Klettern geworfen hatte: Es war die magische Anziehungskraft dieser letzten weißen Flecken auf der Weltkarte gewesen, die mich unter der Bettdecke hervorgelockt und mich letztlich dazu bewogen hatte, mein ganzes Leben nach diesen Traumzielen auszurichten. Heute betrachte ich als das höchste Gut die Freiheit, dorthin aufbrechen zu können, wo nur wenige Menschen hinkommen oder hinwollen, in Gebiete, über die es kaum Informationen gibt, in denen man selbst noch ein kleiner Amundsen oder Nansen sein kann – ein Entdecker.

»Da müssen wir unbedingt hin, oder?« rief Kurt begeistert und holte mich wieder in die Realität zurück. Queen Maud Land ist zwar norwegisches Hoheitsgebiet, liegt jedoch nicht im hohen Norden, sondern im tiefen Süden, so ziemlich im entlegensten Winkel dieser Erde. Ja, dort mußten wir hin.

Mit unseren technischen Errungenschaften triumphieren wir über Raum und Zeit. Man kann sich an jedem beliebigen Punkt dieser Erde absetzen und wieder abholen lassen. Alles nur eine Frage des Geldbeutels. Kurz nach der Messe fuhr ich zusammen mit Jürgen »Plum« Knappe nach Norwegen, um diesem Ivar Erik Tollefsen Informationen aus erster Hand zu entlocken. Was wir zu hören bekamen, war ernüchternd. Es gab zwei Möglichkeiten, in dieses Gebiet zu gelangen: Die eine war, mit einem russischen Versorgungseisbrecher das Polarmeer bis an den Schelfeisrand zu durchpflügen und anschließend vom Schiff aus mit einem Helikopter zu den Felsen zu fliegen – Kostenpunkt: 250 000 US-Dollar. Wegen der maroden finanziellen Verhältnisse der Russen war der Auslauftermin völlig ungewiß, ein Absturz mit dem Helikopter dagegen ziemlich gewiß. Und zahlen sollten wir im voraus. Die andere Möglichkeit, nämlich von Südafrika aus mit einer Transall-Transportmaschine bis zu einem bestimmten Blaueisfeld und von dort aus mit einer kleineren Maschine direkt ins Zielgebiet zu gelangen, erschien zwar sicherer, aber keineswegs billiger.

Und es stellten sich noch reihenweise andere Fragen: Ist so ein riesiger technischer Aufwand, nur um ein Abenteuer zu erleben, um auf den Spuren unserer großen Vorbilder zu wandeln, überhaupt gerechtfertigt? Sieht so etwa die Weiterentwicklung im Expeditionswesen aus? Meine Antwort war und ist ein klares Njet! Zum einen lege ich bei der Auswahl unserer Ziele größten Wert auf die Kreativität, zum anderen will ich den Weg dorthin, zum jeweiligen Berg und wieder zurück in die Zivilisation, aus eigener Kraft bewältigen. Der ganze gewaltige Aufwand, um auf die übliche Weise nach Queen Maud Land zu gelangen, stand jedenfalls in keinem Verhältnis zu unseren finanziellen Möglichkeiten. Und auch nicht in Einklang mit unserer Einstellung. Wie aber, um alles in der Welt, sollten wir sonst in die Antarktis kommen? Sollten wir sie am Ende einfach wieder in die Schublade mit der Aufschrift »Schöne Träume« zurücklegen?

Fast schon hatten wir die Schublade resigniert wieder zugeschoben, als es zu einem kuriosen Zufall kam. Plum konnte sich mit dem Gedanken, die Antarktis aufzugeben, nicht anfreunden und forschte nach weiteren Möglichkeiten. Seine Arbeitskollegin im Dentallabor kannte einen Skipper aus Weilheim, der vor Jahren über die Südsee nach Ushuaia in Feuerland gelangte und dort nun sein Geld mit Törns um Kap Hoorn und exklusiven Segelexpeditionen in die Antarktis verdiente. Noch dazu war er zu dieser Zeit auf Besuch bei seinen Eltern in Weilheim. Was für ein Zufall – und was für eine Geschichte: Skipper Wolf Kloss wollte eigentlich Bergführer werden und hatte sich bereits zu einem Lehrgang angemeldet. Doch dann geschah das, was böse Zungen als den Untergang des Alpinismus bezeichnen: Er lernte eine Frau kennen. Derart verliebt war er, daß er den Kletterrucksack an den Nagel hängte. »Schnucki« wollte lieber segeln. Sie übersah jedoch, daß Wolf immer gefordert sein will und ihm die Segelei auf dem Starnberger See oder Chiemsee nach kurzer Zeit zu langweilig wurde. Es zog ihn aufs Meer hinaus. Das war »Schnucki« nun auch wieder zu extrem – und sie verließ Wolf. Der segelte mit seinem Liebeskummer in die Südsee, lernte dort seine jetzige Frau Jeanette kennen und lebt seither auf der chilenischen Seite des Beagle-Kanals in Puerto Williams. Wolf gefiel uns auf Anhieb – und wir ihm. Er zeigte uns nur ein einziges Bild vom Renard Tower, einem 900 Meter hohen Felszacken, der direkt aus dem Meer aufragt, am Eingang zum Lemaire-Kanal.

»Der Kanal liegt auf der Peninsula der Antarktis; dort kann ich euch mit meinem Schiff hinbringen«, meinte Wolf, und seine Worte klangen wie die eines Beamten der Lotteriegesellschaft, der einen darüber informiert, sechs Richtige mit Zusatzzahl gewonnen zu haben. Es sollten zwar nicht die bizarren Felsformationen von Queen Maud Land werden, aber segelnd – wie die Entdecker – in die Antarktis zu gelangen entsprach noch viel mehr unseren Vorstellungen. Wir waren wieder auf der Gewinnerstraße.

Segeln von Feuerland aus zum geheimnisvollsten, unwirtlichsten Kontinent der Erde. Welch eine Feuerprobe im Polarmeer. Wolf Kloss machte uns neuen Mut, wenn uns der alte, angesichts der Macht des Faktischen und der näheren Umstände der geplanten Überfahrt, verlassen wollte. Stürmischstes Segelrevier der Welt, höchste jemals gemessene Wellenberge, mindestens sechs Tage und Nächte auf hoher See. Für einen Kletterer, der immer einen Anhaltspunkt hat, auf den er sich konzentrieren kann, sei es nun ein Gipfel, eine Wand oder ein Tal, ist der bloße Gedanke an eine bis zum Horizont unbegrenzte – und vor allem schwankende – Ebene, eine Wasserwüste, äußerst abstoßend. Wir wären jedoch keine Kletterer, wenn uns das Unbekannte und Ungewisse nicht gereizt hätte. Daß bei dieser speziellen Unternehmung auch unsere Mägen aufs äußerste gereizt werden würden, nahmen wir in einem Anflug von Überheblichkeit billigend in Kauf. Kletterer sind doch harte Jungs, die ein bißchen Seekrankheit nicht erschüttern kann. Selbstkontrolle ist alles.

Der praktische Teil der Organisation gestaltete sich jedenfalls erstaunlich einfach. Das hätte uns eigentlich mißtrauisch stimmen sollen. Aber blauäugig, wie wir waren, verließen wir uns bei der Zusammenstellung unserer Ausrüstung ganz auf Wolfs Ratschläge, auf die einschlägige Literatur und auf Fotos jenes Berges, den wir ins Auge gefaßt hatten. Schlitten für den Materialtransport an Land, Zelte, Kletterausrüstung, alles dreifach, Biwakzelte – sogenannte Portaledges – für die Wand, Kocher, Schlafsäcke, Simpert-Reiter-Trockennahrung, 500 Meter Fixseile, sechs fünfzig Meter lange Kletterseile, Steigeisen, Eispickel, Bohrhaken – kurzum: Ausrüstung, die man halt so braucht, um Berge zu besteigen, insgesamt weit über 500 Kilo. Im Zelt- und Bekleidungsbereich setzten wir auf besonders robuste und leistungsstarke Materialien, die noch nicht einmal im Handel erhältlich waren. Mein Partner Gore-Tex war sehr daran interessiert, seine Laborwerte unter realistischen Extrembedingungen zu überprüfen.

Natürlich bereiteten wir uns auf dieses spezielle Unternehmen auch ganz speziell vor – wobei wir peinlich darauf achteten, nur ja keinen Gedanken ans Segeln zu verschwenden. Dies war die Teildisziplin, die ich ohne Vorbereitung auf mich zukommen ließ, zumal man als Oberbayer in Grainau denkbar ungünstige Voraussetzungen für die Hochseesegelei mitbringt. Verstärkt absolvierte jeder sein persönliches Konditionstraining. Auch unser Klettertraining war mehr auf Ausdauer ausgerichtet, unter spezieller Berücksichtigung des Eiskletterns. Dieser Bereich war für mich besonders wichtig, da ich mich mit dieser Disziplin bis dahin nie richtig hatte anfreunden können. Mitte Dezember 1998 fuhren Plum, Pater und ich ins Engadin, um vier Wochen vor Expeditionsbeginn noch einmal eine richtige Trainingseinheit zu absolvieren. Auch bei diesem Probelauf bekam ich die Bestätigung dafür, daß ich mich besser im Fels aufhalten sollte.

Nach 200 Metern schwieriger Eiskletterei mußten wir kurz unterhalb des Gipfels noch einen schneebedeckten Hang queren. Was dann geschah, habe ich bereits in dem Exkurs »Sturzangst – Was das Fürchten mich lehrte« erzählt. Daß Plum und ich diese Lawine überlebt hatten, war ein Wunder. Pater war völlig unverletzt, lief hinunter ins Tal und alarmierte einen Hubschrauber. Wir hatten Glück gehabt, sogar riesiges Glück, und bis auf Abschürfungen, Prellungen, Bänderdehnungen und Fleischwunden keine wirklich ernsthaften Verletzungen davongetragen. Aber wir fühlten uns wie nach einem Boxkampf mit Mike Tyson – körperlich und geistig. Der erste Gedanke im Krankenhausbett war: »Antarktis ade!« In nur einem Monat würden die Verletzungen niemals ausheilen.

Der Wille kann jedoch bekanntlich Berge versetzen, zumindest im Kopf. Und ein Ziel wie die Antarktis gibt man nicht so einfach auf, vor allem wenn man so lange gekämpft hat wie wir. Knapp einen Monat nach dem Unfall saßen wir im Flugzeug nach Ushuaia auf Feuerland.

Wir sahen nicht mehr wie Kletterer aus, von Kopf bis Fuß war unser Sextett jetzt auf Wasser eingestellt. Die nächste Woche sollten wir genug davon sehen. Daß es auch von oben kommen würde, hatten wir allerdings nicht ins Kalkül gezogen. Die rauhe Witterung im tiefsten Süden Südamerikas belehrte uns schon am ersten Tag eines Besseren. Doch nicht nur vom Wetter her mußten wir umdenken. Frisch und dynamisch kamen wir in Ushuaia an, wild entschlossen, dem Spediteur, der unsere zwei Riesenkisten mit Ausrüstung nicht rausrücken wollte, zu zeigen, wie man so etwas mit deutscher Gründlichkeit schnell erledigt. Das Spiel der unterschiedlichen Mentalitäten begann. Wir wurden auf den Nachmittag vertröstet. Nachdem wir zwei Stunden im Büro gewartet hatten, bekamen wir den Namen des zuständigen Mitarbeiters mitgeteilt – doch leider würde der Mann erst am nächsten Tag wieder im Einsatz sein. So ging das Spiel weiter, bis wir schließlich am dritten Tag zum ersten Mal unsere Kisten zu Gesicht bekamen. Es war die Entdeckung der Langsamkeit und – zumindest im nachhinein betrachtet – die beste Vorbereitung für die Segelei. Denn wir nutzten die erzwungene Auszeit, um auf der »Santa Maria«, unserer 14 Meter langen Stahlyacht, Klarschiff zu machen. Sämtliche Ritzen an Deck wurden mit Silikon abgedichtet, das Dingi zusammengelegt und die Ausrüstung penibel unter Deck festgezurrt, sogar die Rettungsinsel brachten wir unter Deck. Erst fanden wir diese Anordnungen unseres Skippers maßlos übertrieben und protestierten lautstark dagegen. Wolf meinte nur: »Wenn wir in der Drake kentern sollten, dann hilft uns eine Rettungsinsel auch nicht mehr. Außerdem ist die ›Santa Maria‹ so konstruiert, daß sie wie ein Kajak durchrollen kann.« Das konnte ich nicht glauben, aber ausprobieren wollte ich es erst recht nicht.

Auf den ersten Blick sah die »Santa Maria« recht komfortabel aus, aber als dann alle sechs Kletterer, Bootsmann und Skipper unter Deck im Aufenthaltsraum saßen, ging ohne Schieben und Drücken gar nichts mehr. Ein gemütlicher Ort, an dem man sich näherkam, zu nahe. Wie wir die fast sieben Wochen an und unter Deck auf so engem Raum in größter Harmonie miteinander verbringen konnten, ist mir heute noch ein Rätsel – zumal mit Kletterern und Seglern zwei Welten aufeinanderprallten.

Für den Kletterer ist die Unordnung ein fester Bestandteil seiner Philosophie – ganz im Gegensatz zum Segler. Jeder Gegenstand hat an Bord seinen festen Platz. Welchen Gleichmut mußte Skipper Wolf aufbringen, wenn er jeden Tag mit zusammengebissenen Zähnen hinter uns herräumte! Ein weiterer Grund unserer Besorgnis war Wolfs Proviantlogistik. Er kaufte gerade einmal für vier Wochen Verpflegung ein. Wir wollten jedoch sieben Wochen bleiben, und abzüglich unserer Simpert-Reiter-Trockennahrung für die Wand fehlte immer noch für zwei Wochen Proviant. Auch dagegen protestierten wir lautstark. Doch Wolf blieb gelassen und schmunzelte nur, als er uns seine Berechnung erklärte: »Wir brauchen eine Woche bis in die Antarktis und eine Woche wieder zurück. Für diese Zeit habe ich notfalls ein paar Suppen eingekauft, das wird das einzige sein, was ihr runterbekommen werdet. Ansonsten brauchen wir keine feste Nahrung für diese Zeit. Vertraut mir, Männer, und rechnet einfach mit dem Schlimmsten.«

Am Abend vor dem Auslaufen feierten wir in Port Williams auf Feuerland, dem südlichsten Yachtclub der Welt, unsere bevorstehende seemännische Feuertaufe und hatten zum letzten Mal eine große Klappe. Nach einigen »Pisco sour« schlug jeder großspurig in die 200 Dollar schwere Seekrankheitswette ein – das erste Opfer wollten wir entsprechend zur Kasse bitten. Es sollte nicht lange dauern, bis die Wette klar entschieden war.

Zwei Tage lagen wir noch in einer Bucht vor Kap Hoorn fest. Der Wind wollte einfach nicht aus der richtigen Richtung blasen. Dann ging es los. Ich hatte das Gefühl, auf dem Oktoberfest in die wildeste Achterbahn gestiegen zu sein, wohl wissend, daß es nun auf dem Weg zum Fünffachlooping kein Zurück mehr gab. Aus der Achterbahn steigt man nach einer Minute wieder aus, unsere Fahrt dauerte sechs Tage. Kaum hatten wir die sichere Bucht verlassen und Segel gesetzt, neigte sich das Schiff um 45 Grad zur Seite. Bis

Eine Woche Schräglage und Achterbahnfahren liegen vor uns.

zur Antarktis sollten wir aus dieser Schieflage nicht mehr herauskommen. Als könnte ich mich daran festklammern, fixierten meine Augen das entschwindende Land, bis das letzte Pünktchen hinter dem Horizont versank und nur noch Wasser zu sehen war.

»Grämt euch nicht, es könnte noch viel schlimmer kommen!« ist die Devise von uns Kletterern. Und wir grämten uns nicht, und es kam viel schlimmer. Der Wind wurde stärker, Gischt wehte über das Deck, und wie ein Schmiedehammer stampfte der Bug durch die Wellen, 24 Stunden lang, für eine ganze Woche. Mit Argusaugen beobachtete jeder jede Regung der anderen. Ich spürte die 200 Dollar langsam, aber sicher in mir aufsteigen. Doch dann ging alles ganz schnell. Pater stürzte an Deck, hechtete zur Reling und spendierte den Fischen ein Festmahl. Gerd Heidorn, unser Fotograf, der diesen historischen Augenblick lediglich hatte dokumentieren wollen, fühlte sich derart animiert, daß er sich Pater gleich anschloß. Auch Kurt, der die Szene beobachtete, entschloß sich spontan zur aktiven Teilnahme am großen Erbrechen.

Von Härte keine Spur mehr, wir waren nicht mal einen Tag unterwegs und schon weichgekocht. Uns war nur noch schlecht. Der angenehmste Platz war noch am Ruder, selbst in der Koje fanden wir im Delirium keinen Schlaf. Aber wir waren schließlich keine Pauschaltouristen, hier auf dem Schiff bestimmten der Skipper und sein Bootsmann, sie waren Herren der Lage, wir waren die Leichtmatrosen und wurden entsprechend eingeteilt: jeden Tag noch leichter – und das war ganz schön schwer. Ruderwachen, Nacht für Nacht. Und so eine Nacht, in der man nur noch hört und spürt, aber nichts mehr sieht, kann lang werden. Und dann die tausend Ungewißheiten: Ist das Geräusch normal, liegt die Yacht nicht gefährlich schief? Fragen, die man einem schlafenden Skipper nicht gern stellt. Doch Wolf, der immer bekleidet schlief, immer sprungbereit, unser Seewolf, zeigte keine böse Miene und hatte sehr viel Geduld mit uns. Man lernt schnell auf See. Bald wird einem bewußt, daß es sehr unklug ist, sich ungesichert über die Reling zu beugen, um die Fische zu füttern. Ein Brecher genügt, und in Sekundenschnelle ist man so weit vom Boot abgetrieben, daß jeder Rettungsversuch sinnlos wäre.

Die Diktatur

So unerschrocken wir bisweilen in Felswänden herumturnen, das Meer nötigte uns einen Heidenrespekt ab. Bis runter in die immer feuchten Gummistiefel. In den Ohren nistete sich ein Dauerton aus Wind, schwappenden Wogen und den ächzenden Geräuschen der Yacht ein, Tag und Nacht. Jedes neue Geräusch wurde sofort registriert, von Entspannung konnte keine Rede sein. Das Meer hatte uns in der Hand. Im härtesten Segelrevier der Welt wird man zum Roboter, man denkt, fühlt, macht nur eines: sich mit dem Meer auseinandersetzen. Konzentriert, kontrolliert – Gefühle werden übertönt von den Gär- und Gurgellauten aus der Magengegend, die wie ein hartnäckiges Unwetter nicht mehr abziehen wollen. Schnell kullern da die Gewohnheiten der Zivilisation über

Bord und versinken im Meer. Die kann man hier nicht brauchen. Zwar ist man immer noch ein Mensch und kein Amphibium, aber man befindet sich in der Gewalt der See. Und die ist ein gnadenloser Diktator. Sie bestimmt, was du zu tun und zu lassen hast. Sie raubt dir den Schlaf und sogar das Essen. Nichts gehört dir mehr, und ein einziger dicker Fehler genügt, daß sie dir auch noch das Leben raubt. Ein Leben, das nichts ist für Landratten. Wer das Leben auf See leben muß, der muß es auch lieben. Das ist nicht anders als bei der Kletterei. Diese Lektion haben wir an Bord der »Santa Maria« gelernt. »Santa Maria« – so hieß auch das Flaggschiff von Christoph Kolumbus ...

Wieder und wieder ließ ich den Blick über die schiefergraue, wogende Wasserlandschaft schweifen und sah doch nur das immergleiche Bild. Der unaufhörliche Nieselregen durchnäßte uns bis auf die Haut und zeichnete eine schräge Schraffur über das lebende Riesengebirge aus Wasser. Die weißen Gischtkronen wuchsen sich in meinem Kopf zu Gletschern aus. Und einmal schien es mir, als seien die Wellen erstarrt, um mir ein Felsmassiv vorzugaukeln, ein steinernes Meer. Aber dann merkte ich, daß ich beinahe am Ruder eingeschlafen wäre.

Die Freiheit

Alles, aber auch wirklich alles, was ich über Seefahrt gelesen hatte, verblaßte nun. Was wir erlebten, war keine harmlose Achterbahnfahrt, es war ein wahrhaftiges Abenteuer. Vielleicht gehört zu jeder eindringlichen Erfahrung dieser Art ein Gefühl der Ausgesetztheit und Hilflosigkeit. Aber dadurch wird auch jede Freude, jede Erleichterung, jeder Spaß zu einem intensiven Erlebnis und wertvollen Geschenk. Ja, auf hoher See, mit stets leerem – oder schnell geleertem – Magen, lernt man auch die Saturiertheit, die Übersättigung, den Zivilisationsüberdruß schnell vergessen. Und was das Abenteuer anbelangt: Man vergißt das alles gern, weil man für den Verlust an Sicherheit reichlich entschädigt wird. Ein neues Lebensgefühl stellt sich ein, ein anderes Bewußtsein. Man ist Spielball und zugleich Mitspieler der Elemente, ja, das Kreatürliche in uns, unsere verborgene Natur darf wieder ein Stück weit heraus. Der vernunftverbogene Instinkt stellt sich auf, wird gerade und handelt, bevor du auch nur einen Gedanken fassen kannst. Wir beteten die Seemeilen auf dem GPS förmlich herunter.

Und dann, eines Morgens, war das große Meer immer noch da und war doch mit einem Mal völlig unwichtig. Der sechste Morgen an Bord. Dieselben Winde, dieselben Geräusche. Aber etwas war ganz anders. Alle schauten gebannt nach Süden, oder Osten, ach, in dieser Ecke der Welt kann man selbst die Himmelsrichtungen vergessen. So ähnlich wie bei einem Sonnenaufgang, ja, sogar zeitgleich, glitzerte am Horizont ein hauchdünnes Etwas, funkelnd wie ein rettender Silberstreif. Und dieses Etwas war ein riesengroßer Kontinent. In dem Schrei von Plum, der dieses von uns so heiß herbeigesehnte Eisland als erster entdeckte, entlud sich unsere Anspannung, die ganze Ungewißheit, und wir brüllten unsere grenzenlose Begeisterung heraus.

Antarktis. Stunden um Stunden fuhren wir auf das Land zu, mechanisch erledigten wir unsere Arbeit als Leichtmatrosen, doch mit unseren Gedanken waren wir ganz woanders. Nur langsam hob sich die Insel wie eine Diva aus dem Meer und den Nebenschleiern heraus, die Sonne tauchte sie jede Stunde in ein anderes Licht, aber immer war da ein Glänzen und Glitzern, als näherten wir uns einem Land aus Glas. Und wir staunten wie kleine Kinder unter dem Weihnachtsbaum.

Das Ziel

Jetzt waren wir am Ziel. Und wenn es auch heißt, der Weg sei das Ziel, so mochte doch keiner von uns an den Rückweg denken. Gebannt starrten wir auf die dunkle, von der Natur geschaffene Skyline, die sich uns entgegenschob, davor schneeweiß und bläulich schimmernde Eisberge, dann einige Wale, die uns mit ihren

Wir sind wieder in unserem Element: hart am Wind am Renard Tower.

Zirkuskunststückchen zu begrüßen schienen. Am späten Morgen ankerten wir. Wolf kannte die Gegend und seine Seekarte. Ein Fremder wäre ziemlich hilflos in den Kanälen zwischen den Eisriesen herumgeirrt. Die Anspannung der Seefahrt war wie weggeblasen, eine neue Spannung beherrschte einen jeden von uns: Wird unser Vorhaben gelingen, werden wir überhaupt an Land gehen können?

Nach zwei weiteren Tagesetappen durch die Kanäle sahen wir ihn zum ersten Mal. Steil ins Meer abstürzend stand der Koloß aus Stein vor unseren Augen. Der Renard Tower, eine 800 Meter hohe Wand, teilweise überhängend, noch weit entfernt, mit der Sonne im Rücken, schemenhaft dunkel, bedrohlich, nur auf dem Haupt trug er eine Eiskappe. Für uns Kletterer wurde es jetzt richtig spannend. Unsere Augen klebten am Fernglas und versuchten imaginäre Linien in den Fels zu zeichnen. Je näher wir an den Renard Tower heranfuhren, desto deutlicher erkannten wir eine weitaus größere Problematik als die Wand selbst. Was wir bereits beim ersten Anblick der antarktischen Küste befürchtet hatten, bestätigte sich nun: Dieser Kontinent mag den Menschen nicht, sonst hätte er zumindest ein paar wenige Stellen für den Landgang vorgesehen.

Wir fuhren unter diesem Bollwerk aus Fels auf und ab, konnten aber keinen sicheren Anlandeplatz finden. Senkrecht brach die Wand direkt ins Meer ab. Nur ein paar kleine Vorsprünge, gerade mal groß genug, daß vier Leute darauf würden stehen können, boten sich für ein riskantes Anlegemanöver an. Immer wieder rollte die Brandung über die Absätze, eine kalkulierbare Regelmäßigkeit war nicht festzustellen. Wo der Fels nicht direkt ins Meer abbrach, versperrten riesige Kalbungszonen den Weg an Land, gespeist von mächtigen Gletschern. Mit dieser Problematik hatten wir uns in der Planungsphase nie ernsthaft beschäftigt, jetzt vor Ort entwickelte sich die Situation zu einem echten Problem.

Eigentlich hatten wir geplant, die »Santa Maria« als Basislager zu verwenden und direkt vor der Wand zu ankern. Unter diesen Voraussetzungen war daran jedoch nicht zu denken. Riesige Eismassen drifteten vorbei, und die Stürme prallten mit ihrer ganzen Vehemenz gegen die Wand. Wir mußten umdenken, die sichere Komfortzone des Schiffes verlassen und ein Basislager direkt unter der Wand aufschlagen, während Wolf die »Santa Maria« in eine sichere, drei Segelstunden entfernte Bucht bringen mußte. Während der ganzen Zeit in der Drake-Passage und in der Antarktis stand Wolf unter einer enormen Anspannung. Nicht wie wir wegen einer unbekannten Wand, sondern wegen etwas viel Wichtigerem: Das Schiff war die einzige Verbindung zurück in die mehr als 1000 Kilometer entfernte Zivilisation. Der »Santa Maria« durfte unter keinen Umständen etwas zustoßen.

Bei Unternehmen dieser Art muß man von Haus aus ein gewisses Risiko akzeptieren und versuchen, alle weiteren Risiken so gut wie möglich zu vermeiden. Doch in dieser Situation blieb uns keine andere Wahl, sonst hätten wir das Schiff gar nicht erst zu verlassen brauchen und gleich wieder nach Hause segeln können. Wir entschieden uns dafür, es zu riskieren, spähten eine Anlandestelle aus,

Ein Anblick, der für die ganzen Qualen der Überfahrt entschädigt: der Renard Tower.

die von all den schlechten noch die beste war, und segelten wieder drei Stunden lang zurück zu unserem sicheren Ankerplatz, um uns für die heikle Operation zu rüsten – für unseren antarktischen D-Day. Den ganzen Nachmittag verpackten wir Kletterausrüstung, Seile, Trockennahrung für eine Woche, Kocher, Zelte, Schlafsäcke, Biwakausrüstung und Bekleidung für niedrige Temperaturen in wasserdichte Säcke, insgesamt fast 250 Kilo.

Am frühen Morgen des nächsten Tages trieben wir dann mit der »Santa Maria« wieder unterhalb des Renard Towers. Wolf konnte uns hier nur absetzen und mußte dann wieder zurück zum geschützten Ankerplatz. Wir bereiteten zwei Schlauchboote vor und verbanden sie mit Seilen. Wolf und der Bootsmann Rainer halfen im Dingi beim Anlanden an der Steilküste, das war Seemannsaufgabe. Als erster sprang Holger auf den kleinen Absatz, und in mühsamer Arbeit zerrte er Sack für Sack an Land und zurrte sie sofort an einem Haken fest. Jeder war sehr nervös, und einige von uns sprangen im falschen Moment aus dem Schlauchboot und standen bis zur Hüfte im Wasser. Wir waren zwar mit einem Seil gesichert, doch Schuhe und Bekleidung waren naß und trockneten bei diesen Temperaturen nur noch durch die eigene Körperwärme im Schlafsack. Und dann passierte, was in dieser Weltentrücktheit, wo der Mensch nur eine begrenzte Aufenthaltsgenehmigung erhält, eigentlich nicht passieren darf: Beim Versuch, mit der Yacht einem Eisberg auszuweichen, übersahen Kurt, Gerd und ich eine Eisscholle, vielleicht weil der Berg alle Aufmerksamkeit auf sich zog, egal, jedenfalls ging die Selbststeueranlage zu Bruch und blockierte das Hauptruder – ein Beinahe-Supergau!

Wolf, der mit dem Anlanden im Schlauchboot beschäftigt war, hatte uns ausdrücklich aufgetragen, das Schiff mit den Eisbergen treiben zu lassen, und eindringlich davor gewarnt, irgendwelche Manöver zu machen, nur im äußersten Notfall, etwa um einem Eisberg auszuweichen. Als er kurze Zeit später mit dem Dingi wieder zurück zur Yacht kam, sah er das Desaster schon von weitem, und auf seinem sonst so freundlichen Gesicht zeichnete sich panischer Schrecken ab. Als Seemann ist er mit allen Wassern sämtlicher Weltmeere gewaschen, doch sechs Kletterer auf seiner »Santa Maria«, das trieb sogar unseren lieben Wolf oftmals an den Rand der Fassungslosigkeit. Sofort erkannte er die Tragweite unseres Mißgeschicks – und seine größte Sorge galt dem Hauptruder. Äußerst vorsichtig wurde die Selbststeueranlage abgebaut, das Hauptruder kam frei – und war Gott sei Dank unbeschädigt. In dieser Gegend kann jedes technische Problem in eine Katastrophe münden. Hier kommt kein gelbes ADAC-Engelchen vorbei und repariert. Hier gilt die Devise: Rette dich selbst!

Ausgesetzt

Nach Stunden nervenaufreibender Arbeit hatten wir endlich die gesamte Ausrüstung sowie die komplette Mannschaft an Land. Die »Santa Maria« verschwand am Horizont, und wir waren allein. Auf jedem von uns lastete die Gewißheit, ab jetzt für eine Woche an diesem Berg auf einem der menschenfeindlichsten Kontinente ausgesetzt zu sein. Wegen eines Gebirgszugs zwischen uns und dem Ankerplatz hatten wir auch keinen Funkkontakt mehr mit Wolf und Rainer. Allein hätten wir uns von diesem Ort nicht mehr fortbewegen können. Es war ein bedrückendes und zugleich schaurig schönes Gefühl.

Da standen wir wie die Pinguine auf einem kleinen Absatz irgendwo an der Küste der Antarktis, im Rücken eine 800 Meter steile Felswand und vor uns tausend Kilometer Wasser. Der einzige Weg führte nach oben, denn erst in 200 Meter Höhe war ein schmaler, sturmumtoster Grat auszumachen, auf dem wir unsere Zelte würden aufstellen können. Gerade einmal weit genug von der Wand entfernt, um der größten Lawinengefahr auszuweichen. Der Wind brauste wütend, der Fels war strukturlos und extrem hart. Nur spärlich gab es Möglichkeiten, zuverlässige Sicherungspunkte mit Klemmkeilen und Normalhaken anzubringen. Mit der Bohrmaschine konnten wir wenigstens an den Standplätzen zuverlässige Haken anbringen, aber auch sie schaffte es nicht mühelos und verschlang viel zu viel Energie aus den Akkus. Wir mußten haushalten, bereits vom ersten Haken an.

Die Bohrmaschine wurde einer der Schlüssel zum Erfolg. Zumindest an den Standplätzen waren wir auf sichere Bohrhaken angewiesen, da wir nach dem Gipfelgang über die ganze Route wieder abseilen mußten. Wir sparten Energie und bohrten die Haken nur halb so tief in den Fels wie sonst üblich – und auch nur einen pro Standplatz. Mit unseren bordsteifen Gliedern zu klettern war anfangs keine leichte Übung. Eine Segelyacht in der Drake-Passage ist kein Fitneßstudio. Und das Eismeer kein Whirlpool.

Wir standen unter großem Zeitdruck und teilten die Wand in drei Abschnitte ein, die wir jeweils zu einem festgelegten Zeitpunkt hinter uns gebracht haben wollten. Zwei Tage kalkulierten wir für schlechtes Wetter ein. Die Kletterei war schwierig, im achten bis unteren neunten Schwierigkeitsgrad. Doch wir kamen gut voran, zumindest am Anfang. Bei Windstille und Sonnenschein konnten wir ohne Handschuhe klettern, bis die Finger taub wurden. Dann schlug der Vorsteiger einen Haken oder legte einen Klemmkeil oder Friend, versuchte, am Fels fixiert, die Finger wieder aufzuwärmen und dann weiterzuklettern. Die Temperatur lag tagsüber nur wenig unter Null, in der Nacht jedoch bei etwa minus 15 bis 20 Grad.

Am dritten Tag verurteilte uns ein Schneesturm zu zwei Tagen Arrest in den Zelten – und das war die schlimmste Zeit. Wir waren zum Nichtstun verdammt, jeder begann daran zu denken, was alles schiefgehen konnte. Über uns toste der Sturm, unter uns das Meer. Jede Sekunde am Berg barg ein Risiko. Es durfte nichts, aber auch gar nichts passieren. Ob sich aber das Schicksal an solch fromme Wünsche halten würde?

Die Kraft

Doch unsere größte Stärke war der Teamgeist, dazu die Erfahrung, die jeder von uns in den gemeinsamen Topf warf. Vor zehn Jahren – wer weiß, ob ich damals für so eine Tour reif gewesen wäre?

Es war ein gewagter und knapp bemessener Zeitplan. Fünf Tage waren wir bereits in der Wand, in zwei Tagen sollte uns Wolf wieder abholen – und wir hatten bisher höchstens die Hälfte der Wand bewältigt. Uns stand nur noch ein Tag zur Verfügung, um die zweite Hälfte zu durchsteigen. Würde uns dies nicht gelingen, würden wir neuen Proviant von Bord holen und Wolf wieder in die sichere Bucht zurückschicken müssen – er wäre alles andere als begeistert gewesen. In der Nacht ließ der Schneefall unmerklich nach, der Sturm ebbte ab, und am nächsten Morgen wölbte sich ein strahlend blauer, wolkenloser Himmel über unseren Köpfen. Es war wie ein Traum.

Wir stiegen alle zusammen, einer hinter dem anderen, mit unseren Steigklemmen an den Fixseilen bis zum höchsten erreichten Punkt hinauf. Bis zu diesem Punkt waren mittlerweile auch Schnee und Eis abgetaut. Kurt und ich kletterten weiter voraus und fixierten für Holger, Plum, Gerd und Pater das Seil, an dem sie mit ihren Klemmen schnell nachsteigen konnten. Doch dann passierte es. Durch die Seilbewegung löste sich ein handballgroßer Stein und traf mit voller Wucht Holgers Helm. Benommen sank er am Standplatz in sich zusammen und hing für einen quälend langen Augenblick regungslos im Seil. Mit einem Schlag wurde jedem wieder bewußt, wo wir uns befanden. Wir waren auf uns selbst angewiesen, keiner konnte uns hier retten. Endlich hob Holger den Arm und reckte den Daumen nach oben. Das wirkte nicht sonderlich überzeugend, aber immerhin schien er halbwegs okay zu sein. Er hatte starke Kopfschmerzen und eine geprellte Schulter. Wir überließen ihm die Entscheidung, ob wir den Rückzug antreten sollten – oder weiterklettern, die letzten Seillängen hinauf zum Gipfel. Holger war erfahren genug, in dieser Situation die richtige Entscheidung zu treffen. Er wußte auch, daß wir im Falle eines Rückzugs seine Entscheidung alle verstehen und sofort akzeptieren würden. Doch Holger war und ist ein extrem zäher Kerl, der wie kein anderer die Zähne zusammenbeißen kann. Er wollte trotz einer Gehirnerschütterung unbedingt auf den Gipfel.

Am Ende der Felsschwierigkeiten, beim Übergang in den Eispilz, kletterte Plum, unser erfahrenster Eiskletterer, voraus. Eine Stunde später standen wir alle zusammen als erste auf dem Gipfel des Renard Towers.

Erfolg

Nein, es war plötzlich völlig bedeutungslos, als erste hier zu stehen, viel wichtiger war, daß wir es überhaupt geschafft hatten, hier am Ende der Welt. Antarktis. Allein schon der Klang dieses Wortes ließ meiner Seele Flügel wachsen. Und dann der Ausblick, frei bis zum Horizont, über die See, die von oben nur geringfügig harmloser aussah. Hinter uns der weiße Kontinent mit seinen kalbenden Riesengletschern, Fluchtpunkt der polaren Sehnsüchte aller ruhelosen Geister. Und immer wieder diese unvorstellbare Weite und wilde Schönheit. Der Wind zauste uns. And the wind cries Mary. »Hart am Wind« – so tauften wir diese Route, während über das Meer der nächste Schneesturm herangebraust kam.

Hochgefühle, Höhenflüge sind schön und gut, aber irgendwann gilt es, wieder herunterzukommen. Auch für uns hieß es: Nur jetzt nicht den Fehler machen, der schon so viele Opfer gefordert hat. Bloß nicht leichtsinnig werden, weil man runter will, schnell ins sichere Zelt. Hochkonzentriert, Seillänge für Seillänge, die Müdigkeit verdrängen! Es begann zu schneien, der Sturm wurde immer stärker, erst spät in der Nacht erreichten wir unser Basislager. Es schneite ununterbrochen weiter, die ganze Nacht. Stündlich wuchs die Lawinengefahr. Entsprechend war uns keine Ruhepause vergönnt. Im ersten Licht des nächsten Morgens packten wir zusammen und seilten ab, hinunter auf das kleine Podest über dem brausenden Meer, ohne zu wissen, ob Wolf bei diesem Wetter überhaupt in der Lage sein würde, uns abzuholen. Während die Lawinen über uns hinwegfegten, begann das lange, lange Warten. Und dann tauchte sie auf, im Schneetreiben unter vollen Segeln – die »Santa Maria«, unsere schwimmende Oase, die Nabelschnur, die uns mit der Zivilisation verband. Wolf war überglücklich, uns alle wieder heil an Bord zu haben – und wir waren es auch.

Abenteuerdurst

Anderntags wollten wir aber doch noch eins draufsetzen. Segeln bis zum südlichen Polarkreis. Wolf, unser Mann am Ruder, machte ein sehr nachdenkliches Gesicht. »Es wird kälter, und dabei haben wir schon viel zu viel Eis. Aber kälter darf es nicht mehr werden, sonst ist es vorbei, dann fährt nämlich die See mit uns, weil sie uns einfriert.« Da halfen keine warmen Worte und auch keine noch so heißspornigen Anwandlungen. Fünfzig Mei-

Patagonien: Der lange Marsch ins Basislager des Murallón.

◄ **Südafrika:** Erste Begehung der Route »Satans Temple« im »Restaurant at the end of the universe«.

Patagonien: Living in the Box. Eine Woche Warten auf gutes Wetter in der Wellblechhütte.

Patagonien: Robert demonstriert die hohe Schule des Drytoolings »Lost World«.

Baffin Island: Mit dem Kajak auf der Suche nach Wasser. ►

Patagonien: Auf dem schnellsten Weg zum Gipfel während der Erstbegehung »Lost World« am Murallón.

Kanada: Flußaufwärts auf dem Weg zur Quelle des South Nahanni.

Kanada: Ausgehungert, aber glücklich. Ankunft in der Zivilisation.

Baffin Island: Über den Wolken bei der Erstbegehung der »Odyssee«-Route am Polar Bear Spire.

Südafrika: Messerscharfe Leisten im Gebiet »The restaurant at the end ► of the universe«.

Baffin Island: Die Überwindung des gefährlichen Brandungsgürtels.

GORE-TEX
Timberland

len vor dem Polarkreis, das Ziel in Sichtweite, hieß es: aus, Schluß, umkehren. Wolf mußte es wissen. Doch unser Tatendrang lief noch immer auf Hochtouren, bevor es zurück in die Drake-Passage ging.

Finale

Eisklettern an Eisbergen! War da jetzt vielleicht doch ein Funken Überheblichkeit, Größenwahn oder Leichtsinn im Spiel? Filmaufnahmen im Eismeer – mit dem Dingi setzten Plum, Pater und Gerd zu einem gewaltigen Eisberg über, von dem bekanntermaßen nur die Spitze aus dem Wasser ragte. Nachdem Plum mit dem Eisbeil ein paar Mal in die Oberfläche gehackt hatte, wiegte er den Kopf. Das Ergebnis seiner Klangprobe gefiel ihm ganz und gar nicht. Das Eis schien unter einer ungeheuren Spannung zu stehen. Aber seinen Eisgeräten und den Zwölfzackern konnte sich der Eisberg dennoch nicht widersetzen. Plum kletterte mit angehaltenem Atem auf den weißen Riesenzacken, während Pater und Gerd seinem Aufstieg mit den Kameras folgten.

Und noch ein Eisberg, weil's so schön war. Bäng. Nein, dieses Geräusch mochte Plum nicht. Wieder schlug er in das steinharte Eis. Da, wie in Zeitlupe bildete sich mit gespenstisch knackendem Geräusch ein Riß über die gesamte Breite des Brockens. Plum reagierte sofort, auch Rainer, der Bootsmann, ließ den Außenborder aufheulen. Mit einem widerlichen Bersten platzte eine riesige Flanke ab, stürzte ins Meer, verschwand in dem schmalen Wellenabschnitt zwischen Boot und Eisberg – und tauchte unter dem Boot wieder auf. Wie durch ein Wunder klatschte das Boot wieder aufs Wasser, ohne zu kentern. Aber seine Besatzung konnte die Wucht des Aufpralls nicht abfangen und wurde in hohem Bogen ins Wasser geschleudert – Plum mit voller Eiskletterausrüstung, Gerd mit der Foto- und Pater mit der Filmkamera. Die Wassertemperatur lag nahe am Gefrierpunkt, und die Schrecksekunden wurden zur Unendlichkeit. Einer nach dem anderen hievte sich wieder ins Schlauchboot. Trotz Kälte und Nässe war ihnen jetzt ziemlich warm geworden.

Am folgenden Tag begegneten wir auf dem Weg durch die Kanäle zurück in die Drake-Passage einer belgischen Yacht. Einer der Segler hatte eine gute Videokamera bei sich und war bereit, sie uns zu leihen. So konnte der Film doch noch zu Ende gedreht werden.

Gedreht haben sich auch wieder unsere Mägen – und zwar ganz gewaltig auf der Rückfahrt durch die Drake-Passage nach Feuerland. Womöglich schwebten während dieses Wellenritts die Geister von Scott, Amundsen und Shackleton über den Wassern, aber ich hatte kein Auge für sie, weil mich die Seekrankheit in ihrem Würgegriff hielt.

Grün

Manchmal ist selbst das Zurückkommen ein Abenteuer. Wenn man einen tosenden Ozean überquert hat und aus einer Region kommt, in der weder menschliches noch pflanzliches Leben existiert, kommt es einem wie ein Wunder vor, ein Land zu betreten, in dem es etwas gibt, das grün aus der Erde wächst. Das sehen und spüren zu können ist das wahre Abenteuer. Das bißchen Grün, dies bißchen Hoffnung auf dem kargen Feuerland, das hatte plötzlich die Schönheit einer Almwiese mit tausend Enzianen.

Familienbande – Vom Wegfahren und vom Heimkehren

Als ich, um intensive Erlebnisse und Erfahrungen reicher, aus der Antarktis nach Hause zurückkehrte, mußte ich entdecken, daß mein Basislager abgebrannt war. Nicht im wörtlichen Sinn leider, denn ein eingeäschertes Zelt, meinetwegen sogar ein abgefackeltes Haus hätte mich nicht aus der Bahn geworfen. Materielle Verluste dieser Art hätte ich vergleichsweise schnell verschmerzen können, zumal mein Herz nicht wirklich an den Dingen hängt. So gern ich mich auch mit schönen Dingen umgebe, die das Leben angenehmer machen, so wenig betrachte ich sie als Lebensinhalt oder Glücksgarant. Es kommt auf das Sein an, nicht auf das Haben. Wie wahr diese vermeintliche Binsenweisheit ist, habe ich damals zu begreifen begonnen.

Janine hatte eine Entscheidung gefällt. Ich sah es schon ihrem Gesicht an, sie hätte es gar nicht mehr sagen müssen. Sie wollte, sie konnte nicht mehr.

Daß eine Ehe in die Brüche geht und mit ihr der Glücksentwurf von der heilen Familie, ist mittlerweile eher die Regel als die Ausnahme. Das mag traurig sein, entspricht aber offenbar unseren veränderten Wertvorstellungen – leider. Insofern möchte ich diesbezüglich nicht weiter mit Gemeinplätzen aufwarten. Auch will ich hier nicht Szenen einer Ehe publik machen oder, wie es zum Zweck der Volksbelustigung mittlerweile üblich geworden ist, in exhibitionistischer Manier mein Privatleben dem voyeuristischen Blick aussetzen und öffentlich alte Rechnungen begleichen.

Aber ich möchte schon einer Frage nachgehen, die nicht nur für meine eigene Biographie von Bedeutung ist: Sollte es in der Natur der Sache liegen, daß die Leidenschaft für das Klettern und Bergsteigen auf der einen Seite, der Drang, immer wieder ins Ungewisse aufbrechen zu müssen, und das Bedürfnis nach Geborgenheit und emotionaler Bindung auf der anderen Seite zwangsläufig eine instabile Verbindung eingehen? Ist es ein Widerspruch in sich, in die Ferne schweifen zu wollen und zugleich menschliche Nähe zu suchen? Ich kenne jedenfalls nicht allzu viele Extremkletterer oder Berufsabenteurer, die eine intakte Familie haben oder wenigstens in einer festen Beziehung leben.

In meiner Sturm- und Drangzeit war ich ziemlich schräg drauf. Bei einem zweiwöchigen Trip in die Verdon-Schlucht fühlte ich mich wie im Paradies. Wir kletterten jeden Tag, bis uns die Haut in Fetzen von den Fingerkuppen hing. Abends trafen wir uns mit anderen Kletterern aus aller Herren Länder in der Kneipe von La Palud, feierten unsere Erfolge, ertränkten unsere Mißerfolge in Rotwein und fühlten uns wie »die Kinder von Torremolinos«. Ich war frei. »So also fühlt sich das wahre Leben an!« dachte ich. Zu Hause warteten die Drehbank und meine Freundin, die es kaum erwarten konnte, daß ich endlich wieder heimkehrte. Diese Sehnsucht war jedoch sehr einseitig. Mich schnürte sie ein, ich fühlte meine Freiheit dadurch bedroht, ich wollte einfach keine Kompromisse eingehen. Die ganze Heimfahrt dachte ich nur darüber nach, wie ich ihr das beibringen könnte, und anstatt der Geliebten in die Arme zu sinken, beendete ich die Beziehung noch vor dem Willkommenskuß. Danach fühlte ich mich richtig erleichtert und befreit. Meine Unabhängigkeit ging mir über alles, und ich kümmerte mich nicht weiter um das gebrochene Herz, das ich hinter mir ließ.

Als Kletterer genießt man einen gewissen Exotenstatus, den manche Frauen durchaus attraktiv finden. (Es kursieren sogar Geschichten über Biwak-Groupies, aber die stehen auf einem anderen Blatt.) »Boy meets girl...« – so beginnen alle Love-Storys, manche finden ein Happy-End, manche enden böse. Meist jedenfalls nimmt die erste Verliebtheit zunächst einmal locker alle Hürden. Das ist bei Kletterern nicht anders als bei anderen Männern. Probleme können sich dann einstellen, wenn die Frau zunehmend den Eindruck gewinnt, daß die vermeintliche Zweierbeziehung in Wahrheit eine »ménage à trois« ist, daß es da für den Mann zwar keine zweite Frau gibt, aber eine Kraft, eine Begeisterung, die ebenso stark ist, wenn nicht gar stärker als sein Bedürfnis nach Zweisamkeit. Bei uns Kletterern ist das vermutlich gar nicht so viel anders als bei Männern, die beispielsweise leidenschaftlich gern alte Dampflokomotiven restaurieren oder passionierte Jäger sind. Oder aber mit ihrem Beruf verheiratet. Was jedoch in unserem Fall das Zusammensein erschweren kann, ist unsere Neigung zur Nestflucht. Man könnte sagen, wir suchen zwischendurch das Weite, weil wir Höhe gewinnen wollen. Und wir wünschen uns von einer Gefährtin, daß sie uns ziehen läßt und keine Steine in den Weg rollt. Vor allem aber, daß sie sich nicht von der Angst zermürben läßt, uns könnte etwas zustoßen. Für unsereinen ist das selbstverständlich, in Wahrheit aber ist es manchmal viel verlangt ...

Janine war so ganz anders als die Frauen, die ich vor ihr kennengelernt hatte. Sie hatte ihren eigenen Kopf. Dafür liebte ich sie, aber nicht nur dafür. Als wir uns nahekamen, lebte ich bereits vom Klettern – oder sagen wir, ich versuchte es. Sie hat mich in meiner Karriere enorm unterstützt und beflügelt, hat mich zu den Wettkämpfen begleitet und zum Training, ist zwar selbst kaum geklettert, hat mich aber oft gesichert. Gesichert in mehrfacher Hinsicht. Wir ergänzten uns, bestärkten uns im Positiven wie im Negativen. Wir waren ein gutes Gespann, ein starkes Team.

Da gab es nur ein Problem. Klettern war mein Leben. Und Janine hatte ihr Leben ganz nach meinem ausgerichtet. Ich hatte eine alles beherrschende Passion, sie nicht. Aber sie genoß es, mit mir zu reisen. Die bunte Kletterszene und meine traumhaft schönen »Arbeitsplätze« gefielen ihr. Wir waren Glückskinder, unverbindlich und spontan, einigermaßen frei von materiellen Sorgen und nur für uns selbst verantwortlich.

Erst beim Blick zurück, aus einer gewissen zeitlichen Distanz, werden mir die Mechanismen von damals richtig bewußt.

Alles schien perfekt zu sein. Ich hatte die Freiheit, mich zu verwirklichen, und eine Frau, die mir diese Freiheit zugestand, mehr noch, mich darin bestärkte. Aber sie reizte und faszinierte mich eben auch deswegen, weil ich mein Leben so gestalten und leben konnte, wie ich es mir vorstellte.

Was ich mir lange nicht eingestehen konnte und wollte: Obwohl ich hochgradig harmoniesüchtig bin und keinem Menschen weh tun möchte – im Kern meines Wesens bin ich ein Egoist. Ich bin heute davon überzeugt, daß es einen gewissen Grad an Egoismus – oder zumindest Egozentrik – braucht, wenn man etwas erreichen will, ganz egal in welchem Bereich. Erfolgreiche Menschen sind egoistisch, sonst wären sie nicht da, wo sie jetzt sind. Mich macht es richtig wütend, wenn ich Menschen begegne, die die Ursachen für ihre unbefriedigende Situation überall suchen, nur nicht bei sich selbst. Wenn mir zum Beispiel jemand erzählt, er würde ja gern mehr Sport treiben und eigentlich habe er doch gar keinen dicken Bauch, aber seine Familie erlaube ihm leider nicht, eigene Wege zu gehen, seine Frau werde immer so eifersüchtig, und sein Job lasse das zeitlich ohnehin nicht zu – dann schwillt mir der Kamm.

Wenn wir mit unserem Leben unzufrieden sind, es jedoch nicht fertigbringen, etwas zu ändern – oder dies wenigstens mit aller Kraft zu versuchen –, sind wir dann nicht selbst für die Misere verantwortlich? Es muß niederschmetternd sein, wenn man an seinem Lebensabend Bilanz zieht und zu dem Schluß kommt, alles falsch gemacht zu haben. Wie oft hört man den Satz: »Heute würde ich alles ganz anders machen, aber vorbei ist vorbei!« Wenn ich einmal auf mein Leben zurückblicke, möchte ich sagen können: »Gut gemacht, Stefan, im großen und ganzen würde ich alles wieder genauso machen.«

Janines Einstellung zu meiner Lebensweise war damals für mich die einzig akzeptable. Anders wären wir auch nie über eine Romanze hinausgekommen. Alles mußte so sein und kam so, wie es kommen mußte. Die Zukunft war vielversprechend. Ich konnte befreit aufspielen, hatte Erfolg, war gut im Geschäft. Sogar eine Nebenkarriere als Filmdarsteller schien möglich. Wir zogen dorthin zurück, wo wir beide hergekommen waren, ins Werdenfelser Land, fanden in Grainau ein nettes Häuschen, das wir nach unseren Vorstellungen umgestalten konnten. Ein Kind zu bekommen war eine wunderbare Vorstellung, die Zeit der Schwangerschaft die reine Freude. Als sich dann herausstellte, daß uns nicht nur ein Kind ins Haus stand, auch nicht zwei, sondern gleich drei, war ich der glücklichste Mensch auf Erden.

Wir wollten immer mehr als nur ein Kind haben. Aber wie es unsere Art war, verdrängten wir alle damit verbundenen Zweifel und Ängste, die dann und wann aufkeimten. Ganz zu schweigen davon, daß es keinem von uns gelang, dem Partner einen Einblick in den eigenen, den wahren Seelenzustand zu gewähren. Als die drei dann zur Welt kamen, zwei Buben und ein süßes Mädchen, hießen wir sie von Herzen willkommen. Sie waren und sind das größte Geschenk unseres Lebens.

Mit der Ankunft unserer Kinder begann für mich über Nacht eine neue Zeitrechnung. Während der Schwangerschaft hatten wir uns immer vorzustellen versucht, wie es wohl so sein würde zu fünft. Die drei Kinderbetten standen bereit, die Windelpackungen stapelten sich im Keller, und der Kleiderschrank war dreifach mit Babywäsche bestückt. Aber wer es noch nicht erlebt hat, kann nicht im entferntesten ermessen, was da auf einen zukommt. Ich sah zwar Janine mit ihrem dicken Bauch, daß jedoch in kurzer Zeit die drei Bettchen mit Leben erfüllt sein würden und damit das ganze Haus, unsere gesamte Existenz, nein, das konnten wir uns beim besten Willen nicht vorstellen.

Janine verbrachte die letzten Wochen im Krankenhaus, noch nicht mal unsere Eltern wußten von unserem üppigen Kindersegen. Wir sagten kein Sterbenswörtchen, war es doch die erste Geburt von Drillingen in Garmisch. Auf keinen Fall wollten wir Ausstellungsstücke im Schaufenster der öffentlichen Neugier werden und uns dem entsprechenden Erwartungsdruck aussetzen.

Es war der 21. Januar 1996, ein strahlender, kalter Wintermorgen. Ich besuchte Janine im Krankenhaus. Am Nachmittag wollte ich trainieren, doch ich war noch keine zehn Minuten wieder zu Hause, da rief Janine an. »Es geht los«, sagte sie kurz, und bevor mir klar wurde, was da losging, hatte sie bereits wieder aufgelegt. Mir wurde heiß, meine Knie fühlten sich plötzlich ganz weich an. Und als die Haustür hinter mir ins Schloß krachte, empfand ich das wie den Startschuß in ein neues Leben. Ich blieb stehen und starrte zurück auf die Tür. Wenn ich sie das nächste Mal aufschließen werde, bin ich Vater von drei Kindern! Ich saß im Auto. Nachbarn, Häuser, Geschäfte zogen wie im Film an mir vorbei. Wenn ich das nächste Mal an ihnen vorbeifahren werde, bin ich Vater von drei Kindern! Unglaublich, unfaßbar! Die Gefühle überwältigten mich. Die Geburt war der ergreifendste Augenblick meines Lebens.

Mit der Geburt der Kinder hat sich auch meine Einstellung zum beruflichen Aspekt meiner Leidenschaft schlagartig verändert. Über Nacht war ich nicht mehr nur für zwei, sondern gleich für fünf verantwortlich. Da ich die Versorgerrolle sehr ernst nehme und die Kletterei nicht nur mein Leben, sondern auch unsere Existenzgrundlage ist, sah ich mich mit einem erheblich höheren Schwierigkeitsgrad konfrontiert. Ehrgeizig, wie ich bin, wollte ich ein perfekter Vater sein *und* ein erfolgreicher Kletterer.

Auch auf Janine kam eine Herausforderung zu, die ihr alles abverlangte. Hatten wir bis dahin Meinungsverschiedenheiten nie offen ausgetragen, sondern immer nur verdrängt oder abgebogen, so gaben wir uns jetzt erst recht alle Mühe, die wachsenden Schwierigkeiten zu negieren. Nach außen waren wir das perfekte Paar. Ein schmuckes Häuschen, eine hübsche Mutter mit drei properen Mäusen im Drillingskinderwagen – das war fast schon die Idealbesetzung für die Rama-Familie. Es kostete zunehmend Kraft, diesem Bild zu entsprechen, aber wir lächelten noch, als wir schon längst auf dem Zahnfleisch daherkamen. Am meisten sind wir selbst auf diese Vorspiegelung falscher Tatsachen hereingefallen. Ich habe total übersehen, habe nicht wahrhaben wollen, daß

Von links nach rechts: Tim, Nadine, Ben.

Janine mit ihrer Rolle überfordert sein könnte. Drei Kinder, das ist eine Herausforderung wie der Mount Everest. Ich aber war so mit mir und meiner Rolle als Vater und Versorger beschäftigt, daß ich nicht die Energie aufbrachte, unsere Situation einmal von außen zu betrachten. Wie auch? Ich war ja selbst mittendrin. Wir waren davon überzeugt, an unserer Situation nichts ändern zu können.

Ich konnte es mir nicht leisten, mich auch nur ein halbes Jahr aus der Kletterszene zu verabschieden. Jedenfalls war ich davon überzeugt, daß ich auch der Familie zuliebe trainieren und die Verpflichtungen gegenüber meinen Sponsoren ernst nehmen müsse.

Ja, ich habe nie ernsthaft erwogen, der Familie zuliebe die Kletterschuhe an den Nagel zu hängen. Im Gegenteil: Der Familie zuliebe habe ich nicht nur weitergemacht, sondern noch einen Zahn zugelegt. Es gibt Männer, die verkaufen ihr Motorrad, sobald sich Nachwuchs eingestellt hat. Und es gibt Kletterer, die hören auf, sobald sie nicht mehr ausschließlich für ihr eigenes Leben verantwortlich sind. Ich verstehe und respektiere das, solange sie diesen

Schritt aus Überzeugung tun. Aber für mich kam es nie in Frage, meiner Passion abzuschwören und etwas ganz anderes zu machen, geschweige denn, wieder an die Drehbank oder in den Vertreterjob zurückzukehren. Das wäre seelischer Selbstmord gewesen – anders kann ich es nicht ausdrücken. Janine hat nie von mir verlangt, mir einen anderen Beruf zu suchen, hat es nicht einmal insgeheim von mir erwartet. Allerdings hatten wir auch keinen Spielraum für finanzielle Experimente.

Kein Mensch kann seine Berufung, seine wahre Leidenschaft dauerhaft verleugnen, bestenfalls kann er sie zeitweise ein wenig herunterfahren. Selbstverleugnung ist auf Dauer selbstmörderisch. Man muß träumen, muß seine Träume leben, andernfalls verliert man sich im Dickicht der sogenannten Sachzwänge. Ich bin bereit, meine Freiheit, meine Lebensart, mit Zähnen und Klauen zu verteidigen. Das Dasein als Kletterer ist für mich die größte persönliche Errungenschaft, mein Heiligtum, das ich schütze wie mein Herz. Ohne das Klettern bewegte ich mich in einem luftleeren Raum, käme ich mir vor wie ein Fisch an Land, wäre ich nicht der geworden, der ich bin.

Die Verantwortung für die Kinder hat mich darin bestärkt, meine Expeditionen in die Antarktis etwa oder nach Baffin Island mit noch viel mehr Bedacht zu planen und keine unkalkulierbaren Risiken mehr einzugehen. Natürlich bleiben bei so schwierigen Unternehmungen immer Restrisiken bestehen, die ich auch durch die vorsichtigste Planung nicht ausschließen kann.

Einen Hang zur Egozentrik streite ich gar nicht ab, aber ich verwahre mich gegen das weitverbreitete Vorurteil, Extrembergsteiger seien letztlich nur egomanische, verantwortungslose Hasardeure, tendenziell darauf programmiert, Frau und Kinder unglücklich zu machen. Man kann sehr wohl der Leidenschaft nachgehen, in die entlegensten Gebiete dieser Erde aufzubrechen, und gleichzeitig ein verantwortungsbewußter Familienmensch sein.

Ich glaube, erst als unsere Kinder da waren, begannen wir erwachsen zu werden· Janine aber hatte das Gefühl, auf die Standspur abzubiegen, während ich auf der Überholspur unterwegs war und weiter meine Leidenschaft leben konnte. Sie ist nicht der Typ Mutter, die sich nach der Geburt ihrer Kinder nur noch über diese definiert. Vor den Kindern aber hatte sie ihr Leben ganz nach meinem ausgerichtet. Vielleicht hatte sie deswegen noch nicht zu sich selbst gefunden und fiel in ein tiefes Loch, als sie mit einem Mal in eine ganz andere Rolle schlüpfen sollte.

Janine wandte sich dem Buddhismus zu – das war ihr Ausweg aus der Identitätskrise. Wir kümmerten uns liebevoll um die Kinder, aber nicht mehr um unsere eigene Liebesbeziehung. Wir stellten uns hinten an und entfernten uns ganz langsam und unmerklich voneinander, bis wir uns schließlich aus den Augen verloren hatten. Als mir das klar wurde, war es bereits zu spät.

Wolfgang Güllich hat einmal gesagt, der stärkste Muskel beim Klettern sei der Kopf. So ist es. Als mein emotionales Basislager weggebrochen war, fiel es mir sehr schwer, im Fels ganz bei der Sache zu sein. Ich mußte erkennen, wie wichtig es für meine Alleingänge und Höhenflüge gewesen war, durch die innige Verbindung mit Janine geerdet zu sein. Der Verlust dieser Erdung war eine einzige Katastrophe – und zwar in allen Lebensbereichen.

Für mich begann die Eiszeit – in der Antarktis war es vergleichsweise heimelig gewesen. Ich trainierte diszipliniert, plante und realisierte Expeditionen, aber im Grunde fühlte ich mich wie ein Mann auf verlorenem Posten. Mein Lebenstraum drohte zu einem Alptraum zu werden. Wir kämpften um unsere Beziehung, versuchten alles, um unsere Kinder nicht mit ins Unglück zu reißen. Aber früher oder später spürten sie, daß es zwischen ihren Eltern Probleme gab. Wir hatten keine Chance. Zwei so unterschiedliche Lebensentwürfe gehen nicht zusammen. Eine Welt war für mich zusammengebrochen, und ich mußte lernen, in den Trümmern zurechtzukommen.

Ich lebte auf unbestimmte Zeit in einem Vakuum, funktionierte nur noch, beim Klettern, bei meinen Vorträgen, in meinen Buchprojekten, in allem, was ich tat. Nichts ging mehr spielerisch, alles nur noch mit der Brechstange. Ich trainierte jetzt mit einer zuvor nicht gekannten Verbissenheit, mußte mir selbst die Peitsche geben. Oft wachte ich am Morgen auf und hatte nur den einen Gedanken im Kopf: Lieber Gott, laß diesen Tag schnell vorübergehen! Ich versuchte die Situation zu begreifen, anzunehmen und zu akzeptieren. Aber ich spürte, daß ich dieses tiefe Tal der Tränen nicht im Schnelldurchgang würde durchschreiten können. Dieser Prozeß würde sehr lange dauern, vielleicht mein Leben lang. Meinen großen Traum, ein Leben in einer harmonischen und glücklichen Familie, werde ich nicht mehr leben können, und diese Wunde wird nie richtig verheilen.

Es war die schlimmste Zeit meines Lebens, aber letztlich auch die wichtigste, denn sie öffnete mir die Augen. In dieser Zeit wurde mir täglich der Spiegel vorgehalten, und ich erkannte darin immer deutlicher mein wahres Gesicht. Nicht den Stefan, den ich nach außen immer gespielt hatte und als der ich gesehen werden wollte. Ich erkannte diesen »everybody's darling«, der ich immer sein wollte, erfolgreich, sympathisch, von allen geliebt. Ich erkannte, wieviel Energie ich investiert, wieviel Blendwerk ich errichtet hatte, um diesem Bild gerecht zu werden. Selbst wenn ich meinen Blick von diesem Spiegel abwandte, wegrannte, flüchtete, mein Spiegelbild holte mich immer wieder ein, bis ich ihm schließlich in die Augen schaute, mich annahm und so akzeptieren konnte. Wenn man in diesem Zusammenhang überhaupt von etwas Positivem sprechen kann, dann ist es diese Selbsterkenntnis. Ich bin in den letzten Jahren ein anderer geworden, bin mit mir mehr im reinen, habe aber diesen Prozeß noch lange nicht abgeschlossen.

Janine und ich, jeder von uns lebt sein eigenes Leben und doch auch wieder nicht. Wir leben beide für unsere gemeinsamen Kinder. Und nach all dem, was hinter uns liegt, können wir wenigstens mit Stolz behaupten, uns mit Respekt und gegenseitiger Achtung voneinander getrennt zu haben. Wir haben nur wenig Porzellan zerschlagen und können uns heute noch in die Augen schauen, ohne den Blick abzuwenden. Einen Rosenkrieg haben wir nie geführt, und wenigstens eine gemeinsame Leidenschaft ist uns geblieben: die Liebe zu unseren Kindern.

Auch Nomaden, davon bin ich überzeugt, brauchen einen Ort, an den sie immer wieder zurückkehren können, um sich nicht in der Grenzenlosigkeit zu verlieren. Dazu muß man nicht notgedrungen seßhaft werden. Es genügt ein sicherer Ort, an dem man seine Wunden lecken, wieder Kraft tanken kann, eine Oase der Geborgenheit, wo man sich in einem geliebten Menschen kritisch spiegeln kann, eine Inspirationsquelle, die Zuflucht ist und Startrampe. Auf dieser Basis sind emotionale Bindung und geistige Freiheit keine Gegensätze mehr, sondern bedingen einander. Aber man muß nicht auf allen Ebenen dieselben Interessen haben – entscheidend ist, daß jeder seinem Enthusiasmus freien Lauf lassen kann und keiner sich benachteiligt oder ausgebremst fühlt. Auch kommt es nicht auf die Dauer des Zusammenseins an, sondern auf die Intensität.

Wir sind Individuen, jeder ist seines Glückes Schmied, jeder hat seine eigene Vorstellung, wie er sein Leben gestalten möchte. Es nach einem anderen Menschen auszurichten kann auf Dauer nicht gutgehen. Zwei Menschen finden sich und gehen ihren Weg gemeinsam, sie brauchen dabei gar nicht demselben Pfad zu folgen. Hauptsache, die Richtung stimmt. Solange sich ihre Pfade immer wieder treffen, kann ein Zusammenleben auch funktionieren, ohne daß man alle seine Leidenschaften miteinander teilt.

Im Prinzip sind also Profiklettern und Familie durchaus miteinander vereinbar. Ich wage sogar zu behaupten, daß ein Berufskletterer häufiger mit seiner Familie zusammensein kann als beispielsweise ein leitender Angestellter. (Ganz davon abgesehen, daß dessen Arbeitsbereich weitaus unsicherer ist als die Wildnis – und der Herzinfarkt eine weitaus häufigere Todesursache als der Absturz im Gebirge.) Dazu braucht es jedoch echte Toleranz wie auch eine gewisse Reife und Lebenserfahrung.

Nur zu klettern, nur den einsamen Wolf zu spielen, wie ich es in meinen jungen Jahren mit einiger Ausschließlichkeit zum

Ideal erhoben hatte, wäre mir heute zu wenig. Heute gehe ich viel entspannter damit um, mein Leben mit Kindern und Klettern unter einen Hut zu bringen.

Keiner entkommt seinem Schicksal, ob er nun an Krebs stirbt, an Altersschwäche, bei einem Verkehrsunfall oder durch eine Lawine. Das ist kein Fatalismus, sondern die Einsicht in das Prinzip von Ursache und Wirkung. Insofern habe auch ich in einer kurzen Begegnung mit dem Buddhismus ein überzeugendes metaphysisches Erklärungsmodell gefunden. Die wahre Lebenskunst besteht für mich darin, intensiv zu leben. Intensiv leben heißt für mich auch, immer wieder die Komfortzonen zu verlassen, um sich im Ungewissen neu zu erfahren. Ebenso wichtig, existentiell wichtig ist die Möglichkeit, immer wieder einen Heimathafen anlaufen zu können. Aber selbst wenn man beschließt, nicht als Einzelgänger durchs Leben zu klettern, läßt man sich auf ein Wagnis ein. Ehe, Partnerschaft, Kinder – alles ist ein Abenteuer, eine Expedition ins Ungewisse. Immer und überall kann man abstürzen – oder aber sein Glück finden ...

7. Kapitel

Odyssee 2000

Das Problem bei Kletterern ist immer wieder das gleiche: Kaum haben sie eine Expedition erfolgreich beendet, da kreisen ihre Gedanken bereits um eine neue, noch verrücktere Unternehmung. Es war eine kühne Idee, die noch während der Rückreise aus der Antarktis in unseren Köpfen herumzuspuken begann. Warum nicht einmal in die kanadische Arktis nach Baffin Island reisen, zu diesen atemberaubenden Big Walls im Sam Ford, Gibbs oder Edlington Fjord, weit oberhalb des nördlichen Polarkreises?

Nordwärts, ho!

Die Ausrüstung der Antarktis-Expedition war zu Hause noch nicht richtig ausgepackt, da studierten wir bereits mit großen Augen die ersten Berichte von anderen Baffin-Island-Expeditionen. Dabei fiel uns schnell auf, daß sich sämtliche Kletterer bereits im Mai mit Skidoos über das zugefrorene Meer zu den Wänden hatten fahren und noch vor dem Eisaufbruch im Juli wieder hatten abholen lassen. Zu unserer Verwunderung stellten wir außerdem fest, daß es bislang noch keine einzige Freikletterroute an diesen Wänden gab. Bei allen Klettereien hatte es sich ausnahmslos um schwierigste Technorouten gehandelt. Genau da lag für uns die Herausforderung.

Wir spielten mit dem Gedanken, wie bei unserer Grönland-Expedition 1997 mit Seekajaks an die Felsen heranzufahren und sämtliche Ausrüstung nebst der notwendigen Verpflegung aus eigener Kraft zu transportieren, völlig autark, ohne fremde Hilfe. Unserem Expeditionsstil entsprechend und gemäß unserer Philosophie des Unterwegsseins sollten An- und Rückmarsch jeweils ein Abenteuer für sich werden. Aber erst einmal begann das Abenteuer vor dem Abenteuer. Es bestand darin, sich auf Spurensuche zu begeben und sämtliche greifbaren Informationen über Land und Klima zusammenzutragen.

Schnell stand fest, daß wir nur im August, nach dem Eisaufbruch, mit den Kajaks würden aufbrechen können. Von der letzten Inuit-Siedlung Clyde River würde unser Weg erst einmal über das Meer die Küste entlang führen. Entsprechend würden wir uns mit hoher Dünung und gefährlicher Brandung konfrontiert sehen. Um in den Gibbs Fjord zu gelangen, würden wir zwei andere Fjorde überqueren, was bedeutete, eine 15 und eine 30 Kilometer lange Etappe übers offene Meer zurücklegen zu müssen. Unter günstigen Bedingungen würden wir also bis zu zehn Stunden ununterbrochen im Kajak unterwegs sein. Die reine Fahrdistanz mit den Booten bis an die Wände und wieder zurück nach Clyde River betrug etwa 500 Kilometer Luftlinie.

Was das angepeilte Ziel anbelangt, brachten wir in Erfahrung, daß dort die Wände steil und überhängend direkt ins Meer abbrechen. Also würden sowohl das Anlanden als auch die Errichtung geeigneter Camps zu einem Problem werden. Auf jeden Fall würden wir sogenannte Portaledges mitnehmen müssen. Darunter muß man sich einen Alurahmen vorstellen, über den ein festes Tuch gespannt ist – waagerecht in einer senkrechten Felswand befestigt, bildet diese Konstruktion eine perfekte Schlafplattform, eine recht luftige und labile allerdings. Der Fels, in dem wir unterwegs sein würden, war offensichtlich von enormer Härte, also würden auch eine Akkubohrmaschine mit Solarladegerät und Bohrhaken unverzichtbare Bestandteile unserer Ausrüstung sein. Materialbedarf und Verpflegung würden sich nach unserer Berechnung auf 400 bis 500 Kilo summieren. Dies bedeutete, daß zumindest zwei von uns jeweils allein in einem Doppelsitzerkajak würden fahren müssen, um die gesamte Ausrüstung überhaupt transportieren zu können. Die Vorgaben waren völlig verrückt, das Vorhaben komplett aberwitzig – und gerade deswegen entschlossen wir uns, den abenteuerlichen Plan in die Tat umzusetzen.

Total von der Rolle

Eines stand für mich fest: diesmal würde ich rechtzeitig vor dem ersten Paddelschlag im Polarmeer die Eskimorolle trainieren. 1997 vor Grönland, als wir ebenfalls mit Kajaks zu den Wänden gefahren waren, hatte ich mich unzählige Male dafür verflucht, die Rolle nicht trainiert zu haben. Bei jeder längeren Überquerung eines Fjords war mir der Allerwerteste auf Grundeis gegangen. Kaum frischte der Wind etwas auf und wurden die Wellen höher, wich ich meinem Freund und Expeditionsgefährten Holger nicht mehr von der Seite. Er ist gewissermaßen im Kajak aufgewachsen, ein absoluter Könner im Wildwasser, und ganz gewiß wird ihm später im hohen Alter kein Bauch, sondern eine Spritzdecke wachsen.

Kaum hatte die Wassertemperatur im Eibsee am Fuß der Zugspitze die 15-Grad-Grenze überschritten, tauchte ich unter. Freiwillig, obwohl ich dieses Gefühl hasse wie kaum etwas sonst. Ich empfand einen derartigen Widerwillen, mich in dieses naßkalte, für alle Kreaturen ohne Kiemen oder wenigstens Schwimmflossen lebensfeindliche Element zu kippen, daß ich oft schon mein Kajak verlassen hatte, noch bevor ich überhaupt richtig unter Wasser war. Doch dann hielt langsam der Hochsommer Einzug, auch in Grainau. Das merkte ich daran, daß ich unter meinem »Long John«, dem Neoprenbody, der Neoprenjacke, der Paddeljacke und der Schwimmweste, nicht mehr so schnell zu frieren begann. Drei Monate vor unserem Start absolvierte ich recht gewissenhaft – mit zusammengebissenen Zähnen, um nicht zu sagen mit Todesverachtung – folgenden Trainingsplan: 6.00–7.00 Uhr Rolltraining, 7.00–8.00 Uhr Lauftraining, 14.00–16.00 Uhr Strecke paddeln, 20.00–22.00 Uhr Klettertraining.

Am Ende gelang es mir tatsächlich, neun von zehn Rollen, wenn schon nicht mit Bravour, so doch zumindest mit Anstand zu vollenden. In Anbetracht dieser neunzigprozentigen Erfolgsquote fühlte ich mich gut gerüstet. Und eines Tages war ich auch nicht länger allein mit meinen Ängsten und Sorgen, denn drei Monate vor der Abreise sagte Tommy Ulrich, unser Fotograf, kurzfristig ab, da seine Frau im August ihr drittes Kind erwartete. Für ihn sprang Gerd Heidorn ein, der noch weniger Kajakerfahrung als ich mitbrachte. Auch er saß nun während der Vorbereitungsphase fast täglich im Boot, aber wir beide haben uns niemals so recht angefreundet mit diesen »Plastikbomben« ...

Während Gerd und ich verbissen die hohe Kunst des effektiven Paddelschlages trainierten, hatte Kurt ein ganz anderes Problem. Es war sein Pech, daß er sich nicht schnell genug glaubhafte Ausreden hatte einfallen lassen, um den schwarzen Peter der Logistikorganisation weiterzureichen. Stundenlang mußte er nun der Fluggesellschaft hinterhertelefonieren, die unsere Kajaks nach Clyde River transportieren sollte. Am Ende war Kurt völlig entnervt und die Kajaks ... doch dazu später.

Rund 500 Kilo Gepäck mußten wir in die Arktis transportieren, natürlich per Flugzeug, weil dort oben im hohen Norden pro Jahr nur ein einziges Transportschiff anlegt. Die Kosten explodierten – Kurts Nerven wurden einem extremen Zerreißtest unterzogen. Ein Jahr hatten wir Zeit, das Unternehmen vorzubereiten, doch bis zum letzten Tag gab es nichts als Streß und bange Fragen. Würden die speziell für uns angefertigten, auf unsere Bedürfnisse maßgeschneiderten Gore-Tex-Biwaksäcke noch rechtzeitig fertig? Würde die komplette Ausrüstung, wie geplant, bereits in Clyde River liegen, wenn wir dort aus dem Flieger steigen?

Aller Anfang ist Bär

Am 7. August 2000 war es dann soweit: Planmäßig kamen wir in Clyde River an – im Gegensatz zu unserer Ausrüstung. Es fehlte fast alles! Unsere Verpflegung, etwa 140 kg Trockennahrung für 30 Tage, die Kletterausrüstung und die Kajaks, nichts von alledem war da. Erst drei Tage später, nach unzähligen Telefonaten mit der Fluggesellschaft, traf die Ausrüstung endlich ein. Unsere »Odyssee« konnte beginnen.

Am etwa zwölf Kilometer entfernten Cape Christian, einem längst aufgelassenen Stützpunkt der US-Air Force, wollten wir die Boote beladen und in See stechen. Allerdings machte man uns in Clyde freundlich darauf aufmerksam, daß diese Strecke noch niemals zuvor mit Kajaks zurückgelegt worden sei – die See sei extrem rauh, die Küste ohne schützende Buchten zum An- und Ablegen. Man warnte uns auch vor den allzeit hungrigen Eisbären, die in den Monaten August und September, eben wenn das Meereis aufgetaut ist, die Fjorde unsicher machten und scharenweise an Land auf Nahrungssuche seien. Zum Glück hatte ein Inuit Mitleid mit uns ahnungslosen Langnasen und lieh uns seine Waffe (Pumpgun, Modell Winchester) samt Munition, auf daß wir den weißen Riesen nicht hilflos ausgeliefert wären. Und gerade in dem Augenblick, als uns der einheimische Jäger die Flinte erklärte, stieg auch schon, keine fünfzig Meter von uns entfernt, ein Eisbär gemütlich aus dem Meer, schüttelte sich, schaute sich lässig um, stufte uns offenbar als ungenießbar – oder zumindest schlecht bekömmlich ein – und schwamm dann mit beeindruckender Geschwindigkeit wieder davon …

Es sollte nicht die einzige Begegnung mit der polaren Ausgabe von Meister Petz bleiben. Schon am nächsten Morgen weckte uns der nächste, als er versuchte, mit einem kräftigen Hieb die Tür der Hütte aufzubrechen, in der wir schliefen. Der Schreck fuhr uns in die Glieder – und verlieh uns die Kraft, ein derart gellendes Kriegsgeheul anzustimmen, daß der Bär es vorzog, das Weite zu suchen.

So oder ähnlich wurde während der folgenden 25 Tage, bis zur Rückkehr nach Clyde River, jedes Nachtlager zum Krisengebiet und die Schrotflinte zum wichtigsten Ausrüstungsgegenstand. Fast jeden Tag begegneten wir einem mehr oder minder übellau-

Drollig, aber nur hinter Panzerglas.

nigen, mehr oder minder ausgehungerten Exemplar dieser gefährlichen Raubtiere, die nur lieb und kuschelig aussehen, solange man sie aus der sicheren Warte eines Fernsehsessels beobachtet. Sooft sie uns auch über den Weg liefen, es gelang mir nicht, mich an ihre Allgegenwart zu gewöhnen. Ich weiß noch genau, wie sehr ich mich einmal wunderte, auf dem Strand, an dem wir mit den Kajaks entlangpaddelten, ein Rudel weißer Pferde hin und her traben zu sehen, offenbar in freudiger Erwartung, endlich wieder einmal mit Menschen in Kontakt treten zu können. Seltsam, wilde Schimmel in diesen Breiten, und noch dazu eine so schwerfällige Rasse! Aber gut, in dieser Gegend konnten naturgemäß nur Kaltblüter überleben.

Mehr als zwanzig Mal, also fast täglich, außer beim Klettern in der Wand, hatten wir Kontakt mit Eisbären. Allzu aufdringliche Gesellen konnten wir, wenn lautes Schreien keine Wirkung zeigte, mit einer Signalrakete oder einem Warnschuß auf Distanz halten. Uns war klar, daß sie es auf unseren Proviant abgesehen hatten, schlimmstenfalls vielleicht auch uns selbst als Notration ins Auge fassen würden. Und damit war auch klar, daß es kein Nachtlager ohne Freiwachen geben würde. Jeden von uns erwarteten im Wechsel zwei Stunden Wache pro Nacht und somit allenfalls sechs Stunden Schlaf. Zum Glück fanden wir manchmal ausreichend trockenes Treibholz, um ein Lagerfeuer zu entfachen, das es dem jeweiligen Nachtwächter erlaubte, wenigstens zwischendurch einmal einzunicken.

Kajak, ahoi!

Am 10. August stachen wir in See. Und gleich zu Beginn waren alle mächtig eingeschüchtert, denn wir paddelten mit unseren überladenen Booten entlang einer gnadenlos ausgesetzten Brandungsküste, zwischen gewaltigen Eisbergen, in deren Gegenwart man sich ganz klein fühlte. Zum Glück war das Meer an diesem Tag ruhig, aber wir waren uns dessen bewußt, daß ein plötzlicher Schlechtwettereinbruch oder ein Drehen des Windes die aufgewühlte See zur Falle machen würde. Das Anlanden wäre dann sehr gefährlich oder gar unmöglich. Ein mulmiges Gefühl überkam mich bei diesem Gedanken, zumal ich im selben Augenblick wieder einmal zwei kapitale Burschen von Eisbären erspähte, die uns am Strand ein Stück weit folgten – gierig sabbernd, wie mir schien. Wahrscheinlich verfügten sie über geheime Kommunikationstechniken, mit deren Hilfe sie ihren Verwandten an unserer Anlegestelle signalisierten, daß wieder einmal eine Lieferung Frischfleisch unterwegs sei.

Knapp eine Woche sollte es dauern, die etwa 200 Kilometer bis ans Ende des Edlington Fjords zurückzulegen. Starker Seegang in Kombination mit ungünstigen Strömungs- und Windverhältnissen vereitelte unserer Plan, weiter nach Norden zum Sam Ford Fjord oder gar Gibbs Fjord vorzudringen. Dazu hätten wir eine 20 Kilometer lange Passage übers offene, rauhe Meer bewältigen müssen – und obendrein noch bei Gegenwind. So fiel uns die Entscheidung, nach Westen in den Edlington Fjord abzubiegen, nicht schwer, zumal die dichten Höhenlinien auf der Karte dort ebenfalls imposante Wände versprachen.

Wir waren echte Glücksritter, denn plötzlich und völlig unerwartet stand er da, unser Traumberg – in einem Seitental, das auf der 20 Kilometer langen Wegstrecke den Edlington Fjord und den Sam Ford Fjord miteinander verbindet. Der steile Granitzahn ragte hoch oben über einem Gletscherbecken, etwa 1000 Meter über dem Meeresspiegel und 10 Kilometer von unseren Booten entfernt, in den graublauen Himmel über der Arktis. Trotz des schlechten, regnerischen Wetters waren wir bei diesem Anblick alle sofort total begeistert und motiviert – und das war auch gut so, denn von nun an hieß es tüchtig schuften. Der Pfeiler war bis zu diesem Zeitpunkt noch unbestiegen, hatte noch nicht einmal einen Namen. Wir tauften ihn Polar Bear Spire – ein perfektes Freikletterziel.

Bärige Zeiten

Mehrere Tragepassagen mit bis zu 40 Kilo schweren Rucksäcken waren nötig, um die Kletterausrüstung und einen Teil der Simpert-Reiter-Trockennahrung ins drei Stunden entfernte, angeblich absolut bärensichere Basislager zu transportieren. »Fachleute« hatten uns versichert, daß sich Eisbären nie weiter als ein bis zwei Kilometer vom Meer entfernen. Entsprechend fühlten wir uns sicher und schliefen zum ersten Mal wieder im Zelt. Das Ziel unserer Träume, der Einstieg in die Wand, das Tor zur arktischen Welt in ihrer senkrechten Ausdehnung, lag nur noch zwei Stunden Fußmarsch von uns entfernt.

Es war der dritte Tag am Berg. Holger, Gerd und ich arbeiteten in der Wand, Kurt wollte Nachschub aus den am Fjord deponierten Kajaks holen. Als er sie erreichte, mußte er feststellen, daß an diesem Ort während unserer Abwesenheit offenbar eine Bombe explodiert war. Im Umkreis von 200 Metern lagen überall Ausrüstungsteile und aufgerissene Nahrungsbeutel verteilt. Und zwei große Eisbären zeigten sich nicht sonderlich begeistert, als Kurt sich anschickte, die noch nicht aufgefressene Verpflegung vor ihren Klauen und Reißzähnen in Sicherheit zu bringen. Ein Drittel unserer Vorräte war bereits ihrem bestialischen Heißhunger zum Opfer gefallen. Wäre Kurt eine Stunde später gekommen, hätte er wahrscheinlich nur noch leere Tüten einsammeln können.

Nur widerwillig trollten sich die beiden Freßsäcke, blieben jedoch in bedrohlicher Nähe und zwangen Kurt schließlich dazu, die restlichen 80 Kilo Verpflegung zwei Kilometer weit zu schleppen, in dieser Entfernung nämlich hatte er Felsblöcke ausgemacht, die ein sicheres Versteck abzugeben versprachen. Doch kaum hatte Kurt die Säcke mit schweren Steinen zugedeckt, tauchten die zwei Bären wieder auf. Das alte Spiel begann aufs neue. Er schleppte die Säcke in mehreren Portagen zu einem noch weiter entfernten, diesmal wirklich absolut bärensicheren Ort.

Als Holger, Gerd und ich an diesem Tag ins Basislager zurückkehrten, erwartete auch uns eine Überraschung. Schon während des Abstiegs hatten wir uns auf eine heiße Suppe und ein paar Seiten Lektüre in unseren Büchern gefreut. Wir sahen ihn bereits vom Gletscher aus, 300 Meter Luftlinie vom Basislager entfernt. Es gibt zwar weiße Steine auf Baffin Island, aber so große und so weiße nun auch wieder nicht. Unsere aufkeimenden Ängste und Befürchtungen bestätigten sich leider bei einem Blick durch das Fernglas. Da saß er, ein riesiger Eisbär, und stopfte sich ganz genüßlich unsere Simpert-Reiter-Trockennahrung in den Rachen. Oder waren es gar die letzten Reste von Kurt? Bei den Fruchtschnitten machte er sich noch nicht einmal die Mühe, sie auszupacken, er verschlang sie gleich mitsamt der Verpackung.

Aber wo war Kurt? Es war schon spät, er hätte längst zurück sein müssen. Wir hatten ja keine Ahnung, was ihm am Fjord zugestoßen war. Während wir uns solcherart das Gehirn zermarterten, wackelte unser neuer Mitbewohner in aller Seelenruhe zum Bach, da ohne Flüssigkeit auch dem hartgesottensten Eisbären Trockennahrung in solchen Mengen wohl zu salzig ist, ganz zu schweigen von den Fruchtschnitten in ihrer Folienverpackung, die ihm womöglich im Halse steckengeblieben waren. Auf dem Weg zurück in unsere Küche machte er noch kurz an unserem Zelt halt. Mit den Reißverschlüssen kam er anscheinend nicht so gut zurecht, jedenfalls öffnete er das Zelt auf seine Weise. Ein Prankenhieb, und das unverwüstliche, sturmerprobte Material hing in Fetzen. Für die restliche Zeit blieben uns dann nur noch unsere Gore-Tex-Biwaksäcke und -Kombis als Wetterschutz.

Da saßen wir wie die Zinnsoldaten, bloß ohne Waffen, weit oben in den Felsblöcken und machten uns Sorgen – um uns und natürlich um Kurt. Wir wußten nicht, ob er noch unterwegs war, im Zelt lag oder sich bereits im Bauch des Bären befand. Eigentlich schaute das Lager viel zu ordentlich aus, als daß Kurt bereits da sein konnte, in diesem Fall nämlich hätten wir es mit bloßem Auge bereits von weit oben an der Unordnung erkannt. Nicht einmal ein Eisbär wäre in der Lage gewesen, ein vergleichbares Chaos anzurichten. Sämtliche Waffen, die Raketen und den Bärentöter, hatte Kurt mitgenommen. Und nur mit Steinen bewaffnet, traute sich keiner von uns, den Eisbären herauszufordern.

Wir überlegten hin und her und entschlossen uns nach einer Stunde, das Lager in einem weiten Bogen zu umgehen, in der Hoffnung, unterwegs auf Kurt zu treffen, unseren Bodyguard. So schlichen wir also an unserem Lager vorbei wie entflohene Sträflinge an einer Polizeistation. Auf halbem Weg kam uns Kurt völlig abgekämpft entgegen. »Ihr könnt euch gar nicht vorstellen, was ich am Fjord erlebt habe!« prustete er los. »Dann warte erst mal ab, was du noch erleben wirst!« entgegneten wir. Mit der Schrotflinte und einer abschußbereiten Signalrakete in der Hand, vor allem aber in Begleitung unserer Allzweckwaffe Kurt, fühlten wir uns endlich mutig genug, den ungebetenen Gast aus unserem Lager zu vertreiben.

Die restliche Zeit, die wir für die Erstbegehung benötigten, verbrachten wir bärensicher in einem Biwak direkt unterhalb der Wand. Dann, am 23. August, nach einer kurzen Schlechtwetterperiode, war es endlich soweit: Über eine wunderschöne Freikletterroute im unteren neunten Schwierigkeitsgrad erreichten wir alle den Gipfel des Polar Bear Spire. Wir stießen ein derartiges Freu-

»Odyssee« in steiler Wand. Bei der Erstbegehung am Polar Bear Spire.

dengeschrei aus, daß sich vermutlich sämtlichen Eisbären im Umkreis von zehn Kilometern der Pelz sträubte.

Die Höhe des Hauptpfeilers beträgt ca. 500 Meter, auf die sich auch die Hauptschwierigkeiten konzentrieren. Ungewöhnlich am Polar Bear Spire ist die für diese Gegend absolut untypische freikletterfreundliche Struktur der Felsoberfläche. Alle anderen Wände, die wir genauer inspizierten, waren weitgehend strukturlos und wiesen eine abschreckend glatte Oberfläche auf. Zwar sehen die Wände auf den ersten Blick alle phantastisch aus, aber Freikletterer werden von diesem Gebiet sehr enttäuscht sein. Es sei denn, sie peilen den Polar Bear Spire an.

Plackerei zu Wasser und zu Lande

Die Odyssee ging in unverminderter Intensität weiter. Der Rückmarsch zum Fjord war, wie die gesamte Expedition, eine einzige Schinderei. Eigentlich hätte jeder von uns eine Bullenpeitsche mitnehmen können, um uns gegenseitig anzutreiben. Wir paddelten den Edlington Fjord etwa acht Kilometer zurück bis zu einem Paßübergang zum Ayer Lake. Diesem See entspringt der Kogalu River, der etliche heftige Wildwasserabschnitte aufweist und nach 30 Kilometern ins Meer mündet. Vier Tage lang rackerten wir wie die Sherpas, zerrten die vier Kajaks, Verpflegung und Ausrüstung rund zehn Kilometer über gefährlich steile Geröllhänge hinauf zum Paß und auf der anderen Seite wieder hinunter zum Ayer Lake. Das Wetter wurde immer schlechter. Es regnete pausenlos und in Strömen, ab 300 Meter über Meereshöhe ging der Regen in Schnee über. Der arktische Winter hielt seinen Einzug.

Alles war naß. Schlafsäcke, Biwaksäcke, einfach alles. In der Nacht lagen wir im strömenden Regen auf durchweichtem Moos. Alle fünf Minuten streckte der Wachmann den Kopf aus dem Sack, ganze zwei Stunden lang. Und das aus gutem Grund. Wir hatten nämlich die Hunderttausend-Euro-Frage richtig beantwortet. Ein Mensch in einem nässeglänzenden schwarzen Schlafsack sieht aus wie ...? Na? Wie eine Robbe. Und wer betrachtet eine Robbe als seine Leibspeise? Richtig! Der Eisbär.

Der angenehmste Aufenthaltsort war das Kajak, und jeder paddelte wie ein Verrückter los, um endlich wieder warm zu werden. Zwei der Wildwasserpassagen auf dem Kogalu River konnten wir auf der Karte erkennen. Bereits die erste, obwohl »nur« im zweiten bis dritten Schwierigkeitsgrad, war für mich ein enormer Kraftakt. Die ganze Zeit hatte ich nur ein Bild vor Augen: Ich, gekentert neben meinem Kajak im Wasser treibend, und am Ufer der Eisbär, der nur darauf wartet, mich wie einen fetten Lachs mit seiner Tatze aus dem Fluß zu krallen. Die erste hatte ich noch einigermaßen gemeistert, die zweite Stromschnelle war dann schon ein ganz anderes Kaliber.

Schon von weitem hörten wir das Rauschen. Gischt wurde in die Luft geschleudert und vom Wind zu uns herübergeweht. Gewaltige Wassermassen zwängten sich durch eine Engstelle und tosten über eine 15 Meter hohe Stufe hinab. Überall spritzte, schäumte und donnerte es wie in einem nicht enden wollenden

Die ersten Paddelschläge in Baffin Island auf dem Weg zum Edlington Fjord.

Orkan auf hoher See. »Das können wir nicht fahren!« meinten Holger und Kurt. Gerd und ich konnten dazu nur heftigst nicken. Nicht fahren bedeutet aber tragen, und tragen bedeutet schuften. Dreimal hin und wieder zurück, bis die Umtragestelle endlich passiert wäre! Völlig abgestumpft, in unser Schicksal ergeben, entluden wir die Boote, um sie drei Stunden später und gerade einmal 500 Meter weiter flußabwärts wieder zu beladen.

Seit dem frühen Morgen saßen wir in den Kajaks. Langsam begann es zu dämmern, und wir waren von unserem Ziel, dem Meer, noch immer weit entfernt. Wir kannten die Mündung vom Anmarsch her. Am zweiten Tag unserer Expedition hatten wir dort schon einmal die Nacht verbracht. Es war ein Ort der Ruhe und Erholung, ein richtiger Schlafplatz – und vor allem bärensicher. Zwei Jagdhütten der Inuit erwarteten uns dort, Oasen der Entspannung in einer Wüste aus Strapazen.

Tief hingen die Wolken und wurden eins mit der weiten Steppe. Der Sturm trieb die Regenschauer waagerecht übers Land. Spät am Abend stiegen wir mit steifen Beinen und brennenden Armmuskeln aus den Booten und versanken bis zu den Knöcheln im nassen Sand. Wir hängten unsere Portaledges einfach an einem Boulderblock neben dem Fluß auf und konnten uns des Eindrucks nicht erwehren, nun ganz unten angelangt zu sein. Wie die letzten Penner, die sich von ihrer Selbstachtung schon längst verabschiedet hatten, lagen wir da, an einen Felsblock gelehnt, stanken wie die Böcke und sahen aus wie die Schweine.

Der nächste Tag sollte uns die langersehnte Erholung bringen, doch er begann erst einmal mit dem nächsten »Magengeschwür«. Wir fuhren um die letzte Flußbiegung, und dann lag sie vor uns, die unendliche Weite des Meeres. Mit voller Wucht blies uns der Sturm ins Gesicht, und die riesigen Wellen, die auf die Mündung zurollten, waren ungeheuer beeindruckend und konnten einem geradezu Furcht einflößen. So weit das Auge reichte, rollten die Brecher entlang der Küstenlinie auf das Land zu, als wollten sie es verschlingen. In mehreren Reihen gestaffelt, brachen sie in unregelmäßigen Abständen und mit lautem Getöse in sich zusammen. Was durchaus ein tolles Schauspiel war, aber genau an dieser Stelle sollten wir anderntags aufs Meer hinaus und zurück nach Clyde River paddeln...

Paddler in Seenot

Das lange vermißte Gefühl der Geborgenheit in der Hütte konnte ich vor diesem Hintergrund nicht mehr genießen. Wenn das die ganze Küste entlang so weitergehen würde, na dann fröhliche Rollkur...

Zwar hatte ich die tolle Rolle im Eibsee bis zum Erbrechen trainiert, aber mit einem schwerbeladenen Kajak, weitab der Zivilisation, bei 2 Grad Wassertemperatur und drei Meter hohen Wellen, die ständig wie Ungeheuer über mich herzufallen drohten, hatte ich dann doch berechtigte Zweifel, ob ich solch einem Höllentrip gewachsen sein würde. Das GPS zeigte noch 30 Kilometer Luft-

Wer beim Knobeln verliert, muß mit dem hinteren Teil beginnen.

linie bis Clyde River an. Das hieß: bei guten Bedingungen zwei bis drei Tage im Boot, bei schlechten Bedingungen ... Wir hatten noch für zwei Tage Proviant, konnten also keinesfalls auf optimale Bedingungen warten.

Ich hätte gar nicht erst aus den Alpträumen, die mich in der Nacht quälten, erwachen müssen, die Realität sah nicht viel besser aus. Die ohne Unterlaß über Land und Fluß hereinbrechenden Wellen unterspülten gleichzeitig mein letztes bißchen Selbstvertrauen. Gerd hatte die gleiche Könnerstufe im Kajakfahren wie ich erreicht, und beide sahen wir unserer Bewährungsprobe mit höchst gemischten Gefühlen entgegen. Selbst wenn es uns mit viel Glück gelänge, diesen Brandungsgürtel zu überwinden, wie um alles in der Welt sollten wir dann jemals wieder an Land kommen?

»Wahrscheinlich gar nicht. Dann müssen wir eben die ganze Nacht durchfahren!« analysierte Holger trocken die Lage und saß schon in seinem Kajak. Er wollte vorausfahren und für mich die beste Linie durch die Brecher suchen. Kurt betreute Gerd und wollte erst einmal warten, bis Holger und ich den Brandungsgürtel passiert hätten. An diesem Tag trödelte ich absichtlich beim Packen meines Bootes, und auch das Anbringen der Spritzdecke wurde plötzlich zu einem höchst komplizierten und langwierigen Unternehmen. Zeit schinden, hieß meine Devise, aber es half alles nichts. Ich beneidete die Passagiere auf der »Titanic«, die wußten wenigstens nicht, was sie erwartete, als der Dampfer ablegte. Ich hingegen paddelte in vollem Bewußtsein meinem Untergang entgegen, als ich mich vom Ufer abstieß und Holger folgte. Das Kajak lag so träge im Wasser wie ein gestrandeter Wal und reagierte erst beim vierten, fünften Paddelschlag. »Geschwindigkeit ist alles!« rief Holger und meinte damit genau das Gegenteil meiner Taktik.

Und auf einmal waren wir mittendrin. Am Anfang schaute ich immer wieder verstohlen ans Ufer zurück, ob der Fluchtweg noch offen stünde, doch da waren auch nur noch Wasserberge. Rechts und links von mir brachen sich die Wellen mit riesigem Getöse. »Paddeln, paddeln!« schrie Holger, und seine Stimme klang jetzt gar nicht mehr relaxed. Es lag nur noch ein Wellengürtel vor uns. Holger zog sein Kajak weiter nach rechts, genau an die Stelle, an der normalerweise die größten Wellen hereinkamen. In diesem Moment tat sich dort eine Lücke auf, und Holger schlüpfte hindurch. »Paddeln, los, schneller paddeln!« schrie er mir noch über seine Schulter hinweg zu, dann schloß sich die Lücke hinter ihm, und ich sah ihn nicht mehr. Wütend, daß einer es geschafft hatte, schlug das Meer die Tür zu, genau vor meiner Nase.

Eine riesige Welle brach unmittelbar vor meinem Kajak. Das tosende Wasser machte mit mir und dem Boot, was es wollte. Alles Paddeln half nichts mehr, ich wurde quergestellt, und schon rollte der nächste Brecher auf mich zu. Ich weiß nicht, ob ich meine Arme noch bewegte oder nicht, ich starrte bloß noch auf das immer größer werdende Monster, das da auf mich zuraste. Eine Wand stand plötzlich vor mir, leider ohne Griffe, um sich daran festzuhalten.

So müssen Fliegen empfinden, Sekundenbruchteile vor dem Herabsausen der Fliegenklatsche. Mit lautem Gebrüll erfaßte die Welle mein Kajak, trieb es noch einige Sekunden vor sich her, bevor sie sich endgültig auf mich stürzte. Ich war nicht nur der sprichwörtliche Spielball der Elemente, ich war die Maus in den Krallen des Tigers. Es wurde dunkel. Ohrenbetäubendes Rauschen. Ich wurde mitsamt dem Kajak herumgewirbelt wie im Schleudergang der Waschmaschine. In meinem Kopf flammten sämtliche Alarmleuchten auf, und mein innerer Schweinehund – der leider kein Seehund ist – bellte: »Raus hier!« Die Zeit am Eibsee hätte ich besser mit meinen Kindern beim Eisessen verbracht. Zumindest verschwendete ich in dieser Situation keinen Sekundenbruchteil lang einen Gedanken auf die Eskimorolle. Die Zeit unter Wasser kam mir vor wie eine Ewigkeit. Als ich neben meinem Kajak wieder auftauchte und nach Luft schnappte, trieben bereits die Einzelteile meiner Ausrüstung um mich herum. Das eiskalte Wasser durchdrang die Gore-Tex-Kombi und lief mir in die Schuhe. Trotz Schwimmweste fühlte ich mich schwer wie Blei.

Wir waren etwa 300 Meter vom Ufer entfernt, viel zu weit zum Schwimmen. Ich spürte, wie meine Finger taub wurden. Holger, mein Retter, kam angeschossen, als hätte er einen 100-PS-Außenborder an seinem Kajak hängen. Ich wälzte mich vor ihm auf sein Boot und lag da wie eine totgeschossene Robbe, während er mit Paddelstützen souverän die Brecher auskonterte. Ohne ihn hätte ich keine Chance gehabt. Es dauerte fast eine halbe Stunde, bis wir den rettenden Strand erreichten.

Bärenstarker Abgang

Während Kurt und Holger wieder rausfuhren, um mein Kajak und die Ausrüstung zu bergen, legte ich mich trocken. Eines war vollkommen klar: Einen zweiten Versuch würde es unter diesen Umständen für mich nicht mehr geben. Ich brauchte erst einmal Zeit, um mich von dem Schrecken zu erholen und wieder einen klaren

Gedanken fassen zu können. So beschlossen wir, eine weitere Nacht in der Hütte zu verbringen.

Es muß am frühen Morgen gewesen sein. Wir lagen alle nebeneinander in unseren Schlafsäcken auf einer Pritsche, als plötzlich mit lautem Krachen die Tür aufflog. Gleichzeitig, alle wie ein Mann, jeder laut schreiend, schnellten wir auf. Ein Eisbär hatte mit einem einzigen Prankenhieb die Tür aufgebrochen und stand nun mitten im Raum, zottelig, vergilbt und ausgehungert. Kurt brüllte wie am Spieß: »Waffe! Waffe!« Jemand angelte verzweifelt nach der Winchester. Panik zeichnete sich auf unseren Gesichtern ab. Aber auch Meister Petz lernte an diesem Morgen das Fürchten, als er da vier verwegene Typen, die sich die Seele aus dem Leib schrien und mit einer Pumpgun herumfuchtelten, vor sich auf der Pritsche sitzen sah. Er stieß ein heiseres Keuchen aus, blies uns eine aasige Wolke schlechten Mundgeruchs ins Gesicht und war dann schneller wieder im Wasser verschwunden, als wir aus unseren Schlafsäcken kriechen konnten. Das war knapp gewesen. Fragt sich nur, wer ums Haar das größere Blutbad angerichtet hätte, der Bär oder wir...

Mit dem gefährlichsten Raubtier auf Erden war auch der Schrecken abgetaucht, den es verbreitet hatte. Die Schrecken des Meeres und der Brandung waren indes geblieben, denn während der Nacht hatten sich die Verhältnisse nicht im geringsten gebessert. Wir diskutierten über die uns verbliebenen Möglichkeiten – viele waren es nicht mehr. Gerd und ich entschieden uns schließlich für den steinigen und qualvollen Weg über Land. Kurt und Holger wollten hingegen versuchen, sich mit den Kajaks nach Clyde River »durchzupaddeln«. Wir packten unsere Ausrüstung in ihre Boote, nur das Gewehr, Schlafsack, Kocher und vier Tüten mit Trockennahrung nahmen wir mit.

Kurt und Holger überwanden den Brandungsgürtel mit einer unerhörten Leichtigkeit. Lange schauten wir ihnen noch hinterher, bevor wir endlich das Garmin-GPS auf »Go to Clyde« justierten, uns in die Gurte legten und mit den leeren Kajaks im Schlepptau zur letzten Etappe unserer Odyssee aufbrachen. Wir zerrten die Boote über Stock und Stein, kamen uns vor wie Sträflinge auf der Flucht, die ihre Ketten nicht loswurden. Mit weiteren Begegnungen der bärigen Art war auf unserer Route zwar nicht mehr zu rechnen, doch wir blieben auf der Hut, zumal uns die Bären immer dann in die Quere gekommen waren, wenn wir am wenigsten mit ihnen gerechnet hatten. Wir waren bereit, auf alles zu schießen, das groß und weiß war und auf zwei Beinen laufen konnte.

Zwei Tage später erreichten wir völlig erschöpft Clyde River, der Kreis hatte sich geschlossen. Nur wenige Stunden später liefen, vom Meer kommend, Kurt und Holger in der Bucht ein. Die Tour war zu Ende, und in diesem Moment wußten wir auch, wie unsere Erstbegehung am Polar Bear Spire heißen mußte: »Odyssee 2000«.

El Gigante oder: Der ganz normale Wahnsinn

8. Kapitel

■

Der Wind heult um die Hütte wie ein Rudel tollwütiger Wölfe. Ich lausche angestrengt. Wir liegen in einer Tiefkühltruhe, und ich verspüre nicht die geringste Lust, mich aus dem warmen Schlafsack herauszuschälen. Aber der Drang ist stärker. Ich muß wissen, was es mit diesem Geräusch auf sich hat, das zwischendurch das Brausen des Windes übertönt und mich geweckt hat. Ein Geräusch, das nicht in diese Gegend gehört, das eigentlich nicht sein darf. Außer mir scheint es keiner gehört zu haben. Die schlafenden Gefährten liegen da wie narkotisierte Robben oder wie im Kokon ihrer Träume eingesponnene Raupen. Da ist es wieder, ein schrilles Krächzen, gefolgt von einem Bogen melodiöser Pfeiftöne. Ich stemme mich gegen die Tür, sie springt auf und wird sofort vom Wind gegen die Bretterwand geschleudert. Es ist weder Nacht noch Tag. Trotzdem muß ich geblendet die Augen schließen. Nicht das gefürchtete Whiteout, das übergangslose Ineinanderfließen von Schnee, Eis und Himmel, ist schuld daran. Es ist dieses blaue Leuchten in den tief verschneiten Bäumen. So unglaublich, daß es schon weh tut.

Wieder ertönt das häßliche Krächzen, wieder geht es über in eine einschmeichelnde Regenpfeifermelodie. Ich kann nur blinzeln. Tatsächlich, in den Bäumen vor der Hütte ist ein Schwarm Hyazintharas gelandet. Auch sie blinzeln mich aus ihren klugen Papageienaugen an. Zwinkern sie mir zu? Jetzt erst erkenne ich, daß sie in Flammen stehen. Ja, sie tragen ein Federkleid aus blauzüngelnden Flämmchen. Mir wird warm ums Herz. Ich mache einen Schritt vor die Hütte. Geräuschlos stiebt der Schwarm auf, geräuschlos gleiten die Feuervögel über mich hinweg und ziehen lange, bläulich lodernde Flammenschleppen hinter sich her. Etwas plumpst vor meinen Füßen in den Schnee. Ich bücke mich. Es ist eine Ananas. Aber der Schnee ist gar kein Schnee, sondern heißer, weißer Sand.

Als ich den anderen am nächsten Morgen von meinem Traum erzählte, erntete ich nur verständnislose Blicke. Einer murmelte etwas wie »Kältehalluzination und Polarkoller«. Der Wind hatte sich gelegt. Ich trat vor die Hütte. Keine zwanzig Meter von mir entfernt stand ein Kerl in einem vergilbten weißen Pelzmantel. Als er mich sah, machte er auf der Hinterhand kehrt und trottete davon. Immer wieder drehte er den Kopf zurück und zog sonderbare Grimassen. Seither bin ich davon überzeugt, daß Eisbären Verwünschungen ausstoßen können.

Es wurde ein schlechter Tag in Baffin Island. Nichts als schweißtreibende Schinderei in strömendem Regen. Ich sehnte mich nach meinem Traum zurück und träumte mich davon in südliche Breiten.

Ein Platz an der Sonne

Als wir Anfang November 2001 das Flugzeug Richtung Mexiko bestiegen, waren wir guter Dinge und doch angespannt. Wäre uns die berühmte gute Fee mit den drei Wünschen erschienen, hätten wir nur einen einzigen ausgesprochen, aber den gleich mit dreifacher Inbrunst: Diese Reise soll sich bitte, bitte nicht schon wieder in eine Odyssee verwandeln! Wie eine dunkle Wolke hing noch die Erinnerung an die Expedition nach Baffin Island über unseren Köpfen. Als wir uns damals im hohen Norden Kanadas aus den Kajaks zwängten, nachdem wir uns vier Wochen lang mit Eisbären, Kälte, gefährlichem Wildwasser, Brandung und bedrückender Abgeschiedenheit herumgeschlagen hatten, war für uns eines klar gewesen: Die nächste Expedition mußte in wärmere Gefilde führen!

Wir hatten schon ganz konkrete Vorstellungen. Keine wilden Tiere durfte es dort geben, der Anmarsch durfte auf keinen Fall per Boot erfolgen und mußte sich im Rahmen des Erträglichen bewegen. Warm, aber nicht zu heiß mußte es sein, und die Wand sollte möglichst hoch, steil, unbekannt und von bester Felsqualität sein. Vor allem das nächste Wirtshaus durfte nicht Hunderte von Kilometern entfernt liegen.

Damals wie heute hatten wir derart viele Wunschideen und Traumziele im Kopf, daß es viele Kletterleben erfordern würde, sie alle zu verwirklichen. Ein Ziel, das all die genannten Kriterien erfüllte, war jedoch nicht dabei – und wird vielleicht immer ein Traum bleiben. Die entbehrungsreichen Reisen der letzten Jahre hatten uns ausschließlich in kalte, unwirtliche Regionen wie Grönland, die Antarktis oder eben Baffin Island geführt. Die Reise nach Mexiko sollte die erste Expedition in warme, menschenfreundliche Breiten sein. Zumindest sprachen einige Indizien – die spärlichen Informationen, derer wir hatten habhaft werden können – dafür, daß einige unserer Wunschkriterien in Erfüllung gehen könnten.

Das Ziel hieß El Gigante – der Riese. Der höchste Felsabsturz Mexikos. Seine Wand tausend Meter hoch, steil und überhängend. Der El Gigante wurde erst in den neunziger Jahren von Höhlenforschern im Candamena Canyon entdeckt. Er liegt im Basaseachic Nationalpark bei Chihuahua und ist durchaus vergleichbar mit der Größe und Tiefe des Yosemite Valley in Kalifornien, der Kultstätte aller Kletterer. Der Basaseachic Nationalpark ist eine wilde, zerklüftete und bizarre Landschaft. Die riesigen Canyonsysteme dieser Gegend wurden in Jahrmillionen durch Wassererosion in die Landschaft geschürft, ähnlich wie der Grand Canyon in den USA. In diesem menschenleeren Gebiet befinden sich einige der höchsten Wasserfälle der Erde.

Und eben Seine Majestät, der El Gigante. Bis dahin waren nur zwei technische Routen durch diese Wand geklettert worden – von einem Mexikaner mit dem wunderbar klischeehaften Namen Carlos Garcia. Selbst in Kletterkreisen war der Berg nahezu unbekannt. Die Bilder, die wir vom El Gigante gesehen hatten, waren von schlechter Qualität gewesen, nicht »aussagekräftig« also – vor allem, was die Felsqualität anbelangte. Aber beeindruckend war der Berg allemal. Laut Bericht des Erstbegehers sollte nur zwei Tagesmärsche vom Basislager entfernt eine Ortschaft namens Basaseachic zu finden sein. Damit schien auch die Wirtshausfrage geklärt zu sein.

Unsere bisherigen Expeditionen hatten während der Planungsphase in unserem Freundeskreis nur mitleidiges Kopfschütteln hervorgerufen. Keiner konnte verstehen, daß es Menschen gab, die sich freiwillig solch einem Wahnsinn aussetzten. Unsere Pläne für Mexiko hingegen waren zu unserer eigenen Überraschung mit großer Begeisterung aufgenommen worden. Wir hatten uns vor potentiellen Mitreisenden kaum retten können. Das hatte uns stutzig gemacht. Sollte etwa dieses Unternehmen tatsächlich auch für ganz normale Menschen nachvollziehbar sein?

Unter dem überwältigenden Eindruck von soviel emotionaler Rückendeckung redeten auch wir uns ein, daß der El Gigante tatsächlich unsere erste ganz normale Kletterreise werden könnte. Ein Blick auf unsere Ausrüstung zeigte jedoch schnell, wie wenig wir selbst daran glaubten. Bis auf Eiskletterausrüstung – und natürlich Kajaks – war mal wieder alles dabei.

Portaledges, um viele Nächte in der Wand verbringen zu können, Trockennahrung für mindestens zwei Wochen, eine Bohrmaschine mit zwölf Wechselakkus, tonnenweise Hardware, Gore-Tex-Kombis und -Biwaksäcke, 400 Meter Kletter- und 500 Meter Fixseile und unsere antarktiserprobten Schlafsäcke. Damit hätten wir jederzeit an jedem Berg dieser Erde andocken können.

Eiskalte Tropen

Es war spät in der Nacht, als unser siebenköpfiges Team den Militärcheckpoint kurz vor Basaseachic erreichte. Bis dahin war die Reise ohne den geringsten Zwischenfall verlaufen. Nichts deutete darauf hin, daß es anders werden könnte. Selbst die finster dreinblickenden Soldaten, die hier rund um die Uhr Wache schoben und jedes Auto nach Drogen durchsuchten, brachten uns nicht aus der Ruhe. Und auch die Minusgrade in der Nacht erweckten noch kein tiefergehendes Mißtrauen, schließlich muß man immer mit Überraschungen rechnen. Nur die Tatsache, daß es in Basaseachic kein Bier zu kaufen gab, schmerzte uns sehr. Dennoch hielten wir an unserem Vorhaben fest. Wir bezogen unseren Stützpunkt auf der Ranch »San Lorenzo«. Von hier aus liegt der El Gigante nur wenige Kilometer Luftlinie entfernt.

Bis zum Horizont erstrecken sich die lichten Kieferwälder, und nichts deutet im ersten Moment darauf hin, daß sich ganz in der Nähe ein schrecklicher Abgrund auftut. Die vereinzelten Felsmassive, die idyllisch in die sanften Hügel eingebettet liegen, lassen nichts von der Existenz des tiefen, wildzerklüfteten Candamena Canyon erahnen. Doch nur dreißig Minuten Fußmarsch von der Ranch entfernt bietet die Landschaft ein grandioses, dramatisches Schauspiel. Der Eingang zum Canyon sieht aus wie ein natürliches Amphitheater. Mehr als 250 Meter rauschen die Wassermassen des Basaseachic Falls über die überhängenden Felsen in die Tiefe und sammelt sich in einem kleinen See. Riesige Blöcke liegen an seinen Ufern, und feiner Wasserstaub überzieht die Felsen mit einer glänzenden Schicht. Böen treiben den Wasserfall hin und her wie einen wehenden Vorhang und zaubern großflächige Regenbögen in die Luft vor den Wänden. Aus dem See schlängelt sich ein kleiner Bach um die Blöcke und tritt seine lange Reise durch den Canyon an. Große Zedern erheben sich majestätisch aus dem Grund der Schlucht. Links und rechts brechen die Felsen senkrecht und überhängend in die Tiefe, und nur eine Handvoll Routen zieht am Schluchteingang durch die Wände, der Rest ist völlig unberührt. Nur das Schild »Welcome to the climber's paradise!« fehlt noch.

Kurt und ich machten uns am nächsten Tag zur anderen Schluchtseite auf, um endlich einen Blick auf den El Gigante zu werfen.

Nach einer holprigen Fahrt in einem klapprigen Geländewagen saßen wir auf einem Vorsprung am Rande des Abgrunds. Uns gegenüber erhob sich wie der Wächter des Canyons der El Gigante. Weit überragt sein Gipfel den Rand der Schlucht, und seine Wand reicht unendlich tief hinab in den dunklen Schatten des Canyons. Lange saßen wir überwältigt von diesem Anblick dort oben und studierten die Wand durch unsere Ferngläser. Doch wie eine Diva hüllte sich der Riese in eine Dunstglocke und zierte sich, seine ganze Schönheit zu offenbaren. Am Ende des Tages waren wir nicht viel schlauer, dafür um so beeindruckter, aber auch alarmiert. Wir wußten jetzt, daß der Berg seinem Namen alle Ehre macht und sich die kurzen Distanzen eigentlich nur auf Luftlinien beziehen. Für unser Unterbewußtsein stand zu diesem Zeitpunkt bereits fest, daß auch dieses Unternehmen an die Tradition der vorherigen anknüpfen würde. Entsprechend registrierten unsere Seelenseismographen eine spürbar aufkeimende Besorgnis.

Am nächsten Morgen brach ein weiterer Spähtrupp auf, bestehend aus Kurt, Pater und Mariusz Hoffmann, ausgerüstet mit einer Videokamera und Biwakausrüstung. Sie wollten durch den Canyon bis zum Fuß des El Gigante vordringen. Bereits am Nachmittag des nächsten Tages kamen sie wieder zurück. »Es gibt eine gute und eine weniger gute Nachricht«, verkündete Pater. »Die gute zuerst: Der Weg durch die Schlucht ist kürzer als erwartet. Die schlechte ... na, seht selbst ...«

Er stellte die Videokamera auf den Tisch, und wir starrten gebannt auf den Monitor. Wir sahen Kurt vor einer dichten Buschreihe stehen. Langsam schwenkte die Kamera nach oben, und die Buschreihe ging in einen Urwald über. Bizarre Kakteen und Palmengewächse türmten sich senkrecht vor unseren Augen auf, Lianen hingen wie Schlangen von ihnen herunter. »Tolle Pflanzen«, meinte Holger, »und wo ist jetzt der El Gigante?« Die Kamera schwenkte weiter nach oben, und Kurt sagte nur trocken: »Das ist der El Gigante!«

Ich mußte mich hinsetzen. Der Kameraschwenk nahm und nahm kein Ende. Nach etwa 200 Höhenmetern erkannten wir zum erstenmal Felsen. »Toll, da könnt ihr mir ja was für meinen Garten mitbringen«, rief Gunda, Holgers Frau, entzückt. Bewundernswert, wer einer solchen Situation noch etwas Positives abgewinnen kann! Der Rest der Mannschaft aber war einfach sprachlos vor Entsetzen. Das konnte, das durfte doch nicht wahr sein: nach Eisbären, Brandung, Wildwasser, Kälte und Seekrankheit jetzt ein senkrechter Dschungel!

Spätestens in diesem Augenblick kippte das Unternehmen und nahm unausweichlich die gewohnte Eigendynamik an. So sehr wir uns auch dagegen wehrten, das Schicksal wollte uns in dieser Wand sehen. Den ganzen Nachmittag kämpften wir gegen das uns auferlegte bittere Los an. Einmal waren wir sogar um Haaresbreite entschlossen, klein beizugeben und uns auf eine Minimallösung in Gestalt einer schnuckeligen Erstbegehung am Eingang zum Canyon einzulassen, aber so zwergenhaft wollten wir uns vor dem Riesen denn doch nicht blamieren. Unsere Unentschlossenheit gipfelte in einer geheimen Abstimmung am nächsten Morgen.

Kurt stellte einen Kletterhelm auf den Tisch, und jeder bekam einen Zettel, auf den er »Ja« für oder »Nein« gegen den El Gigante schreiben sollte. Stimmenthaltung war nicht erlaubt. Das Auszählen hätte auch Steven Spielberg nicht spannender inszenieren können. Zuerst entstiegen dem Wahlhelm drei Nein-Stimmen in Folge, dann drei Ja-Stimmen. Das letzte Votum mußte die Entscheidung bringen. »Und der Gewinner heißt ... *(Pause)* ... El Gigante!«

Die Ablehner rangen um Fassung, die Befürworter setzten schnell eine Unschuldsmiene auf. So oder so, mit dieser letzten Stimme war unser Schicksal besiegelt. Aus und vorbei war's mit der Aussicht auf genußvolle, unbeschwerte Seillängen im festen, sonnenüberfluteten Fels. Und der Wahnsinn erfuhr sogar noch eine Steigerung.

Um Zeit zu sparen und unnötige Schlepperei zu vermeiden, schlug Kurt vor, nicht die ganze Ausrüstung durch die Schlucht an den Wandfuß zu schleppen, sondern den Weg des geringsten Widerstands zu gehen. Einige hundert Meter vom El Gigante entfernt, Luftlinie natürlich, rauschte der höchste Wasserfall Mexikos, der Piedra Volada, 460 Meter in die Tiefe. Um diese Jahreszeit jedoch floß nur ein erbärmliches Rinnsal im normalerweise wildschäumenden Bachbett, und vom Grund des Wasserfalls führte ein kleiner Canyon direkt zum Lager am Fuß des El Gigante.

Von nun an ging es mit uns erst einmal bergab. Bewaffnet mit Macheten und Äxten, schleppten wir die nächsten zwei Tage riesige Säcke voller Ausrüstung zum Rand der Schlucht. Es war wie immer. Die dünnen Tragegurte der Haulbags, die gar nicht für so lange Transporte vorgesehen sind, schnitten schmerzhaft in die Schultern. Es war heiß. Die Sonne richtete ihr Brennglas gnadenlos auf uns, und der Schweiß rann in Sturzbächen. Kurts Vorschlag, die 460 Meter über den Wasserfall an einem Stück abzuseilen und vorher die ganzen Säcke in einer riesigen Traube abzulassen, hatte in der sicheren Umgebung der Ranch noch sehr spannend geklungen. Als ich mich dann am Rand des Abgrunds vorsichtig über die Kante beugte, war jedoch schnell Schluß mit lustig. Es war, als blickte ich direkt in den Höllenschlund. Nur wenige Meter unterhalb der Kante brach die Wand überhängend ab, der Grund war nicht zu erkennen. Thermik wehte mir senkrecht nach oben Wassertropfen ins Gesicht, während meine Kehle immer trockener wurde.

Wir knüpften die Seile zusammen. Dann ließen wir das eine Ende ins Nichts hinunter. Kurt hing am Standplatz über der Kante. Der Wind blies seine Haare senkrecht in die Höhe. Er sah aus wie der Teufel persönlich vor dem Eingang zur Hölle.

Als erster seilte sich Mariusz ab, dann ließen wir das Gepäck in die Tiefe. Es war eine schweißtreibende Arbeit, denn das verlängerte Seil wog insgesamt an die sechzig Kilo. Jede Abseilfahrt dauerte eine Stunde. Schließlich war die Reihe an mir. Nach wenigen Metern baumelte ich frei in der Luft. Unter mir gähnte der Höllenschlund und blies mir wieder seinen Urwaldatem ins Gesicht – vielmehr seinen Mundgeruch: eine Mischung aus Moder, Pflanzenfäule und Blütenduft, süß, schwer, ein wenig benebelnd. Ich schaute nicht nach unten, sondern konzentrierte mich auf meine unmittelbare Umgebung. Die Tiefe machte mir keine Angst, versetzte mich aber in einen Zustand der Hochspannung, die bis in die Haarspitzen hinein spürbar war. Weil das Seil so schwer war, mußte ich mich mit beiden Händen in die Tiefe zerren, während die Wassertropfen um mich herum in die Höhe geblasen wurden, erst weiter unten lief das Seil leichter durch den Abseilachter.

Auf dem Weg nach unten mußte ich dreimal »umsteigen«, an den Knoten nämlich und unter Zuhilfenahme von Steigklemmen. Eine Aktion, die höchste Konzentration erforderte. Allein schon aus diesem Grund blieb für Angst keine Zeit. Die Erleichterung spürte ich hingegen deutlich, als ich endlich wieder festen Boden unter den Füßen hatte. Nach mir folgte Holger, und als letzter erreichte Klaus den Grund der Schlucht. Da war es bereits stockdunkel.

Kurt stand noch weit, weit oben an der Abbruchkante der Schlucht. Ihm war es zu gefährlich, ohne Stirnlampe im Dunkeln abzuseilen, und so zog er es vor, die Nacht oben zu verbringen, am Rande des Abgrunds, in den er sich anderntags hinablassen wollte. Pater und Gunda waren noch bei Tageslicht zurück zur Ranch aufgebrochen. Pater wollte uns am nächsten Morgen das Seil hinunterwerfen und über den Normalweg mit Gunda ins Basislager nachkommen.

Bevor Kurt am nächsten Morgen mit seiner Abseilaktion begann, schrieb er Pater noch einen Zettel und befestigte diesen deutlich sichtbar am Standplatz: »Lieber Pater, es ist 7 Uhr am Morgen, und ich seile jetzt erst ab. Bitte schneide mich nicht ab. Grüße Kurt.«

Es ist unmöglich, 400 Meter weiter unten im Schatten jemanden zu erkennen. Der Knoten am Stand war so fest, daß er unmög-

460 Meter abseilen am Stück bedeutet zuerst einmal viel Arbeit.

lich zu lösen war. Pater sollte ihn auf die gordische Methode lösen, also das Seil einfach mit dem Messer kappen. Da stand er nun eine Stunde später am Standplatz, las den Zettel und war fix und fertig. Als Kletterer greift man nicht gern zum Messer. Das Seil ist Sicherheit, unantastbar, so lebensnotwendig wie eine Nabelschnur. Pater zog und zerrte am Seil, aber es rührte sich nicht. Hing Kurt immer noch dran? Hatte er an einem der Knoten Schwierigkeiten mit der Steigklemme bekommen? Würde er ihn mit dem verabredeten Schnitt nichtverabredungsgemäß in die Hölle schicken?

Für Pater war es eine Gewissensentscheidung, mehr noch: ein Himmelfahrtskommando. Hopp oder topp. Der Schweiß trat ihm auf die Stirn, obwohl es noch gar nicht heiß war. Völlig verunsichert wartete er noch eine halbe Stunde. Dann faßte er sich ein Herz und schnitt das Seil ab. Er beugte sich über den Rand der Schlucht und lauschte mit angehaltenem Atem. Als er keinen entschwindenden Todesschrei aus der Tiefe der Schlucht vernahm, fiel ihm ein tonnenschwerer Boulderblock vom Herzen. Kurt war natürlich schon längst unten angekommen, als endlich das Seil neben ihm auf den Boden klatschte. Es wieder aufzudröseln war ein nervenaufreibendes Geduldsspiel, aber nicht zu vergleichen mit den Qualen, die Pater hatte durchmachen müssen, bis er endlich den finalen Schnitt wagte …

Putzkolonne im vertikalen Urwald

Am frühen Nachmittag erreichten wir das Basislager am Fuß des El Gigante. Das kleine Bächlein vom Schluchteingang war auf seinem Weg hierher zu einem respektablen Bach angeschwollen. Er mündete neben dem Lager in einen kleinen See mit tiefgrünem Wasser, eingesäumt von riesigen, blankgeschliffenen Steinen. Mächtige Bäume breiteten ihre Äste über dem Lager aus, als wollten sie uns den bedrohlichen Anblick des El Gigante ersparen. Wie ein riesiges Bollwerk ragte er aus der Schlucht auf.

Klaus und ich schlugen mit den Macheten einen Weg zur Wand frei. Wir fanden sogar einen Abschnitt, der etwas weniger bewachsen war als auf Paters »Horrorfilm«. Doch nach wie vor hätten Tarzan und Jane in der Wand ihre helle Freude gehabt, im Gegensatz zu uns. Es waren keine Steine, die, vom Vorsteiger losgetreten, herabgeflogen kamen, sondern die bizarrsten Pflanzen, Gras- und Moospolster. Ganze Büsche und exotische Palmengewächse sausten am jeweiligen Standplatz vorbei. Und ständig rieselte wie leichtes Schneegraupeln Erde von oben herab. Nicht daß wir uns dabei gemütlich von Ast zu Ast hätten hangeln können, ganz im Gegenteil. Die Kletterei war vom ersten Meter an sehr schwierig. Wir bewegten uns ständig im achten und sogar im neunten Schwierigkeitsgrad, nur etwas anders als sonst. Zuerst mußte der Vorsteiger die über ihm liegenden Griffe und Tritte freilegen. Modriger Humus rieselte ihm dabei ins Gesicht und unter die Kleidung. Nach wenigen Metern sah man aus wie ein Grubenarbeiter. Zur Belohnung durfte man sich dann ein paar Zentimeter höher schieben und weiterputzen.

Schichtwechsel am El Gigante. Die einen kommen, die anderen gehen.

Am zweiten Tag ließ sich Holger, nachdem er zwei Stunden an einer einzigen Seillänge herumgeschrubbt hatte, zu Klaus und mir an den Standplatz herunter.

»Sagt mal, Jungs, ist das wirklich euer Ernst, wir sind doch die totalen Narren, wenn wir so weitermachen!«

Da hatte er natürlich vollkommen recht. Ich hatte mich auch schon die ganze Zeit gefragt, was wohl schlimmer sei, durch die stürmische Drake-Passage zu segeln oder durch diese hängenden Gärten zu klettern? Der Blick nach oben versprach zumindest keine Besserung. Klaus, der zum ersten Mal mit uns unterwegs war, sah bedrohliche Zweifel in Holger und mir aufsteigen.

»Seid ihr etwa so verwöhnt, daß ihr schon bei der kleinsten Unannehmlichkeit aufgeben wollt?« rief er entrüstet.

Das saß. Ein Volltreffer mitten ins Herz unserer Ehre.

»Also gut, ihr wollt es nicht anders«, seufzte Holger, zog sich am Seil wieder hinauf und putzte weiter. Wir steuerten schnurstracks auf eine neue Odyssee zu oder waren vielmehr schon mittendrin.

Biwak auf Kakteen. Es wartet eine harte Nacht auf uns: »Die Verschwörung der Narren«.

Nachdem jede Seillänge geputzt und mit Zwischensicherungen versehen war, kletterten wir sie Rotpunkt. Und manche der Seillängen, man mag es kaum glauben, vor allem die schwereren, waren sogar richtig schön. Aber die Tage waren extrem kurz, bereits um sechs Uhr wurde es dunkel. Im unteren Wandteil schafften wir nie mehr als drei Seillängen am Tag. Bis wir die Wandmitte erreichten, seilten wir jeden Abend ab ins Basislager und fixierten die gekletterten Seillängen. Am nächsten Tag stieg ein anderes Team mit Steigklemmen wieder hinauf, schrubbte, jätete, quälte sich ein Stück weiter. Erst nach einer guten Woche hing der Ausrüstungssack endlich in der Wandmitte.

Flucht nach oben

So konnte es nicht weitergehen, es mußte etwas geschehen. Am nächsten Morgen stiegen Holger, Kurt, Klaus und ich mit minimaler Biwakausrüstung, Wasser und Verpflegung für drei Tage

Im perfekten Fels knapp tausend Meter über Grund bei der Erstbegehung von »Die Verschwörung der Narren«.

die Fixseile hinauf. Den oberen Wandteil wollten wir im Alpinstil lösen.

Während wir die Flucht nach oben antraten, entfernten Mariusz, Gunda und Pater die Fixseile und transportierten in mehreren Portagen die Ausrüstung aus der Schlucht.

In der Wand wurde es von Meter zu Meter schlimmer. Es war schon anstrengend genug, sich einen Weg durch das Dickicht der Schlingpflanzen bahnen zu müssen, da wurde nun zu allem Überfluß auch der Fels immer brüchiger. Kurt stieg vor. In einem Körperriß lehnte er sich mit dem Rücken an einen Pfeiler, groß wie ein Telefonhäuschen, der sich plötzlich bewegte und ohne Vorwarnung zu kippen begann. Reflexartig warf sich Kurt auf die andere Seite. Und Gott sei Dank sauste nur ein kopfkissengroßer Brocken wenige Zentimeter am Standplatz vorbei, an dem Klaus, Holger und ich im Schlingenstand hingen. Mit dem ganzen Telefonhäuschen hätten wir alle die Reise nach unten angetreten.

Der Weiterweg entwickelte sich zum reinen Nervenkrieg. Die Nacht brach langsam herein, als wir um einen kirchturmgroßen,

Kein Blick zurück in Wehmut. Auf dem Gipfel des El Gigante in Mexiko.

angelehnten Turm herum in einen fast senkrecht hängenden Garten querten. Kurt kroch hinter körperdicken Palmen durch, die wie Ofenrohre aus der Wand ragten. Ihre Blätter waren hart und scharf wie Messer, an denen wir uns die Finger und Hände zerschnitten. Im Schein der Stirnlampen bauten wir eine Seilbahn vom Turm hinüber in den Garten und transportierten so die Rucksäcke und Haulbags zum Biwakplatz. Holger klemmte sich hinter eine Palme, Klaus kauerte auf einem abschüssigen Grasband, Kurt und ich verkeilten uns zwischen der Wand und einem Baum. Für einen Botaniker hätte diese Situation wahrscheinlich die Erfüllung eines Lebenstraumes bedeutet. Für uns war es die Nacht der langen Messer, ein einziger Alptraum. Wie ein verängstigtes Schimpansenrudel, das sich vor den Löwen in Sicherheit bringen mußte, hingen wir in der Wand. Gräßliche Nachtinsekten schwirrten uns um die Ohren, ständig rieselte einem feuchte Erde unters Hemd. Würden die Wurzeln halten? Konnten Baumschlangen bis in diese Höhe vordringen?

Unser einziges Ziel war, so schnell wie möglich aus dieser Wand herauszukommen. Völlig gerädert von der Biwaknacht, schlich Holger am anderen Morgen die nächsten Seillängen hinauf. Unter seinem Gewicht knackten die brüchigen Tritte.

Fünf Seillängen unter dem Gipfel trafen wir auf eine der Routen von Carlos Garcia und kletterten auf ihr die einzig sinnvolle Rißlinie durch die Headwall. Als wir kurz vor Dunkelheit am Gipfel ausstiegen, hatte der El Gigante seine erste Freikletterlinie und der Wahnsinn einen Namen: Wir tauften die Route »La Conjura De Los Necios« – »Die Verschwörung der Narren«.

Nach einer weiteren Biwaknacht schleppten wir mal wieder unsere Säcke durch die Wildnis. Holger überschlug sich mit seinem Haulbag, leider nicht vor Freude, Kurt stützte sich mehrmals an einem Kaktus ab, und die Sonne dörrte uns langsam aus. In diesem Moment, als sich der Schweiß einen Weg über unsere dreckverkrustete Stirn bahnte, mußten wir einsehen, daß wir nicht für einen Badeurlaub in Rimini bestimmt sind.

»Hey, Jungs, was haltet ihr eigentlich von Patagonien?!« rief schon wieder einer hinter mir.

Es war der ganz normale Wahnsinn.

Die Ware Klettern – Konkurrenz belebt den Sportsgeist

Fußballprofi wollte ich nie werden. Natürlich spielte ich wie alle Jungen in meinem Alter beim 1. FC Oberau, aber meine große Leidenschaft war es nicht. Das einzige Tor, das ich schoß – ich war Verteidiger und traf häufiger das Schienbein meines Gegners als den Ball –, war eigentlich eine völlig mißratene Flanke. Meine wahre Leidenschaft war schon damals das Klettern. Noch vor meinem Schulabschluß stimmte ich dann mein ganzes Leben darauf ab und wollte nur noch eins: die Wände hochgehen. Dafür arbeitete und lebte ich. Eine Karriere als Profikletterer aber lag erst einmal weit außerhalb meiner Vorstellungswelt.

Alpensherpas

Klettern ist kein klassischer Profisport. Aber professionelle Bergsteiger gab es schon in der Pionierzeit des Alpinismus. Am Anfang waren es vorwiegend Menschen aus den Städten, die aus den unterschiedlichsten Beweggründen in die Berge zogen. Viele Wissenschaftler, Künstler und Philosophen waren unter ihnen, die sich gegen Bezahlung von ortskundigen Bauern auf die Gipfel führen ließen. Die Bauern, »Alpensherpas« der frühen Stunde, waren die ersten Profis im Alpinismus. Ruhm und Ehre der Erstbesteigungen kassierten jedoch die Kunden. Der gutbürgerliche Hochtourist des 19. Jahrhunderts war zivilisationsmüde, wollte dem grauen Alltag entfliehen, verklärte die Natur zum verlorenen

Paradies. Dorthin wollte er zurück, dort suchte er sein Glück. Im Kampf mit den Elementen konnte man elementare Erfahrungen machen, Wagemut, Kühnheit und Sportsgeist demonstrieren. Niemand wäre auf den Gedanken gekommen, auch den Bergführern solch »hehre« Motive zu unterstellen. Obwohl sicher der eine oder andere aus reinem Eigennutz auf die Berge stieg.

Daß das Profitum im Bergsteigen lange verpönt, ja geächtet war, vor allem im deutschsprachigen Raum, daß ihm bis heute etwas Anrüchiges anhaftet, hängt also mit den schwärmerisch-idealistischen Ursprüngen des Alpinismus zusammen, aber auch mit der Heroisierung des Bergsteigens in den Zeiten des Eroberungsalpinismus. Erst suchte man sein Heil in der Natur, dann wollte man sie in die Knie zwingen. Dem »Führer« sandte man Grüße von der »Nanga-Parbat-Front«, den Engländern wollte man zeigen, wie man einen »Gipfelsieg« hinlegt. Es ging um den »Triumph des Willens« oder ums nationale Prestige. Alles natürlich völlig idealistische Ziele. Völlig »zweckfrei«.

Ins Freie

Ich bewunderte und beneidete jeden, dem es gelungen war, nicht nur für seine Leidenschaft, sondern auch von ihr zu leben. Daß mir selbst genau das einmal gelingen sollte, davon wagte ich lange Zeit nicht einmal zu träumen. Frei nach Karl Valentin: Fußballprofi habe ich nicht wollen sein mögen, Kletterprofi werden zu dürfen habe ich mich nicht getraut. Ich stand bei der Firma Marker an der Drehbank, war 22 Jahre alt, hatte gerade den ersten Kletterwettkampf, den Sport Roccia in Bardonecchia, gewonnen und dachte an nichts anderes als ans Klettern. Mit meinen Händen bediente ich zwar die Kurbeln und Knöpfe, in Gedanken war ich jedoch weit weg, hing weit oben in einer Wand. Mit dem Abstempeln der Stechkarte am Morgen schaltete mein Geist um in den »Stand-by-Zustand«, Punkt 17 Uhr und an den Wochenenden erwachte ich wieder zum Leben. Der Jahresurlaub war spätestens Pfingsten aufgebraucht, meine Zukunftsaussichten so trüb wie die Milchglasscheiben der Werkstatt, die mir den Blick hinaus in die Welt verwehrten. Ich drehte und fräste meine Werkstücke, unternahm so oft es ging meine kleinen Fluchten, aber wie ich es auch drehte und wendete, ich kam mir vor wie im offenen Strafvollzug. Irgendwo da draußen tobte das wahre, das wilde Leben. Ich wollte nicht hinter, ich wollte auf die sieben Berge, mindestens. Hunderte, ach was, unzählige Felswände standen einfach so da und warteten. Aber ich klebte fest wie in einem Alptraum, in dem man davonlaufen will, aber einfach nicht von der Stelle kommt, so sehr man auch strampelt.

Meine Freunde Uli Wiesmeier und Hans Martin Götz, der Pater, lebten mir vor, daß man das Klettern ganz anders in den Alltag integrieren konnte, nämlich nicht nur als Lebensinhalt, sondern auch als Lebensgrundlage. Uli war auf dem Sprung, Bergfotograf zu werden, Pater handelte mit Kletterausrüstung. Nur ich fand den Weg ins Freie nicht. Bis mir schließlich Pater als rettender Engel erschien, fast möchte ich sagen als Erlöser, und mich an Bord der Do Boys Company holte. Daß ich danach erst einmal vom Regen in die Traufe geriet, habe ich schon erzählt. Aber dieser Fehlstart war eine wichtige Etappe auf meinem Weg, weil er mir zu erkennen half, was ich eigentlich wollte.

Am Wegrand lauerten Selbstzweifel und Ängste. Zeitweise hatte ich sogar ein schlechtes Gewissen, weil ich etwas tat, das mir Spaß machte und zugleich Geld einbrachte, während meine ehemaligen Kollegen weiterhin gezwungen waren, ihre Träume an der Drehbank oder hinter der Fräsmaschine zu träumen. So sehr war mir die deutsche Strebsamkeitsethik und Arbeitsmoral in die Knochen gefahren, daß ich mich anfangs manchmal gar nicht gut fühlte, als es mir endlich gut ging. Aber das legte sich. Als ich beispielsweise zusammen mit Uli Wiesmeier in den schönsten Klettergebieten der Welt unterwegs war, um die Aufnahmen für unseren Bildband *Rocks around the world* zu machen, begriff ich endgültig, daß es ein Leben vor dem Tod gibt. Und daß man es leben kann. »Alles kommt, nichts bleibt aus ...« Ich dankte meinem Schicksal.

Klettern zu dürfen, die Welt zu sehen und obendrein noch davon leben zu können, das war mehr, als ich jemals zu träumen gewagt hatte.

Unternehmer in eigener Sache

Als Kletterprofi war ich über Nacht ein Einmannunternehmen geworden. Jetzt lernte ich die Risiken und Nebenwirkungen dieser Profession kennen und kein Arzt, Verein oder Manager stand mir mit Rat und Tat zur Seite. Jede Anfrage mußte ich selbst bearbeiten, meine Vortragstourneen zusammenstellen, Artikel und Zeitungsberichte schreiben, Sponsoren suchen und auch betreuen, sobald ich sie gefunden hatte. Langsam merkte ich, daß ich mich von meiner eigentlichen Leidenschaft, dem Klettern, immer weiter wegbewegte. Zwischendurch hatte ich auch das Gefühl, mich auf eine heikle Gratwanderung eingelassen zu haben. Beim Blick in den Spiegel sah ich mich mit unangenehmen Fragen konfrontiert. Was mußt du tun, um Geld zu verdienen, und welche Aktion wird für dein Image schädlich sein? Wann beginnst du dich zur Marionette deiner Werbepartner zu machen? Oder gar deine Seele zu verkaufen?

Es gab Zeiten, da ich gewisse Pflichtübungen mit verhaltenem Zähneknirschen hinter mich brachte, weil ich auf das Honorar angewiesen war. In der Fußgängerzone von Essen kletterte ich an einer Kaufhausfassade, um für ein Parfum zu werben. Gleich am Einstieg saß ein völlig betrunkener Obdachloser an einen Pfeiler gelehnt. Der zuständige Abteilungsleiter hüpfte mit dem Mikrofon in der Hand herum wie ein Derwisch und brüllte auf das verdutzte Publikum ein, als sei ich der neueste Zwiebelschneider oder der letzte Schrei. Bei jedem Durchgang grölte der Obdachlose. Der Abteilungsleiter schrie sich die Seele aus dem Leib, und ich wäre vor Scham am liebsten im Erdboden versunken. Bei der Heimfahrt kam ich mir vor wie eine Hure. Mißbraucht, erschöpft, aber wenigstens mit dem Scheck in der Hand. In diesem Moment erkannte ich, daß der Preis, den ich gezahlt hatte, zu hoch war, daß ich meine Seele verkaufen würde, wenn ich so weitermachte.

Eine Frage des Geldes

Aber leider bezahlt keine Firma einen Kletterer, nur weil er sich besonders gut an kleinen Griffen festhalten kann. Ich dokumentiere und veröffentliche zwar meine Erlebnisse, halte Vorträge, produziere Filmbeiträge über meine Expeditionen, schreibe Artikel und Bücher wie dieses. Aber all das reicht noch nicht aus, um als Kletterer zu überleben und meine Expeditionen zu finanzieren. Während meiner Zeit als professioneller Wettkampfkletterer lebte ich hauptsächlich von Preisgeldern und Antrittshonoraren. Aber um meine eigenen Vorstellungen vom Klettern realisieren zu können, brauche ich Sponsoren, Partner aus der Industrie. Diese sind naturgemäß keine Mäzene, sondern wollen aus der Kooperation mit mir Nutzen ziehen, ich muß ihnen etwas bieten. Heutzutage spricht man von einer »win-win«-Situation. Meine Rolle heute ist die eines mobilen Versuchslabors. Bei meinen Expeditionen, bei Klettertouren in den Alpen und während meines täglichen Trainings verwende ich Produkte, die noch in der Entwicklungsphase stecken. Auf diese Weise teste ich zum Beispiel neue Materialien und Schnitte meines Bekleidungssponsors Marmot und des Membranherstellers Gore-Tex unter authentischen Bedingungen.

Diese Arbeit macht mir sehr viel Spaß. Ich genieße jeden Tag, weil keiner dem anderen gleicht. Am Morgen gehe ich laufen, anschließend steht Klettertraining auf dem Programm, danach versinke ich in meinen E-Mails und Faxen, hänge stundenlang am Telefon und habe am Abend das Gefühl, wieder nichts geschafft zu haben. Das ist der Idealfall, der perfekte Arbeitstag, der meist eine Wunschvorstellung bleibt. In der Regel bin ich auf Achse, verbringe unzählige unproduktive Stunden im Auto auf dem Weg zu Besprechungen oder Vorträgen und natürlich auch auf dem

Weg in Richtung Gebirge. Dazu kommt die Zeit, die ich mit meinen Kindern verbringe, die mir heilig ist und die ich verteidige wie eine Festung. Aber ich liebe dieses Leben, von mechanisch wiederkehrenden Abläufen, von Alltagstrott und Marathon im Hamsterrad keine Spur. Auf kleinere bis mittlere Katastrophen bin ich gefaßt, mit Wundern rechne ich fest. Vor allem aber versuche ich mir meine Neugier zu erhalten.

Vor diesem Hintergrund war die Notwendigkeit, gegenüber meinen Sponsoren Verpflichtungen einzugehen und Präsenz in der Öffentlichkeit zu garantieren, nie die sprichwörtliche Kröte, die ich wohl oder übel zu schlucken hatte, sondern ein faszinierendes Neuland. Am meisten Spaß macht es mir, Vorträge zu halten und auf diese Weise Gleichgesinnte an meiner Begeisterung teilhaben zu lassen. Ich gebe zu, früher waren diese Vorträge für mich auch eine Art Bühne, auf der ich mein Ego befriedigte. Das hat sich völlig verändert. Nach meiner Wettkampfkarriere fing ich an, von meinen Expeditionen zu erzählen, sah dabei diese Sehnsucht in den Gesichtern der Zuschauer und das Leuchten in ihren Augen. Da wurde mir bewußt, daß viele von ihnen die gleichen Träume in sich tragen. Für manche lebe ich sie – stellvertretend. Ich bin Geschichtenerzähler und freue mich, wenn ich den einen oder anderen Zuschauer motivieren kann, selbst aufzubrechen, um das Weite zu suchen.

Red Chili

Meine Neugier und die Lust, unbekannte Regionen zu erkunden, beschränken sich nicht nur auf das Klettern. Wer diesen Drang in sich verspürt, der sucht die Spannung und den Reiz des Unbekannten auch in anderen Lebensbereichen. Daher möchte ich an dieser Stelle eine Expedition ganz anderer Art beschreiben. Lange Jahre arbeitete ich bei La Sportiva, meinem damaligen Schuhsponsor, intensiv an der Entwicklung von Kletterschuhen mit. Ich fand es trotz meiner Ungeduld sehr spannend zu beobachten, wie aus einer Idee langsam ein richtiges Produkt heranreift. Zusammen mit der italienischen Kletterlegende Heinz Mariacher verbrachte ich Tage in der Fabrik, wo wir mit dem Modellisten Juliano über Asymmetrie, Vorspannung und Gummimischung der Sohlen grübelten. Kaum war ein neuer Prototyp fertig, testeten wir die »Wunderwaffe« im nahen Valle San Nicolò. Im Lauf der Jahre bekam ich viel Erfahrung im Bereich Schuhdesign, während mein Freund Uwe Hofstädter eine harte Lernphase als Geschäftsmann bei den Do Boys durchlief. Mittlerweile hatte auch der Pater wieder mal die Leitplanke durchbrochen und den Schwung gleich mitgenommen, um neue Geschäftsideen zu verwirklichen. Uwe kämpfte mit der Hartnäckigkeit, die nur ein Schwabe aufbringen kann, gegen den drohenden Untergang und übernahm den Vertrieb von Wild Country. Als sich herausstellte, daß unser gemeinsamer Plan, La Sportiva in Deutschland zu vertreiben, nicht realisierbar war, übernahmen Uwe und ich die Vertretung des spanischen Kletter- und Trekkingschuhherstellers Boreal in Deutschland. Diese Marke war damals unangefochtener Weltmarktführer. Aber selbst nach einem Jahr lagen unsere geschäftlichen Vorstellungen und die der Spanier so weit auseinander wie unsere Länder.

Das einzig Positive an Spanien war für Uwe und mich in dieser Phase der schwere Rioja, der uns über so manche schmerzhafte Stunde hinweghalf. So wie an einem dieser verregneten Herbsttage, wenn sich der Frust so schwer auf das Gemüt legt wie der Nebel auf die abgeernteten Felder. Wir saßen in Uwes Löchgauer Dachgeschoßwohnung und erwarteten die Eiszeit. Wieder einmal hatten uns die Spanier mit einer Lieferung versetzt, und den ganzen Tag riefen erboste Kunden an. »Wenn das so weitergeht, können wir ja gleich unsere eigenen Kletterschuhe machen«, grummelte Uwe in sein Glas, und wir tranken wortlos weiter. Es war, als setzte Uwe in diesem Moment unbewußt ein Samenkorn, das wir liebevoll mit schwerem Wein begossen, bis nach einer weiteren Flasche die Saat ganz langsam aufging. »Spitzenidee, Uwe!« meinte ich nach einer wortlosen Stunde. Er wußte erst gar nicht, was ich meinte, und starrte mich mit schon leicht glasigen Augen an. »Du hast recht, warum sollen wir nicht unsere eigenen Schuhe herstellen und vertreiben? Wer soll denn besser wissen, was Kletterer brauchen, als wir Kletterer? Du hast viel Erfahrung mit dem Vertrieb, und ich weiß, wie man Kletterschuhe entwickelt«, erklärte ich ihm begeistert. Uwe schaute mich skeptisch an, und ich wußte, was das bei ihm bedeutete. Alle Alarmanlagen sprangen an, und in seinem Hirn flammte ein großes Leuchtbanner auf: »Gefährliche Idee, Vorsicht, wird alles wieder an dir hängenbleiben!« Doch was Visionen und absurde Ideen betrifft, ergänzen wir uns prächtig. Ein Triebwerk nach dem anderen zündete, und wir hoben ab und rauschten in Lichtgeschwindigkeit durch die niederen Sphären einer Firmengründung hinauf bis zum Weltkonzern. Die Red Hot Chili Peppers dröhnten aus der Anlage, die Korken flogen wie von selbst aus den Riojaflaschen und die Salatschüssel aus dem Dachfenster. Es war eines unserer legendären Innovationsbrainstormings, und es kam der Zeitpunkt, an dem wir anfingen, alles aufzuschreiben, da bereits der Verlust der Muttersprache drohte. Als wir wider Erwarten, schon am nächsten Tag erwachten und die Salatschüssel von der Straße holten, fanden wir erstaunlicherweise im Briefkasten auch unsere Gesprächsnotizen des Vorabends wieder. Durch die Rotweinflecken erkannten wir noch die skizzierte Firmenphilosophie und Vorgehensweise. Wir nahmen zwar Abstand von der Idee einer sofortigen feindlichen Übernahme von Daimler-Chrysler, aber der Rest erschien uns nach wie vor großartig. Nur ein einziger Firmenname stand auf dem Papier: RED CHILI. Wir waren uns einig.

Zwei Jahre später standen unsere ersten Red-Chili-Kletterschuhe in den Läden. Mein Gott, was waren wir stolz – und sind es immer noch. Red Chili hat sich in kürzester Zeit unter den weltweit führenden Kletterschuhmarken etabliert. Wir gingen aber auch durch Täler der Tränen und standen kurz vor dem Untergang, weil wir wegen des großen Erfolgs und der enormen Nachfrage die Produktion nicht mehr vorfinanzieren konnten. Aus diesem Grund schmiedeten wir zusammen mit Wild Country eine

Der schwere Teil von Red Chili. Designstudien bei schlechtem Wetter in der Verdon-Schlucht.

strategische Allianz, die Red Chili International Ltd., und verkauften Anteile von Red Chili an Wild Country. Das Schönste ist jedoch, daß trotz größter Schwierigkeiten unsere Freundschaft nie daran zerbrach und das Motto »Kletterer für Kletterer« auch heute noch Grundlage unserer Firmenphilosophie ist. Während Uwe die graue Eminenz der Firma darstellt und im Hintergrund die Fäden zieht, bin ich vor allem in Design, bei strategischen Entscheidungen und in Marketing involviert. Wir begreifen dieses Unternehmen als eine lange Expedition und sind jederzeit bereit, noch tiefer in unerforschte und gefährliche Regionen der Geschäftswelt vorzudringen.

Wände, Kletterer, Sensationen

Wir Profikletterer haben eine große Verantwortung, zumal wir die Entwicklung unseres Sports beeinflussen, indem wir das Verrücken der Leistungsgrenze und die Erschließung neuer Routen dokumentieren und unsere Expeditionsberichte einer breiten Öffentlichkeit zugänglich machen. Natürlich erbringen auch »Amateure« vergleichbare Leistungen, aber sie haben oft kein Interesse daran, diese an die große Glocke zu hängen. Daher kommt es vor, daß man erst Jahre später durch Zufall von einer großartigen Erstbegehung erfährt, die vielleicht eine neue Schwierigkeitsdimension erschlossen hat, die öffentliche Anerkennung jedoch längst andere bekommen haben, die einfach nur lauter getrommelt hatten.

Es gibt Zeitgenossen, die einen dazu verleiten wollen, Leistungen aufzubauschen und den eigenen Heldenstatus aufzupolieren. Wenn man von einer Expedition zurückkommt, über die schon im Vorfeld viel berichtet wurde, wollen die meisten Journalisten erst einmal wissen, ob etwas Dramatisches passiert ist. Hat sich jemand verletzt? Wenn man dann nicht mindestens von einem offenen Oberschenkelhalsbruch erzählen kann, sondern »nur« vom glücklichen Ausgang des Unternehmens, macht sich erst einmal Enttäuschung breit. Es ist traurig, wenn die Leistungen eines Expeditionsteams nur noch durch diese Brille gesehen werden.

Im Sommer 2004 saßen Markus Dorfleitner, Klaus Fengler und ich im Grassenbiwak, einer kleinen Biwakschachtel hoch über dem schweizerischen Engelberg. Draußen heulte der Sturm. Waagerecht wirbelten die Schneeflocken vom Berner Oberland herüber. In dieser Höhe ist es ganz normal, daß es bei schlechtem Wetter auch im Sommer schneit. Wir saßen geschützt in der gemütlichen Biwakschachtel, das Feuer knisterte im Ofen, und wir warteten auf die perfekten Bedingungen, um unsere Erstbegehung in der Titlis-Ostwand endlich klettern zu können. Plötzlich klingelte mein Mobiltelefon, und am anderen Ende meldete sich eine aufgeregte Redakteurin von RTL.

»Am Nanga Parbat hat sich ein Unglück ereignet. Ein Bergsteiger aus Dresden ist abgestürzt, die anderen sitzen in Lager 4 im Schneesturm fest!« Sie wollte wissen, ob ich diese Bergsteiger kenne oder wenigstens etwas über den Nanga Parbat erzählen könne. Die Sensationsmeldung sollte nämlich schnellstmöglich über den Sender gehen, allerdings brauchte man dazu dringend noch ein paar Informationen.

Nur fünf Minuten später klingelte es wieder, und ein anderer Sender rief an, dann schaltete ich mein Telefon aus. Wir waren entsetzt, nicht allein weil ein Bergsteiger ums Leben gekommen war und seine Freunde in diesem Moment in der Klemme steckten, sondern auch weil ein gnaden- und stilloser Sensationsjournalismus diese menschliche Tragödie sofort auszuschlachten versuchte. Noch nie hat mich ein Redakteur nach meiner Meinung zum sicheren und erfolgreichen Ausgang einer Expedition gefragt. Aber wenn jemand in der Patsche steckt, dann kriechen die Hyänen aus dem Hinterhalt und versuchen aus dem Leid der anderen Kapital zu schlagen, obwohl sie bis zu diesem Moment noch nicht einmal wußten, wie man Nanga Parbat schreibt.

Von dieser Kritik nehme ich die Fachpresse wohlgemerkt aus. In der Regel arbeiten in diesen Redaktionen wie auch in den entsprechenden Fachredaktionen von Funk und Fernsehen sehr fähige und kompetente Journalisten, die selbst zum Klettern oder Bergsteigen gehen. Für die Boulevardpresse hingegen scheint die Geschichte einer erfolgreichen Expedition, bei der sämtliche Beteiligten unversehrt auf den Gipfel und wieder herunterkamen, kein Thema zu sein Aber ist es für den Leser wirklich völlig uninteressant zu erfahren, welche Planungen, Mühen und Anstrengungen diesen Erfolg überhaupt erst möglich gemacht haben? Sind Katastrophenberichte, die mit der reißerisch aufgemachten Darstellung menschlichen Leids die niederen Instinkte anzusprechen versuchen, journalistisch wertvoller? Ist es nicht unsere Aufgabe, dem Sensationsjournalismus entgegenzuwirken und auch mal auf eine auflagenstarke Veröffentlichung zu verzichten?

Wetten, daß ... ich das besser kann?

Ich bin schon immer ein sehr ehrgeiziger Mensch gewesen, wollte immer der Beste sein. Beim Langlaufen fühle ich mich als Konkurrent von Gunde Svan, renne los, als sei die gesamte norwegische Nationalmannschaft hinter mir her – um dann nach ein paar hundert Metern völlig ausgepumpt hinter dem nächsten Heustadl stehenzubleiben. Wenn ich laufen gehe, dann laufe ich immer gegen einen Gegner. Ich gebe ihm einen Namen, eine Nationalität – ein Gesicht hat er jedoch nicht. Natürlich verliert er immer dramatisch auf den letzten Metern. So habe ich schon meine Autorennen in der Sandkiste ausgetragen. Das ist kein Verfolgungswahn, sondern Lust am Wettstreit.

Ich kann es noch immer nicht lassen, mich mit anderen Kletterern zu vergleichen. Wieviele Versuche hatte dieser und jener in der Tour? Wie schnell hat ein anderer ein Boulderproblem geschafft? Im direkten Leistungsvergleich, bei einem Wettkampf, ist so eine Einstellung Voraussetzung, um zu gewinnen. Diese Zeiten liegen für mich weit zurück, aber ich muß zugeben, daß ich es mir einfach nicht verkneifen kann, mich – um nur ein Beispiel zu nennen – mit einem Chris Sharma zu vergleichen, obwohl ich weiß, daß ich sein Leistungsniveau in bestimmten Bereichen nie mehr erreichen kann, selbst wenn ich mein Leben einzig und allein darauf ausrichten würde.

Die erste Frage lautet immer: Kann ich das auch? Und die zweite: Könnte ich das vielleicht sogar besser? Auch wenn es für den einen oder anderen unverständlich ist, mir fällt es schwer bei einer Expedition wie in Patagonien, hinter einem Kletterer vom Schlage eines Robert Jasper zu gehen anstatt vor ihm. Lange Zeit wollte ich diese Charaktereigenschaft nicht akzeptieren. Heute versuche ich mich mit diesem Drang zu arrangieren und den Wettstreit als eines meiner Lebenselixiere zu betrachten.

Das oberste Gebot aber lautet: Fairneß. Ein großes Vorbild in dieser Hinsicht war für mich immer Wolfgang Güllich. Er setzte nicht nur im sportlichen Bereich Maßstäbe, sondern war darüber hinaus ein großartiger Vertreter und Wortführer der jungen Freiklettergeneration in den Medien. Und er haute uns jungen Heißspornen gehörig auf die Finger, wenn wir mal wieder übers Ziel hinausschossen. Ich kann mich noch gut an ein Zusammentreffen mit ihm auf der Sportartikelmesse ISPO in München erinnern. Ich arbeitete für die Do Boys Company am Stand und hatte erst kurz zuvor eine der schwierigsten Routen Deutschlands, »Kanal im Rücken« im Altmühltal, an einem Tag wiederholen können. So dachte ich zumindest. Bis Wolfgang mir die Leviten las. »Wie kannst du behaupten«, herrschte er mich an, »es an einem Tag geschafft zu haben, wenn du doch in Wahrheit zwei Tage in der Route geklettert bist?«

Ich versuchte ruhig zu bleiben und ihm zu erklären, daß ich am ersten Tag lediglich den leichten Einstiegsriß bis zum Beginn der Schwierigkeiten hinaufgeklettert und – als ich feststellte, daß es noch zu naß war – auch wieder abgeklettert sei. Ich sei weder gestürzt, noch hätte ich die Sicherungskette belastet. Erst am darauffolgenden Tag hätte ich die Route richtig einüben und sogar noch die entscheidende Rotpunktbegehung dranhängen können. Für mich habe der erste Tag überhaupt keinen Vorteil oder Nutzen gebracht, und daher hätte ich ihn auch nicht mitgezählt. Mit dieser Argumentation war Wolfgang nun gar nicht einverstanden. Sein T-Shirt spannte sich über seinem gewaltigen Brustkorb und Bizeps, als er sich drohend vor mir aufbaute.

»Wo kämen wir denn da hin, wenn jeder seine eigenen Regeln aufstellt, wenn da Tage verschwiegen werden, nur um besser dazustehen?«

Auch ich wurde nun etwas lauter, um meiner Argumentation mehr Nachdruck zu verleihen. Wolfgangs Halsschlagadern schwollen zu Gartenschlauchgröße an, mittlerweile hatten sich um uns herum mehr Schaulustige versammelt als vor den Ständen. »Wo ist der Deal?« donnerte Wolfgang immer wieder, und ich bog schnurstracks auf die Verliererstraße ein. »Wo ist der Deal, wenn du zwei Tage in der Route geklettert bist, aber behauptest, es sei nur ein Tag gewesen?« Ich wußte, daß er recht hatte, aber ich mußte weiter an meiner Version festhalten, um nicht komplett das Gesicht zu verlieren.

Das war mir eine Lehre, die mich seit diesem Zeitpunkt begleitet. Da man sozusagen unter Ausschluß der Öffentlichkeit klettert und Gott sei Dank keine objektive Kontrollinstanz existiert, ist und bleibt der entscheidende Faktor die Ehrlichkeit der Protagonisten.

Es geschah wieder auf einer Bergsportmesse, daß ich mit einem anderen Kletterer aneinandergeriet. Doch diesmal waren die Rollen vertauscht. Alexander Huber kletterte an der westlichen der Drei Zinnen die Route »Bellavista« und bewertete diese Erstbegehung mit dem 11. Schwierigkeitsgrad, verbunden mit dem nachdrücklichen Hinweis, es handle sich dabei um die weltweit erste bohrhakenfreie alpine Sportkletterroute. An den Standplätzen hatte er jedoch sehr wohl Bohrhaken gesetzt. Einen Standplatz hatte er zwar bei der Rotpunktbegehung überklettert, die zugehörigen Bohrhaken aber als Zwischensicherung benutzt. Als diese Fakten publik wurden, platzte mir der Kragen. Man kann nicht Wasser predigen und Sekt trinken. Man kann nicht Marketing betreiben und seinen Marktwert steigern, indem man nach Gutdünken wichtige Informationen unter den Tisch fallen läßt und mit Fakten jongliert. Wobei Alexander dies gar nicht nötig gehabt hätte. Seine Leistungen sind herausragend und sprechen für sich. So habe ich das auch in einem Interview mit der Fachzeitschrift *Klettern* gesagt

Ich weiß, das klingt nach kleinlichem Hickhack und nach Rechthaberei. Aber es geht und ging in diesem Zusammenhang um nichts Geringeres als den ungeschriebenen Ehrenkodex des Klettersports. Ohne diesen für alle verbindlichen Wertekanon werden wir unglaubwürdig und können uns gleich in die Gilde der Märchenerzähler einreihen.

Daß man sich im Leistungssport über die Leistung definiert, ist nicht weiter verwunderlich. Genauso liegt es in der Natur der Sache, daß es dabei zu Reibereien und Konflikten kommt. Allerdings definiere ich mich nicht mehr nur als Sportler, sondern als Abenteurer, und konzentriere mich mehr und mehr auf meine Expeditionsprojekte. Mein einziger Gegner bin ich jetzt selbst. Aber in meiner Brust schlägt noch immer ein Sportlerherz, und ich werde mich auch in Zukunft nicht aus diesen Diskussionen raushalten.

Es gibt Moralapostel, die das Klettern normieren, die ganz genau definieren wollen, wie eine Erstbegehung auszusehen hat, was man darf und was nicht. Dabei ist es gerade das Schöne am Klettern, daß jeder aufbrechen kann, wann und wohin er will, und machen kann, was er will – unter Beachtung der von den Protagonisten selbst aufgestellten Spielregeln, versteht sich. Eine der wichtigsten Regeln ist zum Beispiel, die Natur so wenig wie möglich zu belasten. Ansonsten kann jeder nach seiner Fasson selig werden. Der eine nagelt sich gern im technischen Stil die Wände hoch, der andere klettert sie lieber frei, schlägt allenfalls ein paar Bohrhaken in die Wand, und der Dritte verzichtet auf sämtliche technischen Hilfsmittel.

Das Wunderbare am Klettern ist, daß verschiedene Stilformen gleichberechtigt nebeneinander existieren, sich gegenseitig befruchten und auf diese Weise immer wieder neue Impulse daraus entstehen. Dieser Facettenreichtum, diese Freiheit und Unbegrenztheit müssen erhalten bleiben.

Ich brauche keinen Sportfunktionär, Schiedsrichter oder EU-Kommissar, der mir sagt, was ich zu tun und zu lassen, wie ich mich zu benehmen, wo ich mich danebenbenommen habe. Entscheidend ist doch, daß wir Kletterer und Bergsteiger uns die Freiheit erhalten, unsere Ziele selbst definieren zu können. Solange das der Fall ist, bin ich auf dem richtigen Weg.

Trotzdem versuche ich mich immer selbstkritisch zu betrachten und eine Grenzlinie zu ziehen gegenüber dem, was ich nicht mehr vertreten kann. Business as usual gibt es für mich nicht.

Dazu sind mein Beruf, mein Naturell, mein Leben viel zu bunt, abenteuerlich und unberechenbar.

Beim prüfenden Blick in den Spiegel stelle ich mir immer wieder die Frage, ob ich mir treu geblieben bin. Diese Prüfung bestehe ich nur, solange ich mir sagen kann, daß ich mich trotz der Kameras neben mir, trotz der Verpflichtungen, die ich als Profikletterer eingehen muß, nicht verkaufe, daß ich nach wie vor aus eigenem Antrieb zum Klettern gehe und es nicht nur als meinen Job betrachte. Daß mein Kopf nach wie vor voll der verrücktesten Ideen für neue Expeditionen ist. Und daß ich hier nur aufzeichne, was mir nach den Menschen, die ich liebe, das Teuerste ist, meine wahre Leidenschaft: »ein Leben an den Fingerspitzen«.

Eine Reise in die Gelassenheit

9. Kapitel

Aus der Traum

Dicke Schneeflocken schwebten vor dem Fenster wie feinste Daunen. Jedesmal wenn ich nach draußen blickte, hatte sich die Landschaft wieder verändert. Geräusche drangen nur noch gedämpft an mein Ohr, ganz behutsam verschmolzen die Schneeflocken am Boden und legten eine dicke Decke ungewohnter Ruhe und Melancholie über die Erde. Doch leider nicht überall. Wie gebannt starrte ich zur selben Zeit auf die Bilder vom anderen Ende der Welt im Fernseher. Bilder, die mich vor kurzem noch kaum berührt hätten. Zu weit weg waren das Land und die Konflikte der Menschen dort gewesen. Mit der Buchung eines Flugtickets jedoch ändern sich schlagartig Sichtweise und Blickwinkel, treten Ereignisse in den entlegensten Gebieten der Erde plötzlich in den Mittelpunkt des persönlichen Interesses. Das Flugzeug ermöglicht es uns, innerhalb eines Tages nahezu jeden Punkt dieser Erde zu erreichen. Es katapultiert uns in rasender Geschwindigkeit aus eisiger Kälte in brütende Hitze, vom hochtechnisierten Europa zurück ins Mittelalter oder noch weiter in die Vergangenheit, etwa zu den indianischen Stammesgesellschaften in den Regenwäldern Venezuelas. Und genau dort wollten wir eigentlich hin. Doch meinen Augen bot sich ein trauriges, dramatisches, häßliches Schauspiel: Polizisten, vermummt mit gespenstisch anmutenden Gasmasken, schossen Tränengas in eine aufgebrachte, wogende Menschenmenge. Steine flogen, die wuchtigen Strahlen der Wasserwerfer wirbelten Körper durch die Luft. Caracas befand sich im Ausnahmezustand. Die Bevölkerung und die Gewerkschaften streikten gegen die Regierung, die Wirtschaft war lahmgelegt, Venezuela stand am Rande eines Bürgerkrieges.

Mein Schreibtisch hatte sich seit Tagen in eine Kommandozentrale verwandelt. Der Computer war permanent online, stündlich erreichten mich E-Mails mit den neuesten Nachrichten aus Venezuela. Jedes Mal griff ich dann wieder zum Telefonhörer, um mit einem der anderen Mitglieder unseres Teams – Plum, Kurt, Jochen, Tilo oder Klaus – die aktuelle Lage zu erörtern. Die mystischen Tafelberge im Regenwald Venezuelas waren ein langgehegter Traum von uns. Inspiriert von den Büchern *The lost world* und *Inseln in der Zeit*, planten und organisierten wir ein Jahr lang eine Expedition zu diesen atemberaubend spektakulären Wandfluchten, die sich bis zu tausend Meter senkrecht und überhängend aus der endlosen, tiefgrünen Weite des wildwuchernden Dschungels erheben. Diese »grüne Hölle« konnte uns nicht schrecken. Im Gegenteil. Nachdem wir in den zurückliegenden Jahren vor allem in den kalten Regionen unterwegs gewesen waren – Baffin Island, Grönland oder Antarktis –, wollten wir nun endlich einmal in ein »heißes« Gebiet fahren. Angesichts der aktuellen politischen Lage waren wir jedoch alle hin und her gerissen. Das Auswärtige Amt riet von allen Reisen nach Venezuela strikt ab. Unsere Verbindungsleute in Caracas glaubten hingegen fest an eine rasche Besserung der Situation. Jeder von uns hatte sich den zweimonatigen Freiraum schwer erkämpfen müssen. Vor allem Tilo, unserem Arzt, stand nur dieses eine Zeitfenster offen, und auch Jochen, der Kameramann, war bereits für die nächsten Filmproduktionen engagiert.

Es ist schwer, in solchen Momenten die richtige Entscheidung zu treffen. Ist es vertretbar, nur um des Vergnügens willen ein unkalkulierbares Risiko einzugehen? Ist es nicht ignorant und hochmütig, davon auszugehen, daß man mit den Problemen eines krisengeschüttelten Landes selbst schon nichts zu tun haben wird? Jeder, der in ein Krisengebiet reist, muß sich über die möglichen Konsequenzen und Risiken im klaren sein. Was Venezuela betraf, waren sie in diesem Stadium der Planung nicht kalkulierbar. Nur zehn Tage vor der Abreise sagten wir die Expedition schweren Herzens endgültig ab. Wir waren mehr als enttäuscht. Alle Hoffnungen, alle Mühen umsonst. Ein Traum war kurz vor seiner Verwirklichung zerplatzt wie eine Seifenblase.

Zu neuen Ufern

Unser Tatendrang war jedoch durch diese Entwicklung der Dinge keineswegs gebrochen. Wenn alle Taschen gepackt, alle Kräfte angespannt sind, wenn sämtliche Zeichen auf Aufbruch stehen, dann kann man sich nicht so einfach zur Ruhe setzen. Allerdings fehlte uns noch ein Alternativziel. Um diese Jahreszeit kam nur die südliche Erdhalbkugel in Frage. Für Patagonien beispielsweise wäre es der ideale Zeitraum gewesen, doch keiner hatte Lust, schon wieder in Schnee und Eis unterwegs zu sein und sich seinen Hintern in einer feuchten Eishöhle abzufrieren. Zu lange und intensiv hatten wir uns mental auf die heißen Regionen eingestellt, keiner von uns konnte jetzt wieder umdenken – und wollte es auch nicht. Die Zeit drängte, nur noch acht Tage bis zum eigentlichen Abreisetermin, und noch immer hatten wir kein neues Ziel. Die Ausrüstung war gepackt, und die Liste der möglichen Gebiete wurde immer länger. Wir wogen ab, diskutierten hin und her – und am Ende blieb der Mount Poi in Kenia übrig. Als wir noch am selben Tag den Flug nach Nairobi buchten, wußten wir lediglich, daß der Berg irgendwo im Norden des Landes liegt. In alle Himmelsrichtungen schickten wir per Internet Anfragen raus, versuchten herauszufinden, wer Informationen über dieses Gebiet oder den Berg haben könnte. Einige Tage später saßen wir dann im Flugzeug nach Nairobi, nur mit einer Mappe ausgedruckter E-Mails in Händen. Absender waren die amerikanischen Kletterlegenden Todd Skinner und Paul Piana, denen einige Jahre zuvor am Mount Poi eine Erstbegehung gelungen war. Zwar hatten wir um fünf Ecken herum noch eine reichlich dubiose Landkarte der angepeilten Region auftreiben können, aber auf der war unser eigentliches Ziel gar nicht eingetragen. Dies war mit Sicherheit unsere am schlechtesten vorbereitete Expedition. Abenteuer von der ersten Sekunde an waren garantiert.

Hakuna matata!

Nairobi. Es war spät, als wir in Kenias Hauptstadt ankamen. Die letzten Reisenden hatten den Flughafen längst verlassen, während wir immer noch auf unsere unzähligen Tonnen, Rucksäcke und Haulbags warteten. Die letzten Leute des Flughafenpersonals, die auf ihren ersehnten Feierabend warteten, beobachteten, auf ihren Besen gestützt, amüsiert unser geschäftiges Treiben, erwiderten unsere verzweifelten Blicke mit einem breiten Grinsen, streckten den Daumen in die Höhe und riefen: »Hakuna matata!«, was so viel heißt wie »Alles ist cool, locker bleiben, Jungs«. Wer jemals den Film »König der Löwen« gesehen hat, weiß, was gemeint ist. Dieser Ausspruch, gepaart mit einer bewundernswerten Gelassenheit, begleitete uns fortan während der gesamten Reise. Wir Europäer müssen auf die Afrikaner wie ein Sack Flöhe wirken – und Kletterer noch schlimmer: wie ein Schwarm Hornissen. Obwohl wir glauben, als Kletterer kein »normales« bürgerliches Leben zu führen, unabhängige Freigeister zu sein, die sich den gesellschaftlichen Zwängen und Konventionen nicht unterzuordnen brauchen, repräsentieren auch wir in gewisser Hinsicht unsere Leistungsgesellschaft – vor allem in den Augen der Afrikaner.

Sechs Gepäckwagen, auf denen sich Berge von Ausrüstung stapelten, hinter denen wir wie kleine Heinzelmännchen wirkten, rollten in die Ankunftshalle. In diesen Momenten überkommt mich immer die heftige Sehnsucht, ein Pauschaltourist zu sein, der nur das Schild »Reisegruppe Mt. Poi« zu entdecken braucht und dann sein Hirn für den Rest der Reise, zumindest was die Organisation anbelangt, ausschalten kann. Wir dagegen schauten recht ratlos drein und hatten keine Idee, wie wir zu dieser späten

Stunde ein billiges Hotel in der Stadt finden sollten – und ein geländegängiges Gefährt für den Trip in den Norden des Landes. Die geballte Hilflosigkeit, die man in einer solchen Situation ausstrahlt, ist von solch universeller Ausdruckskraft, daß sie auf jedem Flughafen oder Bahnhof dieser Welt sofort richtig erkannt wird – und zwar von auf dumme Gesichter spezialisierten Tourismusexperten. Wenige Minuten später sitzt man in einem »very cheap« Kleinbus und wird zu einem »very cheap« Hotel gebracht. So war es auch bei uns. Selbst für die Weiterfahrt zum Mount Poi hatten unsere Nothelfer sofort eine »very cheap« Idee – und dies, obwohl sie den Namen gerade zum ersten Mal gehört und nicht die geringste Ahnung hatten, in welchem Winkel ihres Landes sich dieser Berg befinden könnte. Aber »hakuna matata«, locker bleiben, und alles wird gut!

Es war weit nach Mitternacht, als wir endlich regungslos und schweißüberströmt auf unseren Matratzen in einem wahrhaftig »very cheap« Hotel am Rande des Armenviertels lagen, den kaputten Ventilator an der Decke anstarrten und die fremden Gerüche und Laute in uns aufnahmen. Obwohl, so fremd waren sie gar nicht, nur ungewohnt nach so langer »Trennung« voneinander. Kurt schnarchte, und alle stanken wir, wie immer bei Expeditionen, nach Schweiß und Staub. Die Fenster waren vergittert, zwei dicke Eisentüren sicherten den schmalen Treppenaufgang zur Rezeption, die zusätzlich noch von einem schwarzen Riesen bewacht wurde. Auf die Frage, wo wir noch ein Bier trinken könnten, erhielten wir keine Antwort, ernteten statt dessen lediglich einen entsetzten Blick. Dann flehte uns der Mann regelrecht an, nach Anbruch der Dunkelheit bloß nicht das Hotel zu verlassen oder gar alleine in dieser Gegend unterwegs zu sein.

Langsam kehrte Ruhe in den Straßen der Slums ein, nur vereinzelt hörten wir noch die aggressiven Hupen der Matatus, der Taxikleinbusse, die wie vollbesetzte Selbstmordkommandos durch die Straßen und über Land fegen. Die Straßenfeuer unter unserem Fenster erloschen, und die dunklen Gestalten mit ihren Baseballschlägern verdrückten sich in die Hauseingänge. Nach Sonnenaufgang wollte uns das einheimische Expertenteam, dem wir uns anvertraut hatten, einen Land Rover vorführen. »Very good price!« wurde uns in Aussicht gestellt. Das konnte ja heiter werden. Oder sahen wir um diese fortgeschrittene Stunde, mitten in Afrika, einfach nur schwarz? Erschöpft schliefen wir ein.

Das Gefährt hätte bereits vor vielen Jahren aus dem Verkehr gezogen werden müssen, aber es sah doch noch in etwa so aus, wie man sich einen Geländewagen vorstellt – zumindest wenn man dabei seiner Phantasie die Zügel schießen läßt. Das Ding sah so aus – und zum ersten Mal in meinem Leben begriff ich, was mit dieser Formulierung wirklich gemeint ist – wie ein »fahrbarer Untersatz«. Allem Anschein nach hatten sich unsere Experten mittlerweile über das Ziel kundig gemacht, was sich für uns nicht gerade positiv auf die Preisverhandlungen auswirkte und auch nicht auf die Auswahl des Fahrzeugs. Wir waren noch nie die großen Händler gewesen, und auch bei den nun anhebenden zähen Verhandlungen machte uns nach einigen Stunden unsere Ungeduld einen Strich durch die immer teurere Rechnung. Unsere Handelspartner hatten unseren schwachen Punkt erkannt und hackten auf sehr freundliche Art brutal darauf herum: Wir wollten – koste es, was es wolle – endlich zu diesem mysteriösen Mount Poi, wollten endlich mit eigenen Augen sehen, auf was wir uns da eigentlich eingelassen hatten. Erst am späten Nachmittag, kurz bevor uns die Kräfte verließen, wurden wir handelseinig. Die ganze Verhandlungsszene mutete an, als gehe es um einen immensen Drogendeal und nicht um einen alten, klapprigen Geländewagen.

Kein Ziel in Sicht – nichts als weg

Paul war pünktlich. Er wurde uns als Fahrer zur Seite gestellt, weil anscheinend nur er das Geheimnis dieses Wagens kannte. Wie andere Leute umziehen, so machten wir uns auf den Weg, um einen Berg zu besteigen. Im ganzen Auto war die Ausrüstung verteilt, jede Ritze nutzten wir aus und quetschen uns selbst noch irgendwo dazwischen. Über unseren Köpfen baumelten die Wassersäcke, zwischen den Beinen quollen Nudel- und Reispackungen hervor, und die Arme ruhten auf Kekspäckchenlehnen. Paul gab Gas. Sein dicker Bauch vibrierte mit der Karosserie um die Wette. Nach fünf Minuten war die Beschleunigungsphase abgeschlossen, er schaltete in den vierten Gang, doch über eine stramme Laufgeschwindigkeit kamen wir nicht hinaus. Wir waren entsetzt, diese Fahrt drohte die längste unseres Lebens zu werden. »Top speed!« schrie Paul lachend, hob den Daumen, und wir alle wußten, was nun kommen würde. Und es kam: »Hakuna matata!« Mit dieser Geschwindigkeit reisten also die Menschen im Mittelalter oder im Zeitalter der Postkutschen. Die Fahrt wurde zur Entdeckung der Langsamkeit. Wenn Paul auf die Bremse stieg, was selten genug vorkam, hatte man nach geraumer Zeit das vage Gefühl, daß sich tatsächlich etwas änderte. Gut, auf diese Weise verloren wir womöglich Zeit, aber dafür fanden wir Gelegenheit, ausgiebigst am Leben links und rechts der Straße teilzunehmen, Blumen und Pflanzen zu beobachten, selbst Schnecken in ihrem rasenden Lauf. Und eigentlich hätten wir während der Fahrt locker unsere Souvenireinkäufe bei den Straßenhändlern tätigen können. Es war heiß, sogar auf der Hochebene unter dem mächtigen Mount Kenia, unerträglich heiß. Auf unsere ängstliche Frage nach den Temperaturen am Mount Poi verdrehte Paul nur die Augen. »Keine Angst Jungs, einfach nur locker bleiben, hakuna matata.« Körper und Geist fingen langsam an, dieses magische Motto zu verinnerlichen, und paßten sich der Reisegeschwindigkeit an. Wir versanken im Morast einer süßen, klebrigen, gedankenlosen Trägheit.

Isiolo, ein kleines Städtchen am Ausläufer der Hochebene, symbolisierte den Beginn eines neuen Abschnitts unserer Reise ins Ungewisse, das Ende der modernen Zivilisation und der Vorzüge asphaltierter Straßen. Jetzt wurde es wirklich ernst. Wegen umherziehender Räuberbanden wurde empfohlen, den weiteren Weg

Die Samburu-Krieger in Kenia sehen wilder aus, als sie sind.

Richtung Norden nur in einem Konvoi anzutreten. Doch einen solch langsamen Konvoi, dem wir hätten folgen können, gab es gar nicht. Ab Isiolo wurde die Fahrt zum Höllentrip, zu einem Rückfall in eine dunkle Frühphase der Erdgeschichte. Das satte Grün der Hochfläche wich dem öden Staubgrau einer verdorrten Dornensteppe, die Hitze steigerte sich von unerträglich zu mörderisch und flimmerte über der waschbrettharten Wellblechpiste, daß uns die Augen brannten. Wir hatten das Gefühl, auf einem Preßlufthammer durch die Wüste zu reiten. Auf einem Preßlufthammer und unter Geiern. Hinter Arches Post, einer kleinen Missionarssiedlung, sahen wir nur dann und wann noch ein paar windschiefe Hütten aus geflochtenen Weidenruten. Dann waren wir allein auf einem menschenleeren und gottverlassenen Wüstenplaneten.

Menschenleer? Weit gefehlt! Bald begegneten wir immer häufiger Menschen, lediglich mit einem Lendentuch bekleideten, prachtvoll geschmückten Frauen und Männern. Stolze Krieger sahen wir, mit Speeren in der Hand, kunstvoll geflochtenen, mit

»Großes Ding« heißt der Mount Poi. Die Hitzeschlacht kann beginnen.

einer bronzeähnlichen Paste bestrichenen Haaren, die mit bunten Perlenketten verziert waren. Aufrechte, große, schöne Menschen, feingliedrig und sehnig. Die Frauen trugen einen farbenprächtigen Halsschmuck und erwiderten stolz, mit großem Selbstvertrauen, unsere staunenden Blicke. Voller Anmut und mit Würde trugen sie ihre kleinen Kinder in einem Wickeltuch auf dem Rücken, während sie die älteren an der Hand führten und noch einen Krug oder ein Bündel auf dem Kopf balancierten. Uns klebte die Zunge am Gaumen wie das T-Shirt am Rücken, und wir kamen aus dem Staunen nicht mehr heraus. Kurt stellte die verwegensten, allesamt der Hitze – und der damit einhergehenden Gedankenleere – geschuldeten Mutmaßungen an, brummte etwas von einem »Treffen der hiesigen Faschingsgesellschaft«, immerhin hatte in unserer fernen Heimat der Fasching gerade seinen Höhepunkt erreicht. Aber irgendwann rüttelte und schüttelte die Holperfahrt unsere fünf Sinne wieder zurecht. Bis es endlich einer aussprach: »Mensch,

Leute, wir sind im Samburuland, und bis zum Mount Poi kann es nicht mehr weit sein!« Eigentlich hätten wir ihn schon längst sehen müssen, aber der Horizont verschwamm in der flimmernden Hitze. Ebenso hitzig wurde im Inneren des Wagens über unseren und den Standort des Mount Poi diskutiert. Wo er sich auf unserer Landkarte hätte finden lassen müssen, fand sich nur ein – nein, nicht einmal weißer – dunkler Fleck. Langsam kam ich zu der Überzeugung, daß es diesen Berg überhaupt nicht gab, daß wir nur einem Hirngespinst hinterherjagten, einer im ausgedörrten Hirn eines »stupid white man« heraufgedämmerten Halluzination. Plum sprach Klaus, dem einzigen »Fischkopp« (süddeutsche Bezeichnung für einen Norddeutschen) im Team, sofort jegliche Kompetenz in Sachen Orientierung und Navigation ab. Er kenne sich doch eh nur mit Wanderdünen und Wattwanderungen aus und solle die schwierige und komplizierte Aufgabe des Navigierens doch besser dem Bergvolk überlassen. Und dann tauchte er doch tatsächlich am flimmernden Horizont auf, wie eine echte Fata Morgana zunächst, dann unleugbar leibhaftig: der Mount Poi. Es gab ihn also doch. Und zwar genau an der Stelle, an der Klaus ihn als einziger von uns richtig vermutet hatte. Schande über uns Abkömmlinge eines mißtrauischen, streitsüchtigen Bergvolks nördlich des Alpenhauptkamms.

Das große Ding

Frei übersetzt heißt Poi »großes Ding«, und genauso stellte sich dieser Berg auch dar. Immer klarer zeichneten sich seine Umrisse ab. Es war einfach nur ein »großes Ding«, was da vor uns lag. 800 Meter bricht die Stirnseite senkrecht und überhängend ab, das ist auch schon das Markanteste an diesem Berg. Der Rest liegt da wie ein großer, versteinerter Laib Brot. Kein Grat, keine Pfeiler, keine Zacken, überhaupt keine markanten Strukturen, wie wir Kletterer sie eigentlich suchen. So richtig wollte der Funke der Begeisterung nicht auf uns überspringen.

Drei Routen existieren am Mount Poi. Der Engländer Pat Littlejohn war der erste an diesem eigenartigen Berg, nachdem ihn der Zufall in den achtziger Jahren des vergangenen Jahrhunderts dorthin geführt hatte. Er suchte sich den einfachsten Weg durch die Wand, immer die mit Dornengestrüpp, Gras und Flechten bewachsenen Verschneidungen und Risse entlang. Einige Jahre später folgte ihm eine amerikanische Expedition der bereits erwähnten Kletterlegenden Paul Piana und Todd Skinner, die ihre Erstbegehung für *National Geographic* dokumentierten. Über dreißig Tage benötigten sie, um ihre Route im zentralen Wandteil einzurichten. Zuerst seilten sie sich vom Gipfel ab, verlegten Fixseile und setzten dann zuverlässige Bohrhaken zur Sicherung. Ein Stil, der normalerweise in großen Wänden verpönt ist. Traditionell werden solche Routen von unten im Vorstieg eingerichtet. Entsprechend sorgte die Erstbegehung von Piana und Skinner für eine Menge kontroverser Diskussionen in der Kletterszene. Abgesehen von diesen Mißtönen, hat mich der Bericht von Todd und Paul über ihr Abenteuer am Mount Poi sehr fasziniert. Nicht wegen der Wand oder der klettertechnischen Schwierigkeiten, vielmehr waren es die exotische Landschaft und das Zusammenleben mit den einheimischen Samburus, das sie so eindringlich beschrieben hatten und das mich so nachhaltig fesselte. Nur wenige Wochen vor uns hatte ein slowenisches Team die Wand belagert und im Stil der Amerikaner eine weitere Route durch den mit Löchern übersäten Abbruch eingerichtet.

Es war nicht unsere Absicht, wie die anderen Teams eine Erstbegehung durch vorheriges Inspizieren und Einrichten der Wand von oben zu erschließen. Das wahre Abenteuer, neue Routen durch sogenannte Big Walls zu klettern, lag und liegt für uns darin, in ein Meer aus Fels einzutauchen, mit dem Wissen, daß noch kein Mensch zuvor die Griffe und Tritte berührt hat. Die Faszination besteht darin, sich einen Weg durch dieses Meer zu bahnen, zuverlässige Sicherungen anzubringen und die auftretenden klettertechnischen Schwierigkeiten zu meistern, ohne schon vorher zu wissen, was einen erwartet. Obwohl der Mount Poi es nicht geschafft hatte, einen der vorderen Plätze auf unserer Top-Ten-Liste der schönsten Berge einzunehmen, konnten wir es kaum erwarten, unsere Red Chilis auf den ersten Tritt in der Wand zu setzen. Unsere Augen zeichneten bereits imaginäre Linien in die Wand, suchten sie nach neuen Möglichkeiten ab.

Neuland – zwischenmenschlich, interkulturell

Unser Wagen holperte durch die Senken, vorbei an igluförmigen Weidenhütten, die durch einem dichten Ring aus Dornengestrüpp vor wilden Tieren geschützt waren. Ein Samburukrieger wies uns den Weg in das Camp, in dem auch schon die Amerikaner und die Slowenen ihr Basislager aufgeschlagen hatten. Den Samburus am Fuß des Mount Poi mußte es in den vergangenen Monaten so vorgekommen sein, als lebten sie unterhalb eines neuen, heißbegehrten Ziels für Kletterer aus aller Welt, die sich die Klinke, oder besser gesagt die Haken in die Hand gaben. Aber ich bin davon überzeugt, daß der Ansturm so vieler Kletterer innerhalb eines kurzen Zeitraums und der damit einhergehende, für die Samburus unerwartete Beschäftigungs- und Einnahmesegen nur ein glücklicher Zufall war.

Es war meine erste Reise, bei der ich nicht unmittelbar vom letzten Zivilisationspunkt in die Einsamkeit aufgebrochen war, in die Wildnis, fernab jeder menschlichen Ansiedlung. Auf Baffin Island, Grönland oder in der Antarktis gab es immer nur unser Team, wir mußten auf keinen anderen Rücksicht nehmen. Entsprechend absichtslos rücksichtslos benahmen wir uns hier. In typisch europäischer »Hoppla, jetzt kommen wir«-Manier sprangen wir vom Wagen und fingen sofort mit dem Entladen an. Erst als sich eine Gruppe von Dorfältesten näherte, wurde uns klar, daß wir die Samburus noch gar nicht um Erlaubnis gefragt hatten, hier überhaupt lagern zu dürfen. Es war schon etwas peinlich, als uns der Häuptling trotz unseres in seinen Augen gewiß flegelhaften Benehmens herzlich auf ihrem Grund willkommen hieß. Es folgte ein langer Austausch von Höflichkeiten, dann zogen wir uns in den Schatten eines Baumes zurück, und die eigentlichen Verhandlungen konnten beginnen. Die Alten strahlten eine unglaubliche Ruhe und Gelassenheit aus. Wir saßen diesen würdevollen Menschen mit ihren markanten Gesichtern gegenüber und waren schwer beeindruckt von ihrem Verhandlungsgeschick und ihrem ausgeprägten Gerechtigkeitssinn.

Bei den Samburus sind es die älteren Männer, die den Ton angeben und die Geschicke des Dorfes lenken. Wie bei vielen Völkern Afrikas ist auch bei ihnen das System der Altersstufen, das die gesellschaftliche Hierarchie bestimmt, eine äußerst komplizierte und komplexe Angelegenheit. Die »Alten« halten die Macht in ihren Händen und genießen das Vorkaufsrecht, was die jungen, heiratsfähigen Mädchen anbelangt. Die jungen Krieger – in unseren Augen nicht minder eindrucksvolle Erscheinungen –, die noch nicht als erwachsen gelten, müssen sich erst ihre Sporen verdienen und oft lange warten, bis sie durch Heirat und durch eigene Kinder in der Altershierarchie weiter aufsteigen, an Macht gewinnen und so zu Respektspersonen werden. Wer sich als Junger nicht an diese tradierten Konventionen hält, die Gemeinschaft verläßt und sich eine Arbeit in Nairobi oder Isiolo sucht, verliert sämtliche Ansprüche und Privilegien. Die Frauen haben, wie fast überall in der sogenannten Dritten Welt, einen schweren Stand. Mit 15 oder 16 Jahren, nach ihrer Beschneidung, werden sie verheiratet, bevor sie auf »dumme Gedanken« kommen können. Ihnen wird jedoch zugestanden, neben ihrem in der Regel wesentlich älteren Ehemann weiterhin ihrer Jugendliebe verbunden zu bleiben. Merkwürdig, diese Kombination aus unerbittlicher Strenge und Freizügigkeit. Jedenfalls scheint alles festen Regeln unterworfen zu sein. Wie man es dreht und wendet, unsere Maßstäbe greifen hier nicht. Ich brachte und bringe diesen Menschen und ihrer so ganz andersgearteten Kultur großen Respekt entgegen, wie ich überhaupt der Meinung bin, daß die Begegnung zwischen den Kulturen immer von gegenseitigem Respekt getragen sein muß. Gleichwohl sehe ich in den Samburus keine »edlen Wilden«, sondern Menschen, die aus ihren besonderen Lebensumständen das Beste zu machen versuchen. In der Beschneidung der Frauen kann ich jedoch nichts als einen grausamen, durch nichts zu rechtfertigenden Akt der Genitalverstümmelung sehen. Aber ich betrachte mich nicht als Missionar oder gar Konquistador, der anderen Völkern die Segnungen der Zivilisation bringen oder sie Mores lehren will. Ich war Gast bei den Samburus und versuchte mich entsprechend zu benehmen.

Die beiden Expeditionen vor uns hingegen hatten es hier anscheinend so richtig krachen lassen. Die Amerikaner hatten ihr Lager direkt unter der Wand errichtet, auf einem ausgesetzten Gratstück, und sich jeden Tag Wasser und eine Ziege liefern lassen – Catering-Service nach Samburu-Art. Das halbe Dorf arbeitete für sie, am Ende hatten sie über 30 Ziegen verspeist – *National Geographic* macht's möglich. Auch wir stellten einen Koch, einen Wasserträger und einen Wachmann ein, das war das Mindeste, was die Alten von uns erwarteten. Unter den neugierigen Blicken des halben Dorfes bauten wir unsere Zelte auf und sortierten Proviant und Ausrüstung. Es war mörderisch heiß. Nackt lagen wir nachts in den Zelten, und unsere verschwitzten Körper saugten sich regelrecht an den Isomatten fest.

Some don't like it hot

Der Begriff Hitze definierte sich für uns auf dieser Reise völlig neu. Kurt hatte nach wenigen Tagen größte Angst, den Verstand zu verlieren, und rannte den ganzen Tag mit einem nassen Tuch um den Kopf herum. Ich mußte allein bei dem Gedanken ans Klettern meinen ganzen sportlichen Ehrgeiz mobilisieren – ein Kraftakt, der mir den Schweiß auf die Stirn trieb. Bis drei Uhr nachmittags knallte die Sonne in die Wand und heizte sie dermaßen auf, daß wir uns beim Klettern beinahe die Finger verbrannten.

Wie die Amerikaner errichteten auch wir ein Lager auf dem Grat, ein vorgeschobenes Basislager – in der Hoffnung auf eine kühle Brise. Wir teilten uns in zwei Teams auf. Kurt kletterte mit Tilo, Plum mit mir, Jochen und Klaus waren die Springer. Die Tage dort oben wähnten wir uns in einem Lager für Schwerverbrecher, unter einer gnadenlos sengenden Sonne, mitten im Herzen der Finsternis. Kaum ging die Sonne auf, flüchteten wir schon ins Zelt. Es gab keinen Baum, keinen Strauch, keinen Schatten, nur eine Gluthitze, wie sie in der alttestamentarischen Geschichte von den Knaben im Feuerofen beschrieben wird. Schweißüberströmt lagen wir im Zelt und konnten uns kaum mehr bewegen. Gegen Mittag japste einer die Durchhalteparole »Hakuna matata!«, die wir in unserem deliriumähnlichen Zustand nur noch wie durch einen Fieberschleier vernahmen. Um zwei Uhr nachmittags torkelten wir dann wie volltrunken zur Wand, um klettersportliche Geschichte zu schreiben – ein Held wird man nicht am Strand von Ibiza.

Unter Geiern

Und auch nicht am Mount Poi. Obwohl die Kulisse für den klassischen Heldentod nicht besser hätte sein können. Wie über Henry Fonda in »High Noon« kreisten auch über unseren Köpfen unzählige Geier – schwarze Todesengel mit mächtigen Schwingen und kahlen Köpfen auf häßlichen Nackthälsen. Majestätisch starteten sie aus ihren Löchern hoch oben in der Wand, und ohne einen einzigen Flügelschlag schraubten sie sich in die Lüfte. Majestätisch waren aber auch ihre Kotstreifen, die sich breit wie Autobahnen von den Löchern abwärts über die ganze Wand erstreckten und diese Wandteile unkletterbar machten.

Links von der Route der Slowenen dockten wir an. Endlich war es wieder soweit. Das Erstbegehungsfieber stieg in uns auf. Oder war es etwa schon die Malaria? Nach hundert Metern steilte sich die Wand auf, und ein stumpfer, kompakter Pfeiler zog sich über-

Klettern an einem aufgestellten Apfelstrudel.

hängend hin bis zum Gipfel. Er war kein Fiebertraum und auch keine Wahnvorstellung, er war Realität und er war ... total brüchig. Todd und Paul hatten uns zwar in ihren E-Mails vor der zweifelhaften Felsqualität gewarnt, aber was wir nach den ersten zwei Seillängen antrafen, hatte keiner von uns in seiner Kletterkarriere bisher erlebt. Der Pfeiler sah aus wie ein aufgestellter Apfelstrudel aus Blätterteig. Riesige Schuppen hingen völlig labil wie an einem seidenen Faden über uns, und die Oberfläche war so verwittert, daß ich erst mit der Hammerspitze einige Zentimeter tief graben mußte, um festen Fels für einen Bohrhaken zu finden. Plum ging unter einem kleinen Absatz in Deckung, und dort verharrte er für mehrere Stunden, bis ich nach 40 Metern resigniert aufgab und die weitere Führung Kurt und Tilo überließ. Die Felsberührung beschränkte sich auf das Wegbrechen loser Schuppen. Ansonsten standen wir nur in den Sprossen der Bandleiter und bohrten Löcher für den Cliffhanger oder Bohrhaken. An Freikletterei war nicht zu denken. Nur die Hoffnung, weiter oben auf besseren Fels zu stoßen, motivierte uns zum Weitermachen. Kurt und Tilo hatten mit ihren Ferngläsern vom Basislager aus unsere Plackerei verfolgt und sprühten nicht gerade vor Begeisterung bei dem Gedanken, am nächsten Tag selbst in diesen Steinbruch einsteigen zu müssen. Unser Koch, der Wasserholer und der Wachmann waren dagegen total begeistert, hielten uns für besonders tolle Hechte und konnten es nicht fassen, daß wir von unten in die Wand hineinkletterten und nicht wie die Slowenen und Amerikaner zuerst von oben kamen.

Big Mama

Tilo und Kurt waren noch nicht lange weg, da rollte ein Land Rover ins Lager und sorgte für einige Aufregung. Laura, eine Entwicklungshelferin, wuchtete sich aus dem Auto und kam energisch ins Lager gewatschelt. Wie sich rasch herausstellte, leitete sie bereits seit einigen Jahren ein Entwicklungshilfeprogramm in einer nur wenige Kilometer entfernten Ortschaft namens Ngurunit. Laura war Amerikanerin, groß, blond, mit einem dicken Bauch. Und wie sie gekleidet war, wähnte ich sie im sechsten oder siebten Monat schwanger. Sie betreute verschiedene Projekte in der Gegend. Ihr Aufgabenbereich spannte einen weiten Bogen, der vom Anlegen unverwüstlicher Wasserdepots über das Abhalten von Kursen zum Thema Milchproduktverarbeitung bis hin zur Betreuung der Frauen von alkoholabhängigen Männern reichte. Die Samburus wären sicher froh, wenn das Wasser aus ihren Quellen genauso sprudeln würde wie die Wörter aus Lauras Mund. Keiner von uns hatte jemals einen Menschen erlebt, der über einen so langen Zeitraum, fast ohne Luft zu holen, reden konnte. Am Ende des Tages waren Klaus, Jochen und ich völlig erschöpft. Selbst nach Sonnenuntergang und nachdem sie sich zwei Flaschen heißen Bieres einverleibt hatte, ebbte Lauras Redefluß nicht ab. Nach nicht einmal einer Stunde kannten wir nahezu ihr ganzes Leben und waren schwer beeindruckt von dieser Energieleistung – noch dazu in ihrem hochschwangeren Zustand. In einer ihrer seltenen Atempausen fragte ich sie, wie und wann sie denn bei all diesen Projekten und Terminen ihr Kind zur Welt zu bringen gedenke. Es war einer der peinlichsten Augenblicke meines Lebens. Meine simple, in aller Unschuld vorgetragene Frage verschlug selbst Laura für einen Moment die Sprache. Sie starrte mich entgeistert an, dann an sich herunter, schüttelte schließlich den Kopf und stellte dann tonlos und lapidar fest, daß sie eigentlich gar kein Kind erwarte. Ich wollte im Erdboden versinken, mich in Luft auflösen. Und mein Kopf wurde so rot wie eine Tomate. Die anderen Jungs drehten sich weg, gaben keinen Laut von sich, aber vibrierten am ganzen Körper vor Lachen.

Laura nahm mir diese Peinlichkeit glücklicherweise nicht übel. Anderntags begleiteten wir sie zusammen mit einem Ingenieur zu verschiedenen Wasserprojekten in der Gegend. Während Kurt und Tilo im Big-Wall-Steinbruch schufteten, fuhren wir in die Ebene hinaus. Laura war wie eine nicht versiegende Informationsquelle. Ngurunit, erzählte sie, sei eines der wenigen privilegierten Samburudörfer, das an einem Selbsthilfeprojekt der Unesco teilnehmen könne. Noch dazu liege es direkt am Fuß der Ndoto Mountains und erhalte auch in den Dürremonaten genügend Wasser aus den Bergen. In der Ebene sehe es dagegen ganz anders aus. Wenn die Wasserreservoirs erschöpft seien, müßten die Menschen mit ihren Kamelen bis zu hundert Kilometer am Tag für ihr Trinkwasser laufen.

In einem künstlich angelegten Becken waberte algendurchsetztes, schmieriges Wasser. Welche Filter sie für die Aufbereitung dieser Brühe verwendeten, wollten wir wissen. Daraufhin kniete sich einer der Krieger nieder, trank beherzt, bis sein Bauch zu platzen drohte, grinste übers ganze Gesicht, hob den Daumen und meinte nur »Hakuna matata!«. Was in diesem Fall wahrscheinlich so viel hieß wie »gelassen bleiben bis zum nächsten Darmvirus«. Erbarmungslos brannte die Sonne herunter, die Steine waren heiß wie Herdplatten. Einige Kilometer weiter war die Erde übersät mit tiefen Löchern. Lehmverschmiert standen Krieger in den bis zu drei Meter tiefen Gruben und zerrten Körbe voll Schlamm und Erde an die Oberfläche. Dagegen war unsere Arbeit in der Wand das reinste Honigschlecken. Wenn es Helden gibt, dann sind es diese Menschen, die tagtäglich um ihr nacktes Überleben kämpfen müssen. Die Erfahrungen und Begegnungen dieses einen Tages haben mich zutiefst beeindruckt und sehr nachdenklich gestimmt.

Alles anders

Am Abend kamen Kurt und Tilo enttäuscht ins Basislager herunter. Auch nach zwei weiteren Seillängen war der Fels nicht besser geworden – und würde es aller Wahrscheinlichkeit nach auch nicht mehr werden. Es war schon eine verrückte Welt. Da reisten wir um den halben Planeten, um an einer völlig unbedeutenden Wand eine Erstbegehung zu klettern, um Spaß zu haben – und nur wenige Kilometer entfernt standen die Menschen in schlammigen Löchern und gruben um ihr Überleben. Wir waren enttäuscht und schlechter Laune, wenn wir nur brüchigen Felsen vorfanden – und um uns herum litten die Menschen an den schlimmsten Krankheiten. Wir machten uns Gedanken, wie wir unseren Ehrgeiz befriedigen könnten – und hier waren die Menschen mit ein paar abgetragenen Schuhen von uns überglücklich. Die Prioritäten hatten sich längst schon verschoben, aber das erkannten wir erst jetzt. Wir sahen jetzt nicht mehr nur diese Wand, die sportliche Herausforderung, den Erfolg einer Erstbegehung. Das Leben mit den Samburus wurde zum eigentlichen Thema. Nach wenigen Tagen hatte sich unser Lager in ein Sprechzimmer verwandelt. Tilo, unser Arzt, kam nicht nur wegen der mörderischen Hitze schwer ins Schwitzen. Kleinkinder mit offenen Ohreninfektionen, Greise mit schwärenden Wunden und Frauen mit mysteriösen Brustleiden wollten von ihm behandelt werden – und stellten ihn vor immer neue medizinische Herausforderungen.

Wir beschlossen, das Erstbegehungsprojekt abzubrechen und

die zweite Begehung der Slowenenroute zu versuchen. Wir sahen keinen Sinn darin, uns eine Wand – wie in der Blütezeit des Eroberungsalpinismus – hinaufzubohren. Die Kletterleidenschaft war und ist für uns der Antrieb, in die entlegensten Gebiete dieser Erde aufzubrechen. In Kenia wurde mir jedoch zum ersten Mal so richtig bewußt, daß ich bisher viel zu sehr auf die Wände fixiert gewesen war, den eigentlichen Reiz der Fremde hingegen, das Charakteristische der Umgebung, das Wesen und die besonderen Lebensumstände der Menschen, die dort lebten, gar nicht richtig wahrgenommen hatte. Die Reise zum Mount Poi hat vieles in ein neues Licht gerückt, die Samburus haben einen unauslöschlichen Eindruck bei mir hinterlassen. Seither ist mir bewußt, daß nur wenige Flugstunden von uns entfernt Menschen in einer ganz anderen Zeit leben, daß mehrere Zeitebenen gleichzeitig existieren, die Vorzeit, das Mittelalter und die Neuzeit, daß die einen nur den Überfluß kennen und die anderen nichts als Not, daß sich die einen zu Tode langweilen, während die anderen ums nackte Überleben kämpfen, daß es viele Wahrheiten gibt.

Die Slowenen hatten ganze Arbeit geleistet. Am späten Nachmittag stiegen wir in ihre Route ein und erreichten im letzten Tageslicht gerade noch die große Biwakhöhle in Wandmitte. Ihr Boden war zum Eingang hin abfallend und bestand aus feinem Sand. Die Erstbegeher hatten hier viele Tage verbracht – entsprechend stank es nach Urin, aber auch nach Vogelkot. Mensch und Tier, so schien es, hatten hier nicht eben die schmeichelhaftesten Visitenkarten hinterlassen. Wir gruben uns schmale Mulden in den Sand und legten uns hinein. Ständig hatte man das Gefühl, auf dem feinen Sand aus der Höhle zu rutschen – und aus der Wand zu fallen. Deshalb zogen wir es vor, angeseilt zu schlafen. Nachdem sich die letzten Geier in ihre Höhlen verkrochen hatte, kehrte Stille ein. Langsam legte sich die Dämmerung über die Ebene, vereinzelt flackerten die Feuer der Dörfer und verstreuten Hirten auf. In den Wäldern sahen wir die Fackeln der Honigsucher, die erst in der Nacht aktiv werden. Wir saßen in Afrikas exponiertester Toilette mit dem schönsten Ausblick.

Blutrot und rasend schnell tauchte am nächsten Morgen der große Heizstrahler hinter dem Horizont empor und ließ das Klima in unserem Schlafklo innerhalb weniger Minuten auf Backofentemperatur ansteigen. Zusammen mit den Geiern stiegen wir aus unserem Loch, doch schraubten wir uns bei weitem nicht so mühelos und spielerisch in die Höhe. Die Kletterei war schwer und entwickelte sich zu einem Wettlauf mit der ständig zunehmenden Hitze und der immer dünner werdenden Haut auf den Fingerkuppen. Unter diesen Umständen konnte keine Rede davon sein, das Gipfelglück zu genießen. Es dämmerte bereits, als wir erschöpft über die Tour wieder abseilten.

Doch bereits nach einem Ruhetag nagte schon wieder der Ehrgeiz in mir. Und so stieg ich zusammen mit Klaus zwei Tage später noch einmal in dieselbe Route ein, um sie diesmal ohne Biwak an einem Tag bis zum Gipfel zu klettern. Während wir uns im senkrechten Hochofen abmühten, saß der Rest der Mannschaft unter den Bäumen im Schatten und suchte im Reiseführer fieberhaft nach einer kühleren Gegend, in der sich das Unausweichliche womöglich doch noch abwenden ließe – Kurt nämlich drohte unweigerlich dem Wahnsinn zu verfallen. »Where God makes holidays«, das unter dieser Überschrift annoncierte Refugium schien ihm der richtige Ort zu sein. Hans, ein deutscher Aussteiger, hatte an der Mwazaro Beach, südlich von Mombasa, ein traumhaft paradiesisches Hüttendorf errichtet – unter Palmen und mit hervorragender Küche. Noch eindrucksvoller jedoch stellte sich seine von wilden Wechselfällen und Karrieresprüngen gekennzeichnete Lebensgeschichte dar, die ihn vom amerikanischen Geheimdienst bis tief hinein in die Mysterien des Gewürzgroßhandels nach Sansibar führte – und die in den Bordellen von Mombasa ihren vorläufigen Höhepunkt fand. Kurt zumindest war von alledem begeistert und wurde wieder gesund. Hakuna matata!

10. Kapitel

The Lost World

Die Zeit in Patagonien während der Dreharbeiten zu »Schrei aus Stein« war eine in jeder Hinsicht intensive gewesen. Seither hat mich das Land nicht mehr losgelassen, seine Ursprünglichkeit und auch seine Härte haben mich fasziniert. Nirgends ist der Horizont weiter, das Licht schärfer, das Wetter wechselhafter, sind die Klimaschwankungen extremer. Es waren gar nicht so sehr die großartigen Berge, wie etwa der Fitz Roy oder der Cerro Torre, die mir nicht mehr aus dem Kopf gingen – und die man als Kletterer wenigstens einmal besteigen möchte –, sondern die Summe aller Eigenheiten, die Patagonien zu einem einzigartigen Erlebnis werden läßt. Und zu einem ewigen Sehnsuchtsziel.

Mich locken nicht so sehr die namhaften Berge, zu denen alle hinwollen und die entsprechend umlagert sind. Meine jüngsten Erfahrungen am Fitz Roy haben mich in dieser Haltung bestärkt: Wir mußten feststellen, daß bereits vier Seilschaften vor uns am Einstieg standen, und hätten uns wohl oder übel in die Warteschlange einreihen müssen, aber darauf haben wir verzichtet. Zähfließender Verkehr und Stillstand im Stau sind überall unerträglich – und am Berg erst recht. Da bin ich doch lieber abseits der ausgetretenen Pfade unterwegs. Dort, hinter dem Horizont, gibt es noch immer etwas zu entdecken, lockt noch immer das Wunderbare – oder doch zumindest das nahezu Unbekannte, von dem allenfalls einige wenige Alpinisten Kenntnis haben. Dort wird es spannend. Und dorthin zog und zieht es mich. Nach »Schrei aus Stein« also stand für mich fest, daß ich irgendwann nach Patagonien zurückkehren würde. Das eigentliche Ziel aber, »the one and only«, mein Berg, wollte sich lange nicht herauskristallisieren ...

Zwei Träumer, ein Traumziel

Robert Jasper kenne ich schon eine ganze Weile. Wir gehören zum selben Stamm, dessen Mitglieder sich immer wieder über den Weg laufen – und sei es nur auf den Sportartikelmessen. So sind auch wir uns immer wieder mal begegnet und konnten dabei feststellen, daß wir dieselbe Sprache sprechen, dieselbe Wellenlänge haben und dieselbe Einstellung. Beide verstehen wir uns als Sportler und sind entsprechend ehrgeizig. Da wir uns auch von Anfang an sympathisch fanden, waren im Grunde die idealen Voraussetzungen für ein starkes Team gegeben. Wie oft haben wir davon gesprochen, gemeinsam loszuziehen. Aber dann ging doch wieder jeder seiner Wege. Denn solange sich Robert primär dem Eisklettern widmete und ich Wettkampfkletterer war, taten wir uns schwer damit, ein gemeinsames Ziel zu definieren. Das änderte sich erst, als wir uns beide mehr und mehr dem Expeditionsbergsteigen zuwandten. Damit hatten wir endlich einen gemeinsamen Nenner gefunden.

Im Sommer 2002, am Rand einer Veranstaltung unseres gemeinsamen Sponsors Gore-Tex, begannen wir damit, Nägel mit Köpfen zu machen. Jeder Kletterer hat klare Vorstellungen, wo er noch hinmöchte, welche Wand unbedingt noch angegangen werden muß. Meist hat unsereins noch Träume im Kopf, die für mehrere Bergsteigerleben reichen würden. In diesem Sinne haben wir uns ausgetauscht, wobei sich einmal mehr zeigte, daß Roberts Leidenschaft dem Eis gilt, meine hingegen dem Fels. Was lag da näher, als ein Expeditionsziel auszuwählen, das uns sowohl ins Eis als auch durch Fels führen würde? Mit einer gewissen Zwangsläufigkeit hatten wir schließlich beide ein und dieselbe Silhouette vor unserem inneren Auge: die Berge Patagoniens.

Fitz Roy, Cerro Torre und die Paine-Türme schieden von vornherein aus, denn wir wollten zu unbekannten Bergen aufbrechen. In einem Buch, das für uns beide eine Art Bibel darstellt – es trägt den schlichten Titel *Patagonien* und wurde verfaßt von Gino Buscaini und Silvia Metzeltin –, wurden wir endlich fündig. Aus dem Meer der Möglichkeiten stieg ein lockendes Eiland empor – in Gestalt des Murallón.

Casimiro Ferrari, ein Italiener, der im Grunde seines Herzens ein Patagonier ist, hat den Cerro Torre als den Berg beschrieben, der ihn am meisten gezeichnet habe, und den Fitz Roy als den schwierigsten in technischer Hinsicht. Als den sowohl in physischer als auch in psychischer Hinsicht forderndsten Berg hat er jedoch den Murallón eingestuft. Solch eine Aussage aus dem Mund eines erfahrenen Kletterers und Patagonien-Kenners ist immer eine Herausforderung – und eine Verlockung.

Hinzu kam noch, daß diesem Berg erst zwei Kletterteams zu Kopfe gestiegen waren. Zum einen, im Januar 1961, der unverwüstliche Eric Shipton mit drei Gefährten, wobei bis heute nicht klar ist, ob sie damals wirklich auf der höchsten Erhebung des langen Gipfelgrates standen. (Mittlerweile weiß ich, daß diese Frage völlig unerheblich ist, denn der Gipfel des Murallón ist ein riesiges Plateau, das keinen markanten höchsten Punkt aufweist, wie es etwa beim Cerro Torre der Fall ist.) Zum anderen Casimiro Ferrari, dem zusammen mit Paolo Vitali und Carlo Aldé im Februar 1984 die Erstbegehung der Nordostkante gelang. Ferrari benötigte mehrere Anläufe, verteilt über drei Jahre, bis er endlich das Gipfelplateau erreichte.

Als Robert und ich uns dann noch die geographische Lage unseres Ziels konkret vor Augen führten, den mühsamen Weg dorthin und die logistischen Herausforderungen, die wir zu meistern haben würden, waren wir endgültig Feuer und Flamme für diesen dicken, eisschroffen Brocken am Ende der Welt.

Der Murallón, den man in Argentinien auch »den vergessenen Berg« nennt, ragt – südlich von Fitz Roy und Cerro Torre gelegen – wie eine Felsenburg aus dem patagonischen Inlandeis empor. Mit seinen 2831 Metern markiert er höhenmäßig keinen Superlativ, in bezug auf seine Abgeschiedenheit allerdings sehr wohl. In diese Weltentrücktheit führen kein Weg und kein Steg. Deshalb ist der Berg kein Anziehungspunkt für ein Massenpublikum und wird es auch nie werden. Doch seine Nordwand ragt immerhin an die 1100 Meter in die Höhe. Alles Gründe genug, sich mit einem kleinen Team dorthin auf den Weg zu machen.

Und diesen Weg wollten wir, samt Vorräten und Ausrüstung, weitestgehend aus eigener Kraft zurücklegen. Von Buenos Aires würden wir nach Rio Gallegos fliegen, von dort aus über Land zum Lago Argentino fahren, diesen per Fähre überqueren, und dann von der Estancia Cristina aus vierzig Kilometer über das Inlandeis bis ins Basislager marschieren, mit über 400 kg Gepäck und zwei Schlitten als einzigem Transportmittel. Zumindest hatten wir es so geplant.

Was die Tücken von Wind und Wetter anbetrifft, wußten wir, was uns erwartete. Robert war 1994 am Cerro Torre mit sechzehn Stunden die bis dahin schnellste Besteigung vom Basislager zum Gipfel geglückt. Und auch ich hatte bereits meine patagonische Feuer-, besser Sturmtaufe erlebt. Wir würden den Himmel auf Erden vorfinden, der sich allerdings jederzeit in eine Hölle verwandeln könnte. Wir waren gewarnt – und auf alles gefaßt...

Es sollte natürlich eine neue Route werden. Auf den wenigen Fotos vom Murallón, die wir auftreiben konnten, hatten wir eine traumhafte Linie ausgemacht, unmittelbar rechts von der Ferrari-Route. Dort ragt ein mächtiger vorgelagerter Pfeiler rund 600 Meter in die Höhe, größtenteils überhängend und gefolgt von einem Gratstück, das zu einem wiederum rund 500 Meter hohen Wandabschnitt führt, der sich aufbäumt wie eine brechende Welle. Auf den Fotos sah diese Linie einfach phantastisch aus. Und damit war es beschlossene Sache.

Auf dieser papierenen Basis, getragen von einer Woge vorauseilender Begeisterung, begannen wir unsere Logistik zu entwickeln. Wir würden nicht nur normale Haken, Klemmkeile und Friends benötigen, um sichere Standplätze einzurichten, sondern auch Bohrhaken. Darüber hinaus planten wir auch Fixseile ein, denn es war absehbar, daß wir die Wand wegen des extrem wechselhaften Wetters nicht im Alpinstil würden bewältigen können, also nicht in einem Zug vom Einstieg bis zum Gipfel, mit einigen Biwaks dazwischen. Statt dessen wollten wir die gekletterte Strecke mit Seilen fixieren, um bei einem Wettersturz schnell wieder zum Einstieg zurückkehren zu können. Bei Wetterbesserung könnten wir dann mit Steigklemmen schnell wieder bis zum höchsten erreichten Punkt hinaufsteigen. Diese Vorgehensweise ist bei so kleinen Schönwetterfenstern, wie sie in Patagonien üblich sind, die einzige Möglichkeit, eine schwierige Wand zu bewältigen.

In Patagonien gibt es keine Jahreszeit, die einem gutes Wetter garantiert. Von Mitte Oktober bis Anfang April ist lediglich die Wahrscheinlichkeit geringfügig höher, ein paar gute Tage zu erwischen. Wir wollten im mitteleuropäischen Herbst starten, um im patagonischen Frühling anzukommen, und hatten uns darauf eingestellt, mindestens sechs Wochen am Berg zu verbringen. Uns war klar, daß wir die für einen solch langen Zeitraum notwendige Ausrüstung und Verpflegung nicht auf einmal zum Berg transportieren konnten. Daher wollten wir den Anmarschweg in mehrere Etappen aufteilen, die wir dann jeweils drei- oder viermal gehen würden, um unser Gepäck portionsweise zuerst über die Moräne und dann über den Gletscher zum Fuß der Wand zu schleppen. Wir würden also unsere eigenen Kulis sein und uns selbst die Peitsche geben müssen.

Zugegeben, das klang nicht sehr verlockend. Aber diese Vorgehensweise entsprach unserer Vorstellung vom Expeditionsbergsteigen. Zuerst ist der Weg das Ziel und dann erst die Wand. Aus den vierzig Kilometern Luftlinie von der Estancia bis zum Basislager wurden auf diese Weise weit über 120 Kilometer. In der Planungsphase nimmt man solche Fakten einfach zur Kenntnis. Erst später, wenn man mit vierzig Kilogramm schwerem Rucksack zwischen den Felsblöcken herumstolpert, drängt sich einem die Frage auf, ob man noch ganz bei Trost ist, weil man eigentlich doch schon längst aus dem Pfadfinderalter heraus sein sollte.

Robert und ich führten unzählige Telefonate, die sich zu einem permanenten Planspiel auswuchsen. Wir versuchten uns auf alle nur erdenklichen Eventualitäten einzustellen, machten uns darauf gefaßt, uns als zweibeinige Lasttiere über zerklüftete Gletscher schinden und wochenlang in einer sturmumtosten Eishöhle auf bessere Zeiten warten zu müssen. Das konnte uns nicht schrecken. Ja, wir waren und sind beide der Meinung, daß man alles, was einen erwartet, wirklich lieben muß. Diese Haltung ist für den Erfolg von entscheidender Bedeutung. Allerdings würden sich einige entscheidend wichtige Dinge, wie etwa die endgültige Linienführung, erst vor Ort konkretisieren lassen. Aber dem sahen wir gelassen entgegen.

Mental war ich so gut vorbereitet wie noch nie. Wir standen nicht unter Zeitdruck, mußten nicht unseren kostbaren Urlaub opfern, um auf Teufel komm raus ein langersehntes Ziel zu erreichen, sondern konnten es uns leisten, so lange zu warten, bis das Wetter passen würde. Alles weitere würde sich irgendwie fügen. Natürlich war uns der Erfolg eminent wichtig, selbstverständlich wollten wir auf keinen Fall unverrichteter Dinge den Rückzug antreten. Aber wir wollten in aller Ruhe den richtigen Zeitpunkt abwarten können.

Ort, Zeit und Vorgehensweise hatten wir also klar definiert. Und wir waren uns darin einig, daß sich die Expedition zwar zu einer Plackerei entwickeln würde, aber primär ein Vergnügen werden sollte. Bald stand auch fest, daß der Fotograf Klaus Fengler und der Kameramann Sebastian »Tischi« Tischler mit von der Partie sein würden, um das Ganze zu dokumentieren. Allerdings würden die beiden in diesem Fall nicht nur teilnehmende Beobachter sein, sondern gleichberechtigte Partner mit allen Pflichten und Lasten – vor allem Lasten, denn auch sie waren als Träger eingeplant. Es konnte losgehen ...

Wiedersehen mit Patagonien

... und im November 2003 ging es dann auch los. Wieder in den Straßen von Buenos Aires unterwegs zu sein, den ganz eigenen Geruch dieser Stadt, ihre besondere Atmosphäre zu schnuppern, das war ein gutes Gefühl. Nichts schien sich in den mehr als zehn Jahren, die seit meinem ersten Aufenthalt hier verstrichen waren, verändert zu haben. Und auch Rio Gallegos erwies sich als das gleiche triste Kaff, als das ich es in Erinnerung hatte. Mit dem Land Rover ging es noch am selben Abend nach Punta Banderas bei Calafate und von dort per Schiff über den Lago Argentino, an dessen westlichem Ende die Estancia Cristina steht. Dieser letzte Vorposten der Zivilisation ist ein beliebtes Ausflugsziel, eine Art Bauernhofmuseum. Touristen werden hier im Kreis herumgeführt und mit Asado – großen gegrillten Fleischportionen – abgespeist. Kletterer verirren sich nur sehr selten hierher, entsprechend wurden wir wie Exoten beäugt.

Unsere Ausrüstung kam mit einem Versorgungsboot nach, das einmal in der Woche die Estancia anläuft. Wir hatten sie in Kisten und Säcken, sogenannten Haulbags, verstaut und konnten sie von einem klapprigen Unimog zu einer fünf Kilometer entfernten Blechhütte karren lassen, die in den sechziger Jahren von Glaziologen auf der Moräne des Upsala-Gletschers errichtet wurde, weshalb sie auch den schönen Namen Refugio Upsala trägt.

Unglaublich aber wahr: In dieser windschiefen Notunterkunft am Rand der von Menschen besiedelten Welt machten wir Bekanntschaft mit zwei anderen Kletterern, die ebenfalls auf dem Weg zum Murallón waren. Man muß sich das so vorstellen: Mitten in einer menschenleeren, gottverlassenen Wüste, wo einmal in zehn Jahren ein Fahrzeug unterwegs ist, begegnen sich an einer von allen Seiten einsehbaren Kreuzung zwei Autos und bauen prompt einen Crash! So ähnlich fühlten wir uns, als uns vor der Upsala-Hütte zwei verwegene Gestalten entgegenkamen, Rolo Garibotti und Silvo Karo. Aus verständlichen Gründen hielt sich die Freude über diese unerwartete Begegnung auf beiden Seiten in Grenzen. Und am Abend herrschte in der Hütte nicht eben Partystimmung. Jahrelang hatte sich keine Seilschaft an diesem weltentrückten Berg blicken lassen – und nun waren gleich deren zwei angerückt. Diese Geschichte entbehrte nicht einer gewissen Komik, aber lachen konnten wir nicht.

Um die Dimension dieser Ironie des Schicksals richtig einschätzen zu können, muß man die Vorgeschichte kennen: Robert hatte – lange vor unserer Begegnung in der Hütte – Rolo Garibotti, den ausgewiesenen Patagonien-Experten, per E-Mail um Informationen über den Murallón gebeten. Zu Roberts nicht geringer Überraschung hatte Rolo zurückgemailt, just im selben Zeitraum auch dort präsent sein zu wollen. Was für ein Zufall! Robert und ich waren entsprechend verunsichert gewesen, hatten hin und her überlegt, ob wir umdisponieren sollten, obwohl wir uns bereits auf den Murallón eingeschossen hatten, und waren letztlich zähneknirschend zu der Überzeugung gelangt, daß der Berg groß genug sei, um auch zwei Seilschaften zu verkraften. Rolo jedoch war zu einem anderen Urteil gekommen und hatte uns wissen lassen, daß er und sein Freund Silvo zu einem anderen Berg aufbrechen wollten. Dieser noblen Geste zum Trotz waren sie am Ende doch Richtung Murallón losmarschiert.

Silvo Karo ist ein exzellenter Kletterer und Alpinist, den ich sehr schätze. Ein ruhiger, zurückhaltender und bescheidener Mensch, der um seine großartigen Erstbegehungen kein Aufhebens macht. Zu Rolo Garibotti dagegen hatte ich schon vor unserer ersten Begegnung im Refugio Upsala ein gespanntes Verhältnis. Er hält sich selbst für *den* Patagonien-Experten schlechthin und ist überzeugter Bohrhakengegner. In keinem seiner Artikel in den einschlägigen Fachmagazinen läßt er die Möglichkeit aus, seine Überzeugung kundzutun und Kletterer mit einer anderen Einstellung, wie etwa meinen Freund Kurt Albert, für ihren Bohrhakeneinsatz zu verdammen. Kurt hat mit Erstbegehungen wie »Royal Flush« am Fitz Roy, »Riders on the Storm« am großen Paine-Turm oder »Internal Flame« am Trango Tower Marksteine gesetzt und das Sportklettern in großen Wänden in eine neue Dimension geführt. Es ist richtig und wichtig, die unterschiedlichen Stilformen im Klettersport immer wieder kritisch zu hinterfragen. Doch was Rolos Kritik an Kurt anbelangt, habe ich das Gefühl, daß es ihm dabei nicht um die Sache geht – vielmehr scheint es sich dabei um ein persönliches Problem von Rolo zu handeln.

Zwei Wochen vor uns waren er und Silvo in Patagonien angekommen, aber bereits nach einer Woche mit extrem schlechtem Wetter hatten sie erkennen müssen, daß die Nordwand unter diesen Voraussetzungen für zwei Leute nicht zu machen sein würde. Außerdem hatten sie viel zu wenig Ausrüstung und Verpflegung dabei. Aus diesen Gründen hatten sie es jetzt auf die Ostseite des Murallón abgesehen, die von der Upsala-Hütte aus in einem Tag zu erreichen war.

... und Gott lenkt

Anderntags, als wir damit begannen, unser Gepäck zum rund vier Kilometer entfernten Refugio Pascale zu schleppen – worunter man sich einen zerdengelten Blechverschlag vorstellen muß, den man nicht einmal einem Hund als Refugium zumuten würde –, zeigte sich das wilde Land mit einem Mal von der sonnigsten, seiner milden Seite. Kaiserwetter in Patagonien – kein Wunder, daß Rolo und Silvo die Gunst der Stunde nutzten und sofort aufbrachen. Wir haben sie danach nicht mehr wiedergesehen.

Dreieinhalb Tage blieben uns die Wettergötter gewogen. In dieser Zeit schufteten wir wie die Kulis, um unser Gepäck portions- und etappenweise Richtung Berg zu transportieren. Am Rand des Gletschers legten wir ein erstes Depot an. Bei dieser Gelegenheit konnten wir den oberen Teil der Nordwand des Murallón erstmals mit eigenen Augen sehen. Der Anblick entschädigte uns für alle Mühen. Dieser schartige Klotz mitten auf dem Inlandeis, wo er sich nicht hinter anderen Bergen verstecken kann, muß allen Stürmen die Stirn bieten und bekommt immer die volle Breitseite ab. Wahrlich eine eindrucksvolle, respektheischende Erscheinung, wie er so im gleißenden Sonnenlicht aus dem funkelnden Zuckerguß des Gletschers aufragte. Gleichzeitig konnten wir uns lebhaft ausmalen, wie unwirtlich dieser Ort sein würde, wenn einmal die Winde über das Eis herangebraust kämen.

Und tatsächlich zeigte uns der Murallón schon am nächsten Tag die kalte Schulter und hüllte sich in einen Wolkenmantel. Es begann zu stürmen, zu regnen, zu schneien. Eine ganze Woche lang mußten wir uns im Refugio Pascale verkriechen. Bei diesen Verhältnissen den Gletscher zu überqueren, wozu wir mindestens einen Tag benötigen würden, erschien uns viel zu riskant – ganz davon abgesehen, daß wir danach noch immer einen Tagesmarsch vom Fuß der Wand entfernt wären.

In Patagonien fürchten wir Kletterer mehr als alles andere die unberechenbaren Stürme. Diese fegen ungebremst vom Atlantik über das Inlandeis und prallen mit voller Wucht auf die von uns so heiß begehrten Felsformationen. Diese Stürme können eine derartige Vehemenz entwickeln, daß selbst bei strahlendem Sonnenschein faustgroße Steine waagerecht durch die Luft fliegen, Wasserfälle kerzengerade in den Himmel schießen und Kletterer beim Abseilen senkrecht in die Luft geschleudert werden. Auf dem Gletscher kommt der Sturm mit der Wucht eines D-Zugs dahergedonnert – eine Erfahrung, die wir uns gern ersparen wollten.

Während wir also auf bessere Zeiten warteten, mußten wir uns in jener Kunst üben, die das Bergsteigen in Patagonien ausmacht: der Kunst des Rechnens. Permanent waren wir am Kalkulieren, legten uns eine Taktik zurecht für den Fall, daß sich ein Zeitfenster öffnen würde, überlegten hin und her, welches die beste Logistik wäre, um die notwendige Punktlandung hinzulegen. Es kam entscheidend darauf an, zur richtigen Zeit am richtigen Ort zu

Der sinnlose Blick nach draußen. Das Wetter bleibt schlecht.

sein. Wir waren ganz einfach auf eine halbwegs akzeptable Gutwetterperiode angewiesen, um wenigstens das Basislager am Fuß der Wand errichten zu können, ohne dabei gleich all unsere Kräfte zu verschleißen.

Jeden Morgen um 3 Uhr standen wir auf und liefen zu einem Aussichtshügel, um die Lage zu peilen. Jeden Morgen war der Berg in Wolken gehüllt, während uns – wie es in Patagonien üblich ist – der Sturm um die Ohren pfiff. Schließlich wünschten wir uns nicht einmal mehr einen guten Morgen, wenn uns der Wecker wieder einmal aus dem Schlaf gerissen hatte, sondern begrüßten uns mit einem gehetzten »Wie ist der Luftdruck?« – einer allzu simplen Frage, die den komplexen klimatischen Zusammenhängen nicht im entferntesten gerecht wurde. Der Unterschied zwischen prächtigem und absolut miesem Wetter beträgt in Patagonien gerade mal zehn Millibar. Ein Anstieg um vier Millibar kann signalisieren, daß man sofort losziehen muß, bedeutet jedoch keineswegs, daß man mit einem stabilen Hoch rechnen kann.

Mehrfach deuteten wir die ersten zaghaften Anzeichen einer Besserung falsch und mußten unseren Aufbruch in letzter Sekunde wieder abblasen. Das war unser tägliches Spiel, ein unentwegtes Abwägen, Taktieren, Mutmaßen, Losspurten und sich selbst wieder Zurückpfeifen. So etwas zehrt an den Kräften und zerrt an den Nerven. Vor allem wenn man Tag für Tag in einer zugigen, klapprigen Blechhütte liegt, an der pausenlos der Wind rüttelt, als wolle er diesen häßlichen Fremdkörper ein für allemal in die nächste Spalte fegen. Erschien uns die Lage um 3 Uhr aussichtslos, aber nicht völlig hoffnungslos, stellten wir den Wecker auf 5 Uhr, um dann erneut die Lage zu peilen und unsere Chancen zu diskutieren. Hatte sich auch bis zu diesem Zeitpunkt nichts geändert, stellten wir den Wecker auf 6 Uhr und wiederholten danach die ganze Prozedur im Stundentakt. Manchmal schien erst gegen Mittag der richtige Zeitpunkt gekommen zu sein, aber auch dieses sich in steter Regelmäßigkeit einstellende High-Noon-Feeling war am Ende ebenso regelmäßig nichts weiter als falscher Alarm. So ging es eine ganze Woche lang.

Wenigstens war unser »Hotel Patagonia« ein Etablissement der Extraklasse. Unser Standardmenü – mit heißem Wasser aufgegossene Simpert-Reiter-Trockennahrung – war das tägliche Highlight. Und der Schlafkomfort entsprach dem einer brettharten Pritsche, aufgestellt in einer Tiefkühlkammer, die zugleich als Windkanal dient. Dazu kam, daß wir unliebsame Eindringlinge waren. Die eigentlichen Bewohner des Refugio Pascale waren kleine, haarige Wesen mit langen Schwänzen – Ratten. Jede Nacht versuchten sie ihr angestammtes Territorium zurückzuerobern und trieben uns zum Wahnsinn auf ihrer Jagd nach Essensresten.

Eines Nachts war wieder einmal Alarm in der Hütte. Wir hatten vergessen, ein Stückchen Wurst ordentlich zu verpacken, und mußten diesen sträflichen Leichtsinn bitter büßen. Der Amoklauf einer rasenden Ratte raubte uns den Schlaf und kostete uns den letzten Nerv, bis ich schließlich vom Jagdfieber erfaßt wurde. Ich legte das Wurststück in einen Topf und ging wie ein Großwildjäger unter meinem Schlafsack in Deckung. Zwar hatte ich keine

Elefantenbüchse, sondern nur den Topfdeckel in der Hand, aber spannend war es allemal. Die Ratte war nun nicht mehr zu halten. Sie raste um den Topf herum, vom Objekt ihrer Begierde nur durch eine millimeterdicke Blechwand getrennt. Schließlich kletterte sie an Roberts Wind-Stopper-Jacke hoch, unterzog sie vor Aufregung einem Wasserdurchlässigkeitstest mit beißend riechender Körperflüssigkeit und ließ sich dann unter Roberts Protestgeschrei in den Topf zur Wurst hineinplumpsen. Ich knallte den Deckel drauf – die Falle war zugeschnappt.

Nach dem ersten Triumph drängte sich die Frage auf, was jetzt weiter geschehen sollte. Während Robert und ich darüber debattierten, wie weit ein Rattenexil entfernt liegen müsse, sprang mit einem Mal Klaus aus seinem Schlafsack auf, schnappte sich den Topf und schüttelte ihn, als ginge es um das Finale bei der Barmixerweltmeisterschaft. Mit der Abgebrühtheit eines eiskalten Profikillers warf er die tote Ratte aus der Hütte und verkroch sich wieder wortlos in seinen Schlafsack. Robert und ich starrten uns entgeistert an und konnten diesen einmaligen Dynamikanfall von Klaus einfach nicht fassen. Das war so ziemlich die spannendste Abwechslung im tristen Blechhüttenalltag. Das Paradies war definitiv anderswo …

… aber ich kam mit dieser Situation wunderbar zurecht, schließlich hatte ich nichts anderes erwartet, hatte gewußt, daß sich Bergsteigen in Patagonien primär im Kopf abspielt – und hatte es nicht anders gewollt. So etwas nennt man die Wahl der Qual. Ich war also darauf vorbereitet, längere Phasen erhöhter nervlicher Anspannung unter Aufbietung größtmöglicher innerer Gelassenheit aussitzen zu müssen. Die erzwungene Untätigkeit aber, die uns nie wirklich zur Ruhe kommen ließ, war, so widersinnig es klingt, ein hartes Stück Arbeit. Das macht auch den Unterschied zum Bergsteigen im Himalaja aus.

Im Himalaja ist der limitierende Faktor die Höhe. Dafür kann man dort immer wieder stabile, mehrtägige Hochdruckphasen erleben. In Patagonien hingegen ist der limitierende Faktor das Wetter. Man kann dort schon von Glück reden, wenn sich das Zeitfenster mit gutem Wetter auch nur einen halben Tag lang öffnet. Das macht das Klettern in Patagonien zu einem Drahtseilakt, zu dem man auch Nerven wie Drahtseile benötigt. Ich erwähne diesen Vergleich nur, weil ich oft danach gefragt werde, weshalb die Wände in Patagonien als die schwierigsten der Welt gelten, obwohl man dort quasi auf Meereshöhe zu klettern beginnt. Im Himalaja, heißt es dann oft, seien die Wände doch wesentlich höher. Dem möchte ich entgegenhalten, daß die Ausgangshöhe im Himalaja zwar eine andere ist als in Patagonien, daß aber die reine Wandhöhe in der Regel die gleiche ist. Um es etwas überspitzt auf den Punkt zu bringen: Was das spezifische Risikopotential der beiden Weltgegenden betrifft, hat der Kletterer die Wahl zwischen Höhenkrankheit und Schlechtwetterkoller...

Wartemarter

Wir mußten also ausharren und gleichzeitig ständig auf dem Sprung sein. Dabei galt es vor allem fit zu bleiben. Wir trainierten mit dem Deuser-Band und boulderten an Felsbrocken, die um die Hütte verstreut lagen. Nach einer Woche hatten wir genug vom Zwangsaufenthalt im Trainingslager und unternahmen einen Ausbruchsversuch, obwohl die Wetterverhältnisse allenfalls um einen Deut besser geworden waren.

Entschlossen marschierten wir los, um wenigstens einen Teil der Ausrüstung über den Gletscher zu transportieren. Auf halbem Wegs mußten wir einsehen, daß wir mit unseren schwerbeladenen Schlitten, sogenannten Pulkas, in diesem spaltendurchfurchten Gelände nicht mehr weiterkommen würden. Und so ließen wir sie zurück und markierten per GPS ihre Position. Mit allem, was wir tragen konnten, querten wir den Upsala-Gletscher, gerieten jedoch auf der anderen Seite der riesigen Eiszunge erneut in ein Unwetter. Mittlerweile war es schon spät, aber glücklicherweise bleibt es in Patagonien um diese Jahreszeit lange hell. Erst gegen Mitternacht gelang es uns, auf der Moräne am Eingang

Die kontinuierliche Steigerung der Unannehmlichkeiten.

jenes Seitentales, das zur Nordwand des Murallón führt, an einer halbwegs geschützten Stelle unser Lager aufzuschlagen.

Bis hierher war so gut wie nichts nach Plan gelaufen. Damit nicht genug, waren Verpflegung und Ausrüstung auf mehrere Depots verteilt, die nicht so ohne weiteres erreichbar waren. Erschöpft und resigniert verkrochen wir uns in unsere Schlafsäcke und setzten alle Hoffnungen auf den nächsten Tag ...

Am nächsten Morgen war das Wetter derart schlecht, daß es unmöglich schien, in das Seitental vorzustoßen, aber immerhin war es gut genug, um mit dem GPS zum Depot zurückzunavigieren und die Verpflegungssäcke aus den beiden Pulkas heranzuschleppen. Wieder saßen wir zwei Tage fest, versuchten dann, einen Teil der Ausrüstung in das Tal hineinzutransportieren, sahen uns aber gezwungen, drei Wegstunden vor dem geplanten Basislager ein weiteres Depot anzulegen und schließlich wieder umzukehren.

Eine weitere Woche hielten uns Sturm und Schnee auf der

Moräne fest. Eine kargere, unwirtlichere Gegend ist schwer vorstellbar. Kein Baum, kein Strauch, nur Eis, Geröll und ein gewaltiger Gletscherbruch. Man liegt in einem winzigen Zelt, immer auf Tuchfühlung mit einem Menschen, den man zwar schätzt, mit dem man aber unter normalen Umständen nicht unbedingt das Bett teilen würde. Draußen wütet der Sturm – aber von diesem Draußen ist man nur durch eine hauchdünne Zeltbahn getrennt. So etwas kann aufs Gemüt schlagen.

Mittlerweile waren schon an die drei Wochen verstrichen, und wir waren noch nicht einmal bis an den Fuß der Wand vorgedrungen, hatten sie noch nicht einmal in ihrer ganzen Größe zu Gesicht bekommen. So sehr ich mich auch im Vorfeld bemüht hatte, mich auf eine solche Entwicklung der Dinge einzustimmen, am Ende war es doch eine völlig neue Erfahrung für mich. Ich hatte ganz einfach nicht gewußt, was ich heute weiß: Klettern in Patagonien ist die kontinuierliche Steigerung der Unannehmlichkeiten. Erster patagonischer Lehrsatz!

Im selben Umfang, wie die Unannehmlichkeiten zunahmen, schrumpften unsere Reserven an Proviant, Zeit und Geduld. Sebastian Tischler, unser Kameramann, konnte insgesamt nur fünf Wochen dabei sein. Bald würden wir ihn über den Gletscher zurückbegleiten und auf dem Rückweg neue Verpflegung heranschaffen müssen. Während die Zeit verstrich und wir in ruheloser Zwangsruhe ausharren mußten, sahen wir unsere Chancen mehr und mehr schwinden. Gleichzeitig wuchsen die Zweifel am Sinn des ganzen Unternehmens. Doch das ist in diesem Stadium ganz normal. Immerhin gelang es mir, aus dieser tristen Erfahrung den zweiten patagonischen Lehrsatz abzuleiten: Mit der Erkenntnis der absoluten Sinnlosigkeit solchen Tuns fängt das Klettern in Patagonien erst richtig an! Doch genau darin liegt vermutlich auch des Rätsels Lösung, weshalb wir uns wider besseres Wissen wieder und wieder zu solchen Orten aufmachen.

Unsere Beharrlichkeit und Ausdauer, die wichtigsten patagonischen Tugenden, wurden zwar auf eine harte Probe gestellt, aber zahlten sich schließlich aus. Robert, Klaus, Tischi und ich waren nach wie vor zu allem entschlossen. Und es kam ein Tag mit relativ gutem Wetter, der uns die Möglichkeit bot, mitsamt Ausrüstung und Proviant bis zum geplanten Basislager vorzustoßen. Zum ersten Mal standen wir am Fuß des Murallón und konnten unseren Traumpfeiler in Augenschein nehmen. In natura sah er noch viel phantastischer aus als auf den Fotos. Aber wir mußten auch erkennen, daß wir mindestens eine Woche benötigen würden, um an diesem Pfeiler eine Chance zu haben. Nach den bisherigen Erfahrungen erschien uns dies jedoch ziemlich unrealistisch.

Für alle Fälle begannen wir schon einmal nach einer Alternative Ausschau zu halten. In etwa eineinhalb Kilometer Entfernung konnten wir einen weiteren Pfeiler ausmachen, der in direkter Fallinie zum Gipfel führte und aussah, als sei er deutlich leichter zu klettern. Er besteht im wesentlichen aus zwei riesigen, jeweils 400 bis 450 Meter hohen Felsstufen. Auch der Zustieg über ein Eiscouloir schien keine besonderen Schwierigkeiten aufzuweisen. Zwischen erster und zweiter Stufe erstreckt sich ein rund 200 Höhenmeter messendes Band, oberhalb der zweiten Stufe setzt eine Firn- und Eisflanke an, die wir als Gehgelände einstuften, das sich die restlichen 300 Meter bis zum Gipfel hinzog. Falls wir an unserem Traumpfeiler wirklich keine Chance haben sollten, würden wir den Ersatzpfeiler im Alpinstil klettern. Es war eine Notlösung, aber die war nicht von schlechten Eltern.

Während Sebastian und Klaus peu à peu unser Zwischendepot auflösten und die restliche Ausrüstung ins Basislager schleppten, begannen Robert und ich eine Eishöhle zu graben. Wenn nämlich ein Sturm durch diesen Talkessel angefaucht käme, würde kein Zelt der Welt lange standhalten. Es wurden zwei Tage harter Arbeit, hart wie das Preßeis, aus dem wir einen Hohlraum heraushauen mußten, der im Notfall vier Personen Unterschlupf gewähren sollte. Daneben stellten wir ein Zelt auf, das wir mit einer hohen Schneemauer umgaben. Selbst bei Minusgraden liege ich lieber in einem Zelt als in einer Eishöhle, wo ich mir immer vorkomme wie lebendig begraben.

Am dritten Tag konnten wir uns endlich auf den Weg zu unserem Pfeiler machen, den wir noch immer als erste Wahl betrachteten. Je näher wir ihm kamen, desto steiler wurde das Gelände, bis wir uns sogar anseilen mußten. Als wir dann am Einstieg standen, wurde aus unseren Befürchtungen Gewißheit: In Anbetracht des Zeitdrucks, unter dem wir standen, vor allem aber des Materials, das wir dabeihatten, würden wir an diesem Pfeiler keine Chance haben. Mit unseren 500 Metern Fixseil hätten wir vielleicht die Hälfte der Wand fixieren können. Der obere Wandteil aber erwies sich als derart schwierig, daß wir ihn nie im Alpinstil hätten klettern können. In einem Zug hoch und über dieselbe Route wieder abseilen? Ein Ding der Unmöglichkeit. Der obere Wandteil hängt dermaßen über, daß wir beim Abseilen nie und nimmer wieder an die Wand herangekommen wären. Zähneknirschend mußten wir uns eingestehen, daß es keinen Sinn hatte, an unserem ursprünglichen Plan festzuhalten. Das war bitter. Es ist immer niederschmetternd, wenn die Aussichten und Erwartungen, aus denen man seine gesamte Motivation bezogen hat, sich mit einem Mal als völlig unrealistisch erweisen. Entsprechend war aus der Sache erst einmal die Luft raus.

Doch dann geschah etwas, das man als Kletterer immer wieder erlebt und von dem man immer wieder überwältigt ist. Eben noch hatte sich jeder von uns im stillen geschworen, nie wieder eine solch sinnlose Strapaze auf sich zu nehmen, für nichts und wieder nichts – nie wieder Patagonien! –, da packte uns die Magie dieser Wand. Wir sahen uns an, erkannten dieses Funkeln im Auge des anderen und waren uns unausgesprochen einig: Das ist eine Wand, die muß einfach gemacht werden! Und wenn wir es nicht tun, werden andere es machen. So eine Wand findest du nur noch ganz selten auf der Welt. Diese Wand ist ein Juwel! Und auf einmal waren sämtliche Zweifel, aller Frust, wie weggeblasen. Einmal mehr zeigte sich, daß unsere Leidenschaft für das Bergsteigen größer ist als alle kleinlichen Bedenken – oder wenn man so will, als alle Vernunft. Gut, für diesmal hatten wir schlechte Karten, aber im nächsten Jahr würden die Karten neu gemischt – nächstes Jahr würden wir in diese Abgeschiedenheit zurückkommen, um die Wand der Wände zu klettern. Soviel stand fest.

Alpha-Tiere unter sich

Als Profibergsteiger ist man – sozusagen von Berufs wegen – eher ein Einzelkämpfer. Auch ich lasse mir nicht so gern sagen, wo's langgeht. Nicht anders verhält es sich mit Robert Jasper, der es – ganz im Gegenteil – als Bergführer sogar gewohnt ist, anderen die Richtung vorzugeben. Am Murallón machten also zwei Individualisten gemeinsame Sache, die es bis dato gewohnt waren, eine Führungsrolle zu spielen oder zumindest ihr eigener Herr zu sein. Naturgemäß konnte das nicht reibungslos über die Bühne gehen. Zwischendurch gab es sogar hitzige Diskussionen, bei denen es jedoch meist um Themen von untergeordneter Bedeutung ging und die in der Regel versöhnlich endeten – aber wohlgemerkt nie mit einem faulen Kompromiß. Aus dem gegenseitigen Respekt resultierte eine Beißhemmung, die uns daran hinderte, den anderen um jeden Preis dominieren zu wollen. Andererseits sind wir als Sportler – ebenfalls von Berufs wegen – ehrgeizig. Und so räumte keiner kampflos das Feld, war aber jederzeit bereit, den besseren Argumenten zu folgen.

Dem anderen den Vortritt zu lassen war hingegen eine nur schwer zu meisternde Herausforderung, um nicht zu sagen eine Zumutung. Es dauerte eine ganze Weile, bis ich bemerkte, daß es Robert so gut wie unmöglich war, in meine Fußstapfen zu treten. Wenn er schon nicht vorangehen durfte, wollte er wenigstens hinter mir Extratouren machen. Als ich ihn darauf ansprach, gestand er freimütig, daß er es tatsächlich nicht über sich bringe, jemandem hinterherzudackeln. Im Lauf der Jahre sei es ihm einfach in Fleisch und Blut übergegangen, immer zu führen, zu spuren, das Tempo vorzugeben. Mir ging es nicht viel anders – und so waren wir uns am Ende wieder einig und konnten sogar schmunzeln über unseren Drang, immer und überall den eigenen Weg zu gehen. Indem jeder die Kompetenz des anderen anerkannte und bemüht war, ihn auch im Streitfall sein Gesicht wahren zu lassen, gelang es uns, im Bedarfsfall zurückzustecken, ohne sich gleich vom anderen gegängelt zu fühlen.

Seither weiß ich, daß es das gibt: Man kann zusammen marschieren und doch jeder für sich – entscheidend ist, daß man gemeinsam handelt, wann immer dies erforderlich ist. Sebastian und Klaus waren im übrigen klug und einfühlsam genug, sich aus den Rangeleien der beiden Platzhirsche herauszuhalten – vielleicht ist das die wahre Charakterstärke.

Endlich die Wand hoch

Mittlerweile war es beschlossene Sache, daß wir unser ursprüngliches Traumziel links liegenlassen und alle Kräfte auf unseren Notlösungspfeiler richten würden, den wir im Alpinstil und mit minimaler Ausrüstung an einem Tag klettern wollten. Den Biwaksack, einen kleinen Kocher, eine Gaskartusche, einen Topf, eine Tütensuppe, Tee und Müsliriegel, mehr wollten wir nicht mitnehmen.

Unser Plan war verwegen und barg gewisse Risiken in sich. In den letzten Wochen hatten wir keinen einzigen Tag mit gutem Wetter erlebt. Wir mußten also schnell sein, nicht nur beim Aufstieg, sondern auch und vor allem beim Abstieg. Über die gleiche Route wieder abzuseilen erschien uns viel zu zeitaufwendig. Daher wollten wir vom Gipfel aus über die Route von Eric Shipton auf der Westseite absteigen, den Berg umrunden und über einen Gletscher wieder zum Basislager zurück. Alles, was wir von dieser Abstiegsroute wußten, war, daß sie keine klettertechnischen Schwierigkeiten aufweist, jedoch nur bei guten Sichtverhältnissen

Auf dem Weg,
um das Bollwerk
zu erstürmen.
Sturm am Murallón.

möglich ist. Aber wir rechneten damit, daß wir, falls wir den Gipfel überhaupt erreichen sollten, auch noch die wenigen Stunden Sicht für den Abstieg haben würden. Sollte sich das Wetter vorher verschlechtern, wären wir ohnehin gezwungen, sofort den Rückzug anzutreten. Der schlimmste aller denkbaren Fälle: Gerade haben wir den Gipfel erreicht, da schlägt das Wetter um. Allerdings müßte es schon mit dem Teufel zugehen, wenn dieser Fall tatsächlich eintreten würde. Den Teufel aber wollten wir nicht an die Wand des Murallón malen.

Der Plan war gut. Jetzt mußte nur noch das Wetter mitspielen. Wieder mußten wir warten. Aber während wir warteten, rückte der Tag von Sebastians Abreise näher und näher. Von vornherein stand fest, daß er nicht mit in die Wand einsteigen, sondern unseren Aufstieg von unten filmen und vielleicht noch ein paar Totalen drehen würde. Zu diesem Zeitpunkt waren schätzungsweise bereits zwei Drittel des Films abgedreht, auch hatte er genug schöne Einstellungen im Kasten, doch die entscheidenden Szenen, die Klettersequenzen, fehlten noch immer. Doch wie wir es auch drehten und wendeten, Tischi hatte andere Verpflichtungen und konnte seinen Aufenthalt in Patagonien nicht nach Belieben verlängern, außerdem gingen unsere Vorräte langsam zur Neige. Eher früher als später würden wir Tischi über den Gletscher begleiten müssen – vorausgesetzt, das Wetter würde dies zulassen. Wenn uns aber das Wetter endlich gewogen wäre, dann müßten wir eigentlich alles daransetzen, endlich in die Wand zu kommen. Es war ein Teufelskreis.

Und es kam, wie wir befürchtet hatten: Am Abend vor Tischis Abreise wurde es windstill, kalt und klar. Robert und ich hielten miteinander Rat und fällten dann kurzentschlossen eine Entscheidung, auch wenn uns diese nicht leichtfiel. Klaus hatte eine bittere Pille zu schlucken. Er sollte Tischi allein durch den Gletscherbruch führen, während wir in die Wand einsteigen würden. Die nötigsten Filmaufnahmen und Fotos gedachten wir selbst zu machen. Klaus war begreiflicherweise zutiefst enttäuscht, beugte sich aber unserem Ratschluß. Während Robert und ich unsere Sachen packten, drückte uns jedoch das schlechte Gewissen. Klaus die Tour zu vermasseln erschien uns mit einem Mal schäbig und kleinkariert. Und so disponierten wir noch einmal um und holten Klaus wieder ins Boot. Jetzt war es an Tischi, sich zu ärgern. Wir gelobten ihm, am nächsten Abend wieder zurückzusein, um ihn über den Gletscher zu bringen, auf daß er noch rechtzeitig das Schiff erreiche, das ihn über den Lago Argentino bringen sollte, zurück in die Zivilisation, weit weg von den Wechselfällen des patagonischen Wetters und der den Umständen geschuldeten Wankelmütigkeit seiner Weggefährten ...

Am nächsten Morgen um halb vier waren wir am Einstieg. Über uns funkelten die Sterne, der Mond schien, der Wind hielt still – es paßte einfach alles. Tischi hatte uns bis hierher begleitet und filmte nun unseren Aufstieg. Im Licht unserer Stirnlampen stiegen Klaus, Robert und ich eine Firnflanke hoch und machten uns dann daran, das Eiscouloir hinaufzuklettern, das zum eigentlichen Beginn der ersten Felsstufe führt. Mitten in dieser Eisrinne

In der Wand des Murallón.

erlebten wir einen jener raren magischen Momente, für die alle Bergbegeisterten dieser Welt gern sämtliche Strapazen auf sich nehmen. Ein Lichtfinger strich über die höchsten Zacken hinweg. Die Gipfel waren mit einem Mal in ein psychedelisches Rot getaucht, das Hielo Continentál, das patagonische Inlandeis, begann zu glimmen und zu glühen. Es wurde Licht. Allein dafür hatte es sich gelohnt …

Als wir die erste Felsstufe erreicht hatten, beschlossen wir, an der leichtesten Stelle seilfrei weiterzuklettern, um so schnell wie möglich Höhe zu gewinnen. Gegen halb acht standen wir am Beginn der zweiten Stufe. Dort entschieden wir uns für ein Rißsystem auf der nordöstlichen Seite, das etwas früher Sonne bekommen würde. Nach der langen Schlechtwetterperiode waren die Verhältnisse extrem schlecht, alle Risse vereist oder mit Schnee zugeweht. Anders als im Kalk, wo selbst in einer kompakten Wand immer einige Griffe und Tritte zu finden sind, muß man sich im Granit an Rissen orientieren, weil diese in der Regel die schnellste und sicherste kletterbare Linie markieren. Mit Klemmkeilen und

Friends sind diese Risse normalerweise einfach zu sichern, aber hier waren sie vereist. Erst hoch über uns, wo die Sonne den Fels zu wärmen begann, fing es zu tauen an. Nach einer Stunde prasselte ein permanenter Eis- und Schneehagel auf uns nieder. Jetzt schlug Roberts Stunde. Mit Steigeisen und Eisgerät arbeitete er sich hoch, demonstrierte die hohe Schule des Mixed-Kletterns in Fels und Eis – der richtige Mann mit den besten Fähigkeiten am richtigen Ort. Sobald absehbar war, daß man die nächsten Passagen schneller frei würde klettern können, übernahm ich die Rolle des Vorsteigers.

Oft war es eine einzige Zitterpartie. Der Rißgrund war noch vereist, während am äußeren Rand das Schmelzwasser herunterrann. Selbst gute Hand- und Faustklemmer waren nicht mehr sicher, ganz zu schweigen von den Zwischensicherungen. An manchen Stellen hatte ich erstmals seit langem wieder richtig Angst. Mit einem Fuß auf Reibung an einer vom Schmelzwasser überronnenen Verschneidungswand, den anderen Fuß im vereisten Riß verklemmt, so hing ich da, als drei Meter unter mir plötzlich auch noch mein letzter kleiner Klemmkeil aus dem Riß fiel. Ich stand völlig labil und kämpfte gegen die Panik an. Wenn ich jetzt stürzte, würde ich mich ziemlich schwer verletzen. In dieser Abgeschiedenheit, mindestens zwei bis drei Tage vom ersten Vorposten der Zivilisation entfernt, wäre solch ein Unfall lebensgefährlich. In diesem Bewußtsein schlug ich, nur wenige Zentimeter tief, einen Haken in einen Riß und fixierte mich daran. Meine Waden waren völlig verkrampft, meine im Riß verklemmte Hand vom eiskalten Schmelzwasser völlig gefühllos. Trotzdem rann mir der Schweiß in Strömen übers Gesicht. Erst als ich im Abstand von wenigen Zentimetern einen Friend und zwei Klemmkeile in den Riß legen konnte, beruhigte ich mich wieder. Die Sicherungen waren alle nicht optimal, aber irgendeine davon würde bei einem Sturz schon halten – das versuchte ich mir jedenfalls einzureden. Als ich den nächsten Standplatz erreicht hatte, fixierte ich die Seile, an denen Klaus und Robert nachjümaren konnten, und sank in mich zusammen.

Ein kurzer Moment des Glücks. Auf dem Gipfel des Murallón.

So wechselten Robert und ich einander je nach Felsbeschaffenheit mit der Führung ab, während Klaus immer mit Steigklemmen am fixierten Seil nachstieg und den Aufstieg in Bild und Film dokumentierte. Es ging uns nicht mehr um eine großartige Ästhetik der Linie und des Kletterns, sondern nur noch um das Vorankommen. Teilweise bewegten wir uns im oberen siebten Schwierigkeitsgrad, in den Mixed-Seillängen sogar im unteren achten. Entsprechend entwickelte sich die Bewältigung der zweiten Felsstufe zu einer Plackerei, die uns weitaus mehr Zeit und Energie kostete, als wir ursprünglich veranschlagt hatten.

Sieg mit Schrecken

Erst um halb sechs am Abend hatten wir das abschließende Eisfeld erreicht. Von hier waren es noch immer 300 Höhenmeter bis zum Gipfel. Aber es war leichtes Gelände, und wir konnten ohne Seil gehen. Dennoch bekamen wir jetzt zu spüren, wieviel Energie, wieviel von unseren Reserven uns der Aufstieg bis hierher gekostet hatte. Gegen halb acht, immer noch bei schönem Wetter, standen wir schließlich auf dem Gipfel. Wie so oft, war es kein erhebendes Gefühl, das Ziel unserer Träume erreicht zu haben. Wir waren erschöpft, und die Anspannung wollte nicht von uns weichen, zumal wir ständig die Wetterlage im Auge behalten mußten.

Während des gesamten Aufstiegs hatten wir den Himmel beobachtet und keinerlei Anzeichen für eine Wetterverschlechterung festgestellt. Als wir jetzt unsere Blicke zum ersten Mal über die Rückseite des Berges und in die Ferne schweifen ließen, trauten wir unseren Augen nicht. Das sich in unendliche Weiten erstreckende Inlandeis lag unter einer dichten, tiefhängenden Wolkendecke verborgen. Ein Windhauch würde genügen, und wir würden in Teufels Küche kommen. Angesichts der bedrohlichen Lage hatten wir keinen Blick mehr für den Lago Argentino oder den Fitz Roy weit oben im Norden, der wie ein Kristall in den letzten Sonnenstrahlen leuchtete. Wir starrten nur noch auf das Wolkenmeer unter uns. Aber wir durften keine Zeit verlieren, ab jetzt zählte jede Minute. Müde und erschöpft, wie wir waren, mußten wir notgedrungen und im Eiltempo mit dem Abstieg in die unbekannte Eisflanke beginnen. Wir flehten die patagonischen Windgötter um Gnade an, doch wir fanden kein Gehör bei ihnen. Zuerst war es nur ein Windhauch, nur wenige Minuten später war der schlimmste aller denkbaren Fälle Wirklichkeit geworden. Wir hatten hoch gepokert, jetzt wurden wir gnadenlos dafür bestraft.

Schlagartig war es eiskalt. Die Feuchtigkeit kondensierte auf unseren Gesichtern und überzog sie mit einer Eismaske. Ein Sturm brach los. Innerhalb von Minuten reduzierte sich die Sichtweite auf weniger als zehn Meter. Aber wir mußten weiter, denn abwarten konnte in so einer Situation tödlich enden. So stapften wir los ins Ungewisse. Als dann der Sturm für einige Sekunden die Wolkendecke aufriß, erkannten wir zu unserem Entsetzen, daß wir am Rand eines zweihundert Meter hohen Eisabbruchs standen.

Wir versuchten ihn zu umgehen, sahen uns aber wenig später mit der gleichen Situation konfrontiert. Nach eineinhalb Stunden des Umherirrens mußten wir schließlich der nackten Wahrheit ins Auge blicken: Diesmal hatten wir nicht einmal mehr die Wahl der Qual – wir mußten wohl oder übel zurück, zurück über den Gipfel. Von dort blieb uns nur noch ein einziger Ausweg: die Aufstiegsroute – und die führte abwärts, was für mich unter diesen Umständen gleichbedeutend war mit »direkt in die Hölle« …

Abstieg des Grauens

Von einer Sekunde auf die andere hatte sich die Situation radikal verändert, hatte sich der vermeintliche Spaziergang nach unten, über die Rückseite des Berges, in einen völlig unrealistischen Wunschtraum verwandelt, vom Winde verweht. Die Wirklichkeit glich eher einem Alptraum. Der Weg zurück über die Aufstiegsroute war die schlechteste aller denkbaren Optionen. Das war immerhin ein kleiner Trost. Denn die allerschlechteste Option wäre gewesen, auf dem Gipfel zu biwakieren. Doch das war eine absolute Horrorvision, darin waren wir uns einig. Ohne Schlafsäcke und nur mit ein paar Müsliriegeln als Proviant hätten wir vielleicht eine Nacht überstanden. Aber was wäre, wenn sich der Sturm eine ganze Woche lang nicht mehr legen würde? Ich hatte nicht das geringste Interesse an einem Remake der Szene »Mit Werner Herzog in der Eishöhle«, an der ich während der Dreharbeiten zu »Schrei aus Stein« unfreiwillig mitgewirkt hatte …

Wenn die Wolkendecke für die Dauer eines Lidschlags aufriß, sahen wir ab und an die Konturen anderer Berge. Dann waberten und wehten wieder die Nebelschleier vor unseren Augen. Das letzte Quentchen Optimismus riß der Sturm mit sich fort. Die Verhältnisse würden sich nicht zum Besseren entwickeln. Wir waren dabei, eine weitere patagonische Lektion zu lernen.

Sich neu zu motivieren, wohl wissend, daß der Abstieg eine noch größere Anstrengung als der Aufstieg werden würde, war ein ungeheurer Kraftakt. Wir waren ausgebrannt, sehnten uns nur noch danach, in ein Zelt zu kriechen und in den Schlaf abzutauchen. Waren wir vor kurzem noch überzeugt gewesen, daß die Sache längst gelaufen sei, so mußten wir uns jetzt mit dem Gedanken anfreunden, daß uns der dramatische Höhepunkt noch bevorstand.

In dieser Gemütsverfassung folgten wir unseren eigenen Spuren zurück, die zum Glück noch nicht ganz zugeweht waren. Die Gipfelüberschreitung und der Abstieg über die Firnflanke bis zum Ende der zweiten Felsstufe waren noch vergleichsweise leichte Übungen. Ab jetzt würde es richtig ernst werden.

Um halb zehn in der Nacht begannen wir abzuseilen. Wir zogen alles an, was wir dabeihatten, fummelten auch die Daunenkleidung unter die Gore-Tex-Kombinationen, setzten die Stirnlampen auf die Helme und hängten uns alles um, was wir zum Abseilen brauchen würden – Schlingen, Hakensortiment, Friends und Klemmkeile. Dann begann unser Abstieg. Jetzt bekamen wir zu spüren, wie mühsam es ist, über einen solch langen Zeitraum die Konzentration aufrechtzuerhalten. Zum Glück gab es viele Möglichkeiten, Zackenschlingen zu legen. War dies nicht möglich, schlugen wir Haken oder legten Klemmkeile, an denen wir uns dann abseilten. Wir waren ein gutes Team. Jeder wußte, worum es ging, und versuchte die anderen nach Kräften zu motivieren. Robert und ich wollten uns beim Einrichten der Abseilstellen abwechseln. Doch wieder kam alles anders.

Nachdem ich den ersten Standplatz eingerichtet hatte und Robert nachgekommen war, eröffnete er mir mit größter Erregtheit, daß es so nicht weitergehen könne. Ich solle ihm bitte nicht böse sein, aber er bringe es einfach nicht über sich, an Haken abzuseilen, die er nicht selbst geschlagen habe. Nichts gegen mein Können, er habe volles Vertrauen zu mir. Aber wenn er die Möglichkeit habe, die Standplätze selbst einzurichten, dann wolle er dies auch tun. Das gebe ihm einfach ein besseres Gefühl. Ich war nicht wenig überrascht, hatte aber letztlich kein Problem damit, ihm dem Vortritt zu lassen, schließlich vertraute ich ihm hundert-

Ein Leben
»on the edge«.
Im Basislager
des Murallón.

prozentig. Zehn Jahre früher hätte ich mit einer solchen Situation vermutlich noch nicht so umgehen können. Mit an Sicherheit grenzender Wahrscheinlichkeit hätte sich das gesamte Konfliktpotential in einer heftigen Auseinandersetzung entladen, die damals wie heute völlig fehl am Platz gewesen wäre. Mittlerweile hatte ich jedoch gelernt, meine eigenen Marotten und Angewohnheiten wie auch die liebgewonnenen Dogmen meiner Privatmythologie zu durchschauen und zu akzeptieren. Und auch die der anderen zu respektieren.

Die ganze Nacht über seilten wir ab. Robert richtete die Standplätze ein. Bei der Wahl der Linie kam es vor allem darauf an, die Gefahr zu minimieren, daß das Seil beim Abziehen hängenblieb. Die Vorstellung, am blockierten Seil wieder hochzujümaren, um es zu lösen, nicht wissend, wo und wie es hängengeblieben war, machte uns Angst und schärfte die Sinne. Kein Wunder, daß wir das Seil oft regelrecht »herunterbeteten«. Dennoch blieb es uns nicht erspart, ein ums andere Mal wieder hochzuklettern, um das Seil zu retten. Denn in dieser Höhe konnten wir es uns nicht leisten, es einfach abzuschneiden oder ganz zurückzulassen. Die Wolkendecke war inzwischen durchlässig geworden, und der Mond tauchte die Wand streckenweise in ein fahles Licht, aus dem unsere Stirnlampen drei helle Spots herausstanzten. Irgendwann begann es zu schneien. Ich hatte jegliches Zeitgefühl verloren. Der Sturm wurde heftiger, je tiefer wir kamen. An manchen überhängenden Stellen mußten wir uns an die Vorsprünge heranpendeln, die als Standplatz dienen sollten. Durch die untere Felsstufe folgten wir nicht länger unserer Aufstiegsroute, sondern dem Weg des fallenden Tropfens. Nur in der vorletzten Seillänge mußten wir das Seil einmal abschneiden und zwanzig Meter davon opfern.

Um vier Uhr morgens waren wir schließlich wieder an jenem Eiscouloir angekommen, das wir 24 Stunden zuvor seilfrei hochgeklettert waren. Jetzt herrschten hier völlig andere Verhältnisse. Sturm und Schneetreiben hatten an Intensität kontinuierlich zu genommen. Wir waren am Ende unserer Kräfte. Abzuklettern schien uns in dieser Verfassung viel zu riskant zu sein, lieber opferten wir eine weitere Stunde, um sicher abzuseilen. Gegen fünf Uhr standen wir am Rand des Gletschers, um sechs konnten wir ins Zelt respektive in die Eishöhle kriechen, wo wir von Tischi bereits sehnlichst erwartet wurden. Seit unserem Aufbruch waren 26 Stunden vergangen. Jetzt erst waren wir wirklich am Ende – in jeder Hinsicht: ausgehungert und durstig, ausgepumpt und sterbensmüde. Zuletzt hatte ich im Lichtspot meiner Stirnlampe seltsame Schatten und am Rand meines Gesichtsfeldes schemenhafte Gestalten zu sehen geglaubt …

Hasta la vista, Murallón

Klaus traf das harte Los, nach einigen wenigen Stunden Schlaf wieder aufbrechen zu müssen, um Tischi sicher über den Gletscher zu geleiten. Das war eine schwere Prüfung, immerhin stand ihm ein schwieriger 15-Stunden-Marsch bevor, der obendrein in die Nacht hineinführen würde. Nachdem die beiden abmarschiert waren, begannen Robert und ich unser Lager aufzulösen. Wir erstellten eine Liste all der Dinge, die wir zurücklassen wollten – als Depot für den neuen Vorstoß zum Murallón im kommenden Jahr –, und verstauten die Gegenstände unter einer Felsplatte. Anschließend bestimmten wir per GPS die genaue Position des Depots und machten uns dann, zwei Tage nach unserer Rückkehr vom Gipfel, auf den Rückweg über den Gletscher zur Pascale-Hütte. Unterwegs lasen wir noch die beiden Pulkas auf, anderntags waren wir wieder in der Estancia Cristina, wo Klaus auf uns wartete. Während des gesamten Rückmarschs bekamen wir den Murallón kein einziges Mal mehr zu Gesicht.

Das Wetter war von anhaltender Garstigkeit und machte uns den Abschied leicht. Gleichzeitig bestärkte es uns in der Gewißheit, das einzig mögliche Zeitfenster richtig erkannt und genutzt zu haben. Insofern hatten wir alles richtig gemacht. Allerdings war die Sache äußerst knapp ausgegangen. Erst während der müßigen Tage in der Estancia, als wir auf unser Schiff warteten, fiel der Druck ganz von uns ab. Jetzt – spät aber heftig – kam endlich auch Freude auf. Anschließend verbrachten wir noch ein paar Tage in El Chalten.

Disneyland für Trekker?

El Chalten hatte sich innerhalb von wenig mehr als zehn Jahren in eine zusammengewürfelte Boomtown verwandelt, mit Hotels, Osterien, Pizzerien und Internet-Cafés, alles kunterbunt und kreuz und quer in die Landschaft gestellt. Die wilde Ursprünglichkeit des Ortes gehört unwiederbringlich der Vergangenheit an. Heute herrscht hier eine richtige Goldgräberstimmung. Dreimal am Tag spuckt der Bus eine Wagenladung Touristen und Trekker aus, die das Gold ins Land bringen, auf das alle so scharf sind. Der wahre Reichtum Patagoniens ist jedoch seine großartige ungezähmte Landschaft. Bleibt nur zu hoffen, daß man der Wildnis nicht den Geist austreiben wird. Derzeit strömt alles hierher, um auch ein Stück vom großen Kuchen abzubekommen. Ein Bergführer verdient innerhalb von zehn Tagen ein Vielfaches des Gehalts der leitenden Ärztin im Krankenhaus von El Chalten. Calafate mit seinem neuen Airport ist bereits zur Drehscheibe für einen Abhaktourismus verkommen, der Naturwunder wie den Perito-Moreno-Gletscher zum wohlfeilen Fastfood fürs erlebnishungrige Gemüt degradiert. Wenn erst einmal die Asphaltstraße nach El Chalten, an der derzeit emsig gebaut wird, fertiggestellt ist, wird auch hier eine Touristenschleuse entstehen, die nichts mehr von der ursprünglichen Magie des Ortes erahnen läßt. Das ist der Lauf der Welt. Ich finde es bedauerlich. Wahrscheinlich wird El Chalten eines Tages das Chamonix Patagoniens sein. Für viele wird auch das seinen Reiz haben. Nicht für mich.

Wie anders der Murallón! Seine Abgeschiedenheit und Unerreichbarkeit, seine exponierte Lage mitten im Inlandeis, wo er den Stürmen die Stirn bietet, sind unabänderliche Größen. Gut zu wissen, daß es so etwas noch gibt: »The Lost World« – auf diesen Namen tauften wir unsere Route am Murallón.

11. Kapitel

Unternehmen Zukunft – Wohin geht die Reise?

Alles hat seine Zeit. Auch einem Kletterer steht nur ein bestimmtes Zeitfenster zur Verfügung, in dem er über das Optimum seiner Leistungsfähigkeit verfügt. Als ich den Wettbewerb in Bardonecchia gewann, war ich gerade zwanzig – genau im richtigen Alter für derlei Extremleistungen unter Wettkampfbedingungen. Körperlich in der idealen Verfassung und durchtrainiert, mental auf Sieg programmiert – ein Tiger, der sich zum Sprung duckt. Die Trainingseinheiten, die ich damals absolvierte, würde ich zwar auch heute noch bewältigen, nur bräuchte ich dazwischen deutlich längere Erholungsphasen. Ein junger Mensch kann einfach viel härter trainieren und braucht wesentlich weniger Zeit, um sich wieder zu regenerieren.

Von den Anforderungen her wäre das Sport- und Wettkampfklettern eigentlich eine klassische Dopingdisziplin. Aber ich bin fest davon überzeugt, daß weder bei den Wettkämpfen noch im traditionellen Sportklettern systematisch mit Doping gearbeitet wurde und wird. Einmal abgesehen von vereinzelten Fällen einer gewissen Neigung zu gelegentlichem Marihuana-, Speed- oder LSD-Konsum – Überbleibsel aus alten Yosemite-Zeiten und liebgewordener britischer Frühstücksgewohnheiten ...

In der Anfangszeit des Sportkletterns – und heute ist das nicht anders – haben wir uns jedenfalls nicht künstlich aufgeputscht, aber dafür um so wilder und verbissener trainiert, relativ planlos drauflos. Auch aufgrund der Erfahrungen unserer Generation wird heutzutage viel systematischer trainiert. Wir aber wußten es nicht besser und haben gemacht, was uns sinnvoll und zielführend erschien. Was uns an Wissen fehlte, machten wir durch unermüdlichen Einsatz wett.

Als junger Kletterer war ich pausenlos rastlos, heute, als Kletterer mittleren Alters, bin ich vielleicht noch immer rastlos, aber ich brauche und nehme mir Pausen. Mit einem konzentrierten Trainingsprogramm könnte ich im Sportklettern noch immer Spitzenleistungen erbringen, aber das wären allenfalls Spitzenausschläge meiner Leistungskurve, und ich könnte dieses Niveau nicht über so einen langen Zeitraum halten wie die jungen Kletterer, die oft schon mit sechzehn Jahren Topathleten sind. Daß sich die Leistungsfähigkeit mit zunehmendem Alter verändert, ist eine unumstößliche Gesetzmäßigkeit, die für das Klettern wie für jeden anderen Hochleistungssport gilt.

Acht Jahre lang mischte ich beim Wettkampfklettern mit, genau die Zeitspanne, in der ich die besten körperlichen Voraussetzungen dafür mitbrachte. Ich konnte mir nicht vorstellen, ohne den Wettkampf zu leben – bis mich auf einmal das alpine Sportklettern wieder derart in seinen Bann zog, daß ich mich vom Wettkampfklettern verabschiedete. Glücklicherweise gelang mir dies auf dem Höhepunkt meiner Karriere, und so blieb es mir erspart, zu einer bemitleidenswerten traurigen Gestalt zu werden, die den richtigen Zeitpunkt verpaßt hat. Alles hat seine Zeit, auch das Aufhören.

Aber das Wunderbare am Klettern ist, daß es aus verschiedenen Disziplinen besteht. Und je nach Lebensalter gibt es eine passende, die optimal auf das jeweilige Leistungsniveau zugeschnitten ist. Ich bin nicht mehr für die klassischen Schnellkraftdisziplinen prädestiniert, für das Bouldern beispielsweise, obwohl es mich sehr fasziniert. Meine Stärke war und ist die Ausdauer, und im alpinen Bereich bin ich dafür sogar im besten Alter.

Ein weiterer Schatz, über den ich verfügen kann, ist meine Erfahrung – in dieser Hinsicht ist ein altes Eisen jedem jungen Wetzstahl überlegen. Mein Leistungsniveau im Sportklettern versuche ich nun auf hohe Wände zu übertragen – und auf meinen

Expeditionsstil. Mein Ideal ist die Kombination aus sportlicher Höchstleistung und Abenteuer. Deshalb ist die für mich wohl angemessenste Berufsbezeichnung »Hochleistungsabenteurer«. Jedenfalls ist das, was ich im Augenblick mache und in den nächsten Jahren noch vorhabe, genau meinem Alter und meiner Leistungsfähigkeit angemessen. Ja, alles hat seine Zeit, allerdings kommt es darauf an zu erkennen, was zu welcher Zeit für einen das richtige ist. Und das ist das Einfache, das manchmal schwerfällt.

Ich habe jedoch auch Ziele im Kopf, die mich magisch anziehen, ohne mich als Kletterer zu fordern. Vielleicht werde ich eines Tages eine Wüste durchqueren – allerdings wird es dann wohl keine glühende, sondern eher eine kalte Wüste sein. Aber die Qualität einer abenteuerlichen Unternehmung bemißt sich nicht allein daran, ob es sich dabei um eine spektakuläre Durchquerung von A nach B handelt. Überhaupt geht es nicht darum, höher, schneller, weiter zu kommen als andere. Meiner Meinung nach kommt es vor allem auf die Kreativität bei der Auswahl von Weg und Ziel an. Es gibt noch immer viel Neuland zu entdecken, Regionen, die noch weitgehend unerforscht sind, die einfach nur da sind und warten. Ihr besonderer Reiz besteht darin, daß sie nicht leicht zu erreichen sind. Meine Generation und die jüngeren Kletterer werden in Zukunft wieder Entdecker sein. So ziemlich alle bekannten und lohnenden Ziele sind mittlerweile erschlossen oder werden es in absehbarer Zeit sein, wie ein Trango Tower oder ein Fitz Roy. Doch hinter dem Horizont gibt es noch immer Wände und Berge, die noch nie beschrieben oder fotografiert wurden – manche haben bislang vielleicht nur in der Phantasie Gestalt angenommen. Jedenfalls gilt es diese Sehnsuchtsziele zu entdecken, gilt es aufzubrechen in unbekannte Regionen auf der Suche nach neuen Traumrouten.

Natürlich könnte man es sich leichtmachen, indem man einen Hubschrauber chartert und sich bequem einfliegen läßt. Aber das hieße, einer Expedition den Geist auszutreiben, den Sportgeist und den Geist des Abenteuers.

Mich lockt beispielsweise die Ostküste von Grönland. Oder der Norden von Baffin Island. Der Garwhal-Himalaja in Indien. Oder China. Oder ... Den Zielen sind keine Grenzen gesetzt, weil auch der Phantasie keine Grenzen gesetzt sind.

Die namenlose Wand in einer Gegend der Welt, in die noch kein Trampelpfad führt, ist meine Motivation. Dorthin zieht es mich, dorthin will ich, aus eigener Kraft und »by fair means«. Dort, im Unbekannten, ist meine Sehnsucht verankert.

Schon als kleiner Junge trat ich bei allem, was ich tat, gegen einen imaginären Gegner an. Es steckt tief in mir drin, mich mit anderen messen zu wollen. Auf meinen Expeditionen aber bewege ich mich eher in einem konkurrenzfreien Raum. Es gibt keinen Gegner, nur mich selbst. Ich lerne, meine Motivation aus einem anderen Antrieb zu beziehen als nur aus dem Konkurrenzgedanken. Worum es mir geht, ist meine persönliche Zielsetzung. Und die besteht darin, unter den jeweils gegebenen Bedingungen das Maximum meiner Fähigkeiten abrufen zu können. Der zehnte Schwierigkeitsgrad am Murallón in Patagonien, das wäre zum Beispiel eine Herausforderung, die mein Sportler- und Abenteurerherz höherschlagen läßt: eine sportliche Höchstleistung – gemessen an den Schwierigkeiten, überhaupt an diesen abgeschiedenen Berg zu gelangen, ganz zu schweigen von den Unwägbarkeiten und Launen des Wetters und der Härte des Landes.

Mittlerweile gibt es für mich auch ein Leben neben dem Klettern. Meine Kinder sind für mich das Allerwichtigste. Jede Minute, die ich mit ihnen verbringe, zähle ich zu den intensivsten und glücklichsten Momenten. Ich bin sehr empfänglich für die Annehmlichkeiten des Lebens, gehe gern gut essen, ins Kino, in Konzerte, lasse mich auf Menschen ein, auf Orte und ihre Geschichten, auf Dinge, für die ich früher in meinem Kopf gar keinen Raum hatte. Heute schaffe ich mir solche Freiräume. Wenn mich Tanja zum Beispiel einige Tage nach Rom entführt, dann ist auch das für mich eine Expedition, eine wundersame Reise in die Vergangenheit – und in die Gegenwart einer anderen Alltagskultur –, die ich in vollen Zügen genießen kann. Früher wäre ich spätestens nach einem kletterfreien Tag unruhig geworden. Allerdings brauche ich noch immer mein tägliches Training – anderen Leistungssportlern wird es wohl ähnlich ergehen. Ich muß ganz einfach meinem Bewegungsdrang nachgeben, sonst werde ich nervös.

Ich habe etwas erlernt und erlitten – was ja manchmal dasselbe ist –, das ich als unschätzbar wertvollen Gewinn betrachte: Ich kann loslassen. Die bange Frage »Was kommt danach?« versetzt mich nicht mehr in Angst und Schrecken. Es gibt ein Leben neben dem Klettern – und es gibt ein Leben nach dem Klettern. Beides war für mich lange Zeit nicht einmal vorstellbar. Heute würde ich sogar sagen, wer nur etwas vom Klettern versteht, versteht gar nichts vom Klettern. Diese Erkenntnis ist mir nicht in den Schoß gefallen, ich habe sie eingebläut bekommen. Die Nackenschläge, die einem das Leben versetzt, sind manchmal sehr heilsam. Daß ich heute überwiegend positiv denke, verdanke ich auch den negativen Erfahrungen, die ich machen mußte. Im Rückblick wurde mir klar, daß Krisen, Niederlagen und Tiefpunkte notwendige Etappenziele sind und einen genauso weiterbringen können wie Erfolge. Manchmal, wenn ich mich verstiegen hatte, war es gut und wichtig zu stürzen, um einen neuen, den richtigen Weg einschlagen zu können. Würde es mir, aus welchen Gründen auch immer, über Nacht nicht mehr möglich sein zu klettern, ich glaube, ich würde mit demselben Elan ein neues Betätigungsfeld beackern. Mit Sicherheit würde ich alle Energien in meine Firma Red Chili investieren. Alles hat seine Zeit. Es gibt eine Zeit der hellen Freude und eine Zeit des Leidens, eine bleierne Zeit des Stillstands, Totzeit, und eine Zeit der Aktion, des freudigen Handelns. Alles fließt. Und ich benötige die Zeit der Entbehrungen, um die besseren Zeiten wertschätzen zu können und zu erkennen, was ich wirklich brauche, um glücklich zu sein.

Wir alle, die wir auf der »Leben« genannten Expedition unterwegs sind, brauchen ein emotionales Basislager, zu dem wir immer wieder zurückkehren können: vertraute Menschen, denen wir uns anvertrauen können, die wir verstehen und von denen wir uns verstanden fühlen. Es gab eine Zeit, in der ich all das verloren hatte. Aber ich habe eine neue Zuflucht gefunden, einen anderen Heimathafen, eine Erdung. Meine Kinder gehören ebenso zu den Fixpunkten in meinem Leben wie die Frau meines Lebens, Tanja, mit ihren Kindern Malo und Zoe. Schmerzlich bleibt für mich die Tatsache, daß ich nicht dauerhaft mit meinen eigenen Kindern zusammenleben kann. Aber in dem Maße, wie aus Kindern Leute werden, wird die Zeit diesen Schmerz lindern. Durch Tanja habe ich das Vertrauen in die Liebe wiedergefunden. Sie hat viele Dinge in mir zum Vorschein gebracht, die verborgen lagen oder verschüttet waren. Zum Beispiel die Gelassenheit, das Leben neben dem Klettern überhaupt wahrzunehmen und es in vollen Zügen zu genießen. Sie teilt zwar nicht meine Leidenschaft für das Klettern, aber sie toleriert und, mehr noch, sie versteht meine Hingabe.

Meinen Everest, das große, alles überragende Fernziel gibt es nicht. Es geht mir nicht um berühmte Gipfel und namhafte Berge. Für mich zählt einzig und allein die Intensität der Erlebnisse, Erfahrungen und Erkenntnisse, die mir unterwegs zuteil werden. In diesem Sinn bin ich mit Leib und Seele Entdeckungsreisender. Die Seßhaftigkeit ist nicht mein Ziel. Mein Lebenselixier ist die Bewegung, das Unterwegssein. Ich bin ein moderner Nomade, lebe aus der Reisetasche, pendle von einem Ort zum anderen, hin und her zwischen der einen Bleibe und der anderen. Es geht nicht anders, denn alles andere entspräche auch gar nicht meinem Lebensstil, meiner Lebensart. Dennoch sehe ich meinen Lebensmittelpunkt in der Nähe meiner Kinder, jedenfalls bis sie ihre eigenen Wege gehen. Ich könnte mir durchaus vorstellen, ein, zwei Jahre in einem exotischen Land mit Bergen und Felsen zu leben oder irgendwo am Meer oder in einer spannenden fremden Stadt. Aber ich bin mir sicher, daß ich dort keine Wurzeln schlagen würde. Die Ungebundenheit – zumindest was Orte anbelangt – erschreckt mich nicht, sondern beruhigt mich. Nur in der Ruhelosigkeit komme ich zur Ruhe, wenn man so will.

Momentan ist das so. Aber wer weiß, wie ich das mit achtzig sehen werde.

Alles hat seine Zeit, auch im Alpinismus. Die Stile und Bewertungskriterien, Spielarten und ethischen Maßstäbe ändern sich laufend, manchmal auch sprunghaft. Im Bouldern wird die Meßlatte höher und höher gelegt werden und damit auch das jeweils vorübergehend ultimative Limit. Die Kategorie »unmöglich« gibt es nicht mehr. Es wird einen zwölften und dreizehnten Schwierigkeitsgrad geben. Es wird Kletterer geben, die den zehnten und elften Schwierigkeitsgrad in eine große Wand übertragen, am Ende vielleicht sogar in Höhen zwischen sechs- und siebentausend Metern. Nicht nur das Bouldern, auch das On-Sight- und das Soloklettern, sämtliche Spielarten werden sich in Zukunft als eigenständige Disziplinen weiterentwickeln und sich gegenseitig stark beeinflussen. Der Alpinismus wird mit Sicherheit nicht neu erfunden werden, vielmehr werden die »letzten großen Herausforderungen« durch die führenden Protagonisten der einzelnen Disziplinen immer wieder neu definiert werden. Es bleibt spannend, obwohl alles in irgendeiner Form schon einmal dagewesen ist. Die Geschichten bleiben die gleichen, nur die Erzähler ändern sich.

Alles hat seine Zeit. Alles fließt. Nichts bleibt, wie es ist. Man muß also nicht immer nur auf das Schlimmste gefaßt sein, sondern darf zwischendurch auch mit Wundern rechnen. Entscheidend ist, daß man auf dem richtigen Weg ist. Dabei kommt es nicht einmal darauf an, immer das große, das alles überragende Fernziel im Auge zu behalten. Es kann nämlich passieren, daß es einem so fern und unerreichbar vorkommt, daß man ganz mutlos wird und einem die Kräfte schwinden. Joe Simpson, der erfolgreichste »Abstürzer« in der Geschichte des Alpinismus, hat dies in der Schilderung seines Martyriums in den peruanischen Anden wunderbar auf den Punkt gebracht: Hätte er sich, als er mit zerschmettertem Kniegelenk und auf dem Bauch zu Tal kroch, zurück zum Lager, nicht immer nur auf die nächsten zwanzig Meter konzentriert, sondern sich den ganzen langen Weg vor Augen gehalten, dann hätte er sich angesichts der schier übermenschlichen Herausforderung wahrscheinlich aufgegeben. Von Joe Simpson lernen heißt durchhalten lernen. Ich glaube, daß eine Philosophie der kleinen Schritte lebensnäher und praktikabler ist als die Fixierung auf eine große Vision. In diesem Sinne plane ich einen Schritt nach dem anderen, breche ich nach der Rückkehr von der einen auf zur nächsten Expedition.

Wo also geht die Reise hin? Ich weiß es nicht. Weiß man, was einen hinter der nächsten Biegung des Weges, des Flusses, hinter der nächsten Kuppe, dem nächsten Gipfel, hinter dem nächsten Gebirgszug erwartet? Ich bin jedenfalls gespannt. Jedes Mal, wenn es an der Zeit ist, werde ich wieder aufbrechen. So weit meine Neugier mich führt, solange meine Fingerspitzen mich halten ...

Epilog

Morgen ist heute

Diesmal ist Hansi pünktlich. Er sitzt in seinem Rollstuhl, eine Reisetasche auf den Knien, und grinst spitzbübisch. Wir zwinkern uns zu. Wortloses Einverständnis zweier Verschwörer. Dann schieben wir ab.

»Das Gesicht von Schwester Hildegard möchte ich sehen!« flüstert Hansi.

Der Pförtner tut so, als sei er eingenickt. Wir haben ihn mit einer Flasche Obstler bestochen. Hinter dem »Seniorenheim Abendrot« biegen wir auf den Waldweg ab. Ein Vogel schlägt kreischend Alarm. Es klingt wie der Lockruf der Wildnis. Die Tüten mit der Trockennahrung in meinem Rucksack knistern.

»Verdammt, ich habe meine Herztabletten vergessen!« sagt Hansi jetzt laut und vernehmlich und haut die Bremse rein. »Laß uns umkehren, morgen ist auch noch ein Tag.«

»Morgen ist heute, Alter«, sage ich, »wir haben schon einmal den Absprung verpaßt.«

Hansi überlegt kurz. Er nickt. Dann steht er auf. »Etwas Besseres als den Tod finden wir überall!« sagt er. Sein Gebiß klappert, aber es schwingt so etwas wie Triumph mit. Die ersten Schritte wirken noch unsicher, aber dann schreitet er plötzlich munter aus.

Ich schnappe mir seine Reisetasche. So ziehen wir los – »by fair means«. Hinter dem Wald, hinter den sieben Bergen, beginnt die Grenzenlosigkeit. Dorthin wollten wir immer schon. Mein Herz beginnt höher zu schlagen ...